KB085044

특별부록
NCS 전 유형 원큐

2023년 기출복원 모의고사

〈문항 및 시험시간〉

평가영역	문항 수	시험시간	모바일 OMR 답안채점 / 성적분석 서비스
의사소통능력＋수리능력＋문제해결능력＋ 자기개발능력＋자원관리능력＋대인관계능력＋ 정보능력＋기술능력＋조직이해능력＋직업윤리	60문항	60분	

2023년 기출복원 모의고사

문항 수 : 60문항
시험시간 : 60분

┃ 코레일 한국철도공사 / 의사소통능력

01 다음 글의 내용으로 가장 적절한 것은?

> 한국철도공사는 철도시설물 점검 자동화에 '스마트 글라스'를 활용하겠다고 밝혔다. 스마트 글라스란 안경처럼 착용하는 스마트 기기로, 검사와 판독, 데이터 송수신과 보고서 작성까지 모든 동작이 음성인식을 바탕으로 작동한다. 이를 활용하여 작업자는 스마트 글라스 액정에 표시된 내용에 따라 철도 시설물을 점검하고, 음성 명령을 통해 시설물의 사진을 촬영한 후 해당 정보와 검사 결과를 전송해 보고서로 작성한다.
>
> 작업자들은 스마트 글라스의 사용을 통해 직접 자료를 조사하고 측정한 내용을 바탕으로 시스템 속에서 여러 단계를 거쳐 수기 입력하던 기존 방식으로부터 벗어날 수 있게 되었고, 이 일련의 과정들을 중앙 서버를 통해 한 번에 처리할 수 있게 되었다.
>
> 이와 같은 스마트 기기의 도입은 중앙 서버의 효율적 종합 관리를 가능하게 할 뿐만 아니라 작업자의 안전성 향상에도 크게 기여하였다. 이는 작업자들이 음성인식이 가능한 스마트 글라스를 사용함으로써 두 손이 자유로워져 추락 사고를 방지할 수 있게 되었기 때문이며, 스마트 글라스 내부 센서가 충격과 기울기를 감지할 수 있어 작업자에게 위험한 상황이 발생하면 지정된 컴퓨터에 위험 상황을 바로 통보하는 시스템을 갖추었기 때문이다.
>
> 한국철도공사는 주요 거점 현장을 시작으로 스마트 글라스를 보급하여 성과 분석을 거치고 내년부터는 보급 현장을 확대하겠다고 밝혔으며, 국내 철도 환경에 맞춰 스마트 글라스 시스템을 개선하기 위해 현장 검증을 진행하고 스마트 글라스를 통해 측정된 데이터를 총괄 제어할 수 있도록 안전점검 플랫폼망도 마련할 예정이다.
>
> 이와 더불어 스마트 글라스를 통해 기존의 인력 중심 시설점검을 간소화하여 효율성과 안전성을 향상시키고, 나아가 철도 맞춤형 스마트 기술을 도입하여 시설물 점검뿐만 아니라 유지보수 작업도 가능하도록 철도기술 고도화에 힘쓰겠다고 전했다.

① 작업자의 음성인식을 통해 철도시설물의 점검 및 보수 작업이 가능해졌다.
② 스마트 글라스의 도입으로 철도시설물 점검의 무인작업이 가능해졌다.
③ 스마트 글라스의 도입으로 철도시설물 점검 작업 시 안전사고 발생 횟수가 감소하였다.
④ 스마트 글라스의 도입으로 철도시설물 작업 시간 및 인력이 감소하고 있다.
⑤ 스마트 글라스의 도입으로 작업자의 안전사고 발생을 바로 파악할 수 있게 되었다.

02 다음 글에 대한 설명으로 적절하지 않은 것은?

2016년 4월 27일 오전 7시 20분경 임실역에서 익산으로 향하던 열차가 전기 공급 중단으로 멈추는 사고가 발생해 약 50여 분간 열차 운행이 중단되었다. 바로 전차선에 지어진 까치집 때문이었는데, 까치가 집을 지을 때 사용하는 젖은 나뭇가지나 철사 등이 전선과 닿거나 차로에 떨어져 합선과 단전을 일으킨 것이다.

비록 이번 사고는 단전에서 끝났지만, 고압 전류가 흐르는 전차선인 만큼 철사와 젖은 나뭇가지만으로도 자칫하면 폭발사고로 이어질 우려가 있다. 지난 5년간 까치집으로 인한 단전사고는 한 해 평균 3 ~ 4건 발생해 왔으며, 한국철도공사는 사고방지를 위해 까치집 방지 설비를 설치하고 설비가 없는 구간은 작업자가 육안으로 까치집 생성 여부를 확인해 제거하고 있는데, 이렇게 제거해 온 까치집 수가 연평균 8,000개에 달한다. 하지만 까치집은 빠르면 불과 4시간 만에 완성되어 작업자들에게 큰 곤욕을 주고 있다.

이에 한국철도공사는 전차선로 주변 까치집 제거의 효율성과 신속성을 높이기 위해 인공지능(AI)과 사물인터넷(IoT) 등 첨단 기술을 활용하기에 이르렀다. 열차 운전실에 영상 장비를 설치해 달리는 열차에서 전차선을 촬영한 화상 정보를 인공지능으로 분석함으로써 까치집 등의 위험 요인을 찾아 해당 위치와 현장 이미지를 작업자에게 실시간으로 전송하는 '실시간 까치집 자동 검출 시스템'을 개발한 것이다. 하지만 시속 150km로 빠르게 달리는 열차에서 까치집 등의 위험 요인을 실시간으로 판단해 전송하는 것이다 보니 그 정확도는 65%에 불과했다.

이에 한국철도공사는 전차선과 까치집을 정확하게 식별하기 위해 인공지능이 스스로 학습하는 '딥러닝' 방식을 도입했고, 전차선을 구성하는 복잡한 구조 및 까치집과 유사한 형태를 빅데이터로 분석해 이미지를 구분하는 학습을 실시한 결과 까치집 검출 정확도는 95%까지 상승했다. 또한 해당 이미지를 실시간 문자메시지로 작업자에게 전송해 위험 요소와 위치를 인지시켜 현장에 적용할 수 있다는 사실도 확인했다. 현재는 이와 더불어 정기열차가 운행하지 않거나 작업자가 접근하기 쉽지 않은 차량 정비 시설 등에 드론을 띄워 전차선의 까치집을 발견 및 제거하는 기술도 시범 운영하고 있다.

① 인공지능도 학습을 통해 그 정확도를 향상시킬 수 있다.
② 빠른 속도에서 인공지능의 사물 식별 정확도는 낮아진다.
③ 사람의 접근이 불가능한 곳에 위치한 까치집의 제거도 가능해졌다.
④ 까치집 자동 검출 시스템을 통해 실시간으로 까치집 제거가 가능해졌다.
⑤ 인공지능 등의 스마트 기술 도입으로 까치집 생성의 감소를 기대할 수 있다.

03 다음 글을 이해한 내용으로 적절하지 않은 것은?

> 열차 내에서의 범죄가 급격하게 증가함에 따라 한국철도공사는 열차 내 범죄 예방과 안전 확보를 위해 2023년까지 현재 운행하고 있는 열차의 모든 객실에 CCTV를 설치하고, 모든 열차 승무원에게 바디캠을 지급하겠다고 밝혔다.
>
> CCTV는 열차 종류에 따라 운전실에서 비상시 실시간으로 상황을 파악할 수 있는 '네트워크 방식'과 각 객실에서의 영상을 저장하는 '개별 독립 방식'이라는 2가지 방식으로 사용 및 설치가 진행될 예정이며, 객실에는 사각지대를 없애기 위해 4대 가량의 CCTV가 설치된다. 이 중 2대는 휴대 물품 도난 방지 등을 위해 휴대 물품 보관대 주변에 위치하게 된다.
>
> 이에 따라 한국철도공사는 CCTV 제품 품평회를 가져 제품의 형태와 색상, 재질 등에 대한 의견을 나누고 각 제품이 실제로 열차 운행 시 진동과 충격 등에 적합한지 시험을 거친 후 도입할 예정이다.

① 현재는 모든 열차의 객실 전부에 CCTV가 설치되어 있진 않을 것이다.
② 과거에 비해 승무원에 대한 승객의 범죄행위 증거 취득이 유리해질 것이다.
③ CCTV 설치를 통해 인적 피해와 물적 피해 모두 예방할 수 있을 것이다.
④ CCTV 설치를 통해 실시간으로 모든 객실을 모니터링할 수 있을 것이다.
⑤ CCTV의 내구성뿐만 아니라 외적인 디자인도 제품 선택에 영향을 줄 수 있을 것이다.

04 작년 K대학교에 재학 중인 학생 수는 6,800명이고 남학생과 여학생의 비는 8 : 9이었다. 올해 남학생과 여학생의 비가 12 : 13만큼 줄어들어 7 : 8이 되었다고 할 때, 올해 K대학교의 전체 재학생 수는?

① 4,440명
② 4,560명
③ 4,680명
④ 4,800명
⑤ 4,920명

05 다음 자료에 대한 설명으로 가장 적절한 것은?

- KTX 마일리지 적립
  - KTX 이용 시 결제금액의 5%가 기본 마일리지로 적립됩니다.
  - 더블적립(×2) 열차로 지정된 열차는 추가로 5%가 적립됩니다(결제금액의 총 10%).
    ※ 더블적립 열차는 홈페이지 및 코레일톡 애플리케이션에서만 승차권 구매 가능
  - 선불형 교통카드 Rail+(레일플러스)로 승차권을 결제하는 경우 1% 보너스 적립도 제공되어 최대 11% 적립이 가능합니다.
  - 마일리지를 적립받고자 하는 회원은 승차권을 발급받기 전에 코레일 멤버십카드 제시 또는 회원번호 및 비밀번호 등을 입력해야 합니다.
  - 해당 열차 출발 후에는 마일리지를 적립받을 수 없습니다.
- 회원 등급 구분

구분	등급 조건	제공 혜택
VVIP	• 반기별 승차권 구입 시 적립하는 마일리지가 8만 점 이상인 고객 또는 기준일부터 1년간 16만 점 이상 고객 중 매년 반기 익월 선정	• 비즈니스 회원 혜택 기본 제공 • KTX 특실 무료 업그레이드 쿠폰 6매 제공 • 승차권 나중에 결제하기 서비스 (열차 출발 3시간 전까지)
VIP	• 반기별 승차권 구입 시 적립하는 마일리지가 4만 점 이상인 고객 또는 기준일부터 1년간 8만 점 이상 고객 중 매년 반기 익월 선정	• 비즈니스 회원 혜택 기본 제공 • KTX 특실 무료 업그레이드 쿠폰 2매 제공
비즈니스	• 철도 회원으로 가입한 고객 중 최근 1년간 온라인에서 로그인한 기록이 있거나, 회원으로 구매실적이 있는 고객	• 마일리지 적립 및 사용 가능 • 회원 전용 프로모션 참가 가능 • 열차 할인상품 이용 등 기본서비스와 멤버십 제휴서비스 등 부가서비스 이용
패밀리	• 철도 회원으로 가입한 고객 중 최근 1년간 온라인에서 로그인한 기록이 없거나, 회원으로 구매실적이 없는 고객	• 멤버십 제휴서비스 및 코레일 멤버십 라운지 이용 등의 부가서비스 이용 제한 • 휴면 회원으로 분류 시 별도 관리하며, 본인 인증 절차로 비즈니스 회원으로 전환 가능

  - 마일리지는 열차 승차 다음날 적립되며, 지연료를 마일리지로 적립하신 실적은 등급 산정에 포함되지 않습니다.
  - KTX 특실 무료 업그레이드 쿠폰 유효기간은 6개월이며, 반기별 익월 10일 이내에 지급됩니다.
  - 실적의 연간 적립 기준일은 7월 지급의 경우 전년도 7월 1일부터 당해 연도 6월 30일까지 실적이며, 1월 지급은 전년도 1월 1일부터 전년도 12월 31일까지의 실적입니다.
  - 코레일에서 지정한 추석 및 설 명절 특별수송기간의 승차권은 실적 적립 대상에서 제외됩니다.
  - 회원 등급 조건 및 제공 혜택은 사전 공지 없이 변경될 수 있습니다.
  - 승차권 나중에 결제하기 서비스는 총 편도 2건 이내에서 제공되며, 3회 자동 취소 발생(열차 출발 전 3시간 내 미결제) 시 서비스가 중지됩니다. 리무진+승차권 결합 발권은 2건으로 간주되며, 정기권, 특가상품 등은 나중에 결제하기 서비스 대상에서 제외됩니다.

① 코레일에서 운행하는 모든 열차는 이용 때마다 결제금액의 최소 5%가 KTX 마일리지로 적립된다.
② 회원 등급이 높아져도 열차 탑승 시 적립되는 마일리지는 동일하다.
③ 비즈니스 등급은 기업회원을 구분하는 명칭이다.
④ 6개월간 마일리지 4만 점을 적립하더라도 VIP 등급을 부여받지 못할 수 있다.
⑤ 회원 등급이 높아도 승차권을 정가보다 저렴하게 구매할 수 있는 방법은 없다.

〈2023년 한국의 국립공원 기념주화 예약 접수〉

- 우리나라 자연환경의 아름다움과 생태 보전의 중요성을 널리 알리기 위해 K공사는 한국의 국립공원 기념주화 3종 (설악산, 치악산, 월출산)을 발행할 예정임
- 예약 접수일 : 3월 2일(목) ~ 3월 17일(금)
- 배부 시기 : 2023년 4월 28일(금)부터 예약자가 신청한 방법으로 배부
- 기념주화 상세

화종	앞면	뒷면
은화Ⅰ – 설악산		
은화Ⅱ – 치악산		
은화Ⅲ – 월출산		

- 발행량 : 화종별 10,000장씩 총 30,000장
- 신청 수량 : 단품 및 3종 세트로 구분되며 단품과 세트에 중복신청 가능
  - 단품 : 1인당 화종별 최대 3장
  - 3종 세트 : 1인당 최대 3세트
- 판매 가격 : 액면금액에 판매 부대비용(케이스, 포장비, 위탁판매수수료 등)을 부가한 가격
  - 단품 : 각 63,000원(액면가 50,000원＋케이스 등 부대비용 13,000원)
  - 3종 세트 : 186,000원(액면가 150,000원＋케이스 등 부대비용 36,000원)
- 접수 기관 : 우리은행, 농협은행, K공사
- 예약 방법 : 창구 및 인터넷 접수
  - 창구 접수
    신분증[주민등록증, 운전면허증, 여권(내국인), 외국인등록증(외국인)]을 지참하고 우리·농협은행 영업점을 방문하여 신청
  - 인터넷 접수
    ① 우리·농협은행의 계좌를 보유한 고객은 개시일 9시부터 마감일 23시까지 홈페이지에서 신청
    ② K공사 온라인 쇼핑몰에서는 가상계좌 방식으로 개시일 9시부터 마감일 23시까지 신청
- 구입 시 유의사항
  - 수령자 및 수령지 등 접수 정보가 중복될 경우 단품별 10장, 3종 세트 10세트만 추첨 명단에 등록
  - 비정상적인 경로나 방법으로 접수할 경우 당첨을 취소하거나 배송을 제한

06 다음 중 한국의 국립공원 기념주화 발행 사업의 내용으로 옳은 것은?

① 국민들을 대상으로 예약 판매를 실시하며, 외국인에게는 판매하지 않는다.

② 1인당 구매 가능한 최대 주화 수는 10장이다.

③ 기념주화를 구입하기 위해서는 우리·농협은행 계좌를 사전에 개설해 두어야 한다.

④ 사전예약을 받은 뒤, 예약 주문량에 맞추어 제한된 수량만 생산한다.

⑤ K공사를 통한 예약 접수는 온라인에서만 가능하다.

07 외국인 A씨는 이번에 발행되는 기념주화를 예약 주문하려고 한다. 다음 상황을 참고했을 때 A씨가 기념주화 구매 예약을 할 수 있는 방법으로 옳은 것은?

〈외국인 A씨의 상황〉

• A씨는 국내 거주 외국인으로 등록된 사람이다.

• A씨의 명의로 국내은행에 개설된 계좌는 총 2개로, 신한은행, 한국씨티은행에 1개씩이다.

• A씨는 우리은행이나 농협은행과는 거래이력이 없다.

① 여권을 지참하고 우리은행이나 농협은행 지점을 방문한다.

② K공사 온라인 쇼핑몰에서 신용카드를 사용한다.

③ 계좌를 보유한 신한은행이나 한국씨티은행의 홈페이지를 통해 신청한다.

④ 외국인등록증을 지참하고 우리은행이나 농협은행 지점을 방문한다.

⑤ 우리은행이나 농협은행의 홈페이지에서 신청한다.

08 다음은 기념주화를 예약한 5명의 신청내역이다. 이 중 가장 많은 금액을 지불한 사람의 구매 금액은?

(단위 : 세트, 장)

구매자	3종 세트	단품		
		은화 I − 설악산	은화 II − 치악산	은화 III − 월출산
A	2	1	−	−
B	−	2	3	3
C	2	1	1	−
D	3	−	−	−
E	1	−	2	2

① 558,000원

② 561,000원

③ 563,000원

④ 564,000원

⑤ 567,000원

※ 다음 글을 읽고 이어지는 질문에 답하시오. [9~10]

척추는 신체를 지탱하고, 뇌로부터 이어지는 중추신경인 척수를 보호하는 중요한 뼈 구조물이다. 보통 사람들은 허리에 심한 통증이 느껴지면 허리디스크(추간판탈출증)를 떠올리는데, 디스크 이외에도 통증을 유발하는 척추 질환은 다양하다. 특히 노인 인구가 증가하면서 척추관협착증(요추관협착증)의 발병 또한 늘어나고 있다. 허리디스크와 척추관협착증은 사람들이 혼동하기 쉬운 척추 질환으로, 발병 원인과 치료법이 다르기 때문에 두 질환의 차이를 이해하고 통증 발생 시 질환에 맞춰 적절하게 대응할 필요가 있다.

허리디스크는 척추 뼈 사이에 쿠션처럼 완충 역할을 해주는 디스크(추간판)에 문제가 생겨 발생한다. 디스크는 찐득찐득한 수핵과 이를 둘러싸는 섬유륜으로 구성되는데, 나이가 들어 탄력이 떨어지거나, 젊은 나이에도 급격한 충격에 의해서 섬유륜에 균열이 생기면 속의 수핵이 빠져나오면서 주변 신경을 압박하거나 염증을 유발한다. 허리디스크가 발병하면 초기에는 허리 통증으로 시작되어 점차 허벅지에서 발까지 찌릿하게 저리는 방사통을 유발하고, 디스크에서 수핵이 흘러나오는 상황이기 때문에 허리를 굽히거나 앉아 있으면 디스크에 가해지는 압력이 높아져 통증이 더욱 심해진다. 허리디스크는 통증이 심한 질환이지만, 흘러나온 수핵은 대부분 대식세포에 의해 제거되고, 자연치유가 가능하기 때문에 병원에서는 주로 통증을 줄이고, 안정을 취하는 방법으로 보존치료를 진행한다. 하지만 염증이 심해져 중앙 척수를 건드리게 되면 하반신 마비 등의 증세가 나타날 수 있는데, 이러한 경우에는 탈출된 디스크 조각을 물리적으로 제거하는 수술이 필요하다.

반면, 척추관협착증은 대표적인 척추 퇴행성 질환으로, 주변 인대(황색 인대)가 척추관을 압박하여 발생한다. 척추관은 척추 가운데 신경 다발이 지나갈 수 있도록 속이 빈 공간인데, 나이가 들면서 척추가 흔들리게 되면 흔들리는 척추를 붙들기 위해 인대가 점차 두꺼워지고, 척추 뼈에 변형이 생겨 결과적으로 척추관이 좁아지게 된다. 이렇게 오랜 기간 동안 변형된 척추 뼈와 인대가 척추관 속의 신경을 눌러 발생하는 것이 척추관협착증이다. 척추관 속의 신경이 눌리게 되면 통증과 함께 저리거나 당기게 되어 보행이 힘들어지며, 지속적으로 압박받을 경우 척추 신경이 경색되어 하반신 마비 증세로 악화될 수 있다. 일반적으로 서 있을 경우보다 허리를 구부렸을 때 척추관이 더 넓어지므로 허리디스크 환자와 달리 앉아 있을 때 통증이 완화된다. 척추관협착증은 자연치유가 되지 않고 척추관이 다시 넓어지지 않으므로 발병 초기를 제외하면 일반적으로 변형된 부분을 제거하는 수술을 하게 된다.

이와 같이 허리디스크와 척추관협착증은 똑같이 허리 통증을 유발하지만 원인과 증상, 치료법이 서로 상이하다. 비교적 고령인 60대 이상의 사람이 만성적으로 서 있을 때 통증이 나타난다면 ___㉠___ 을/를 의심해야 하며, 비교적 젊은 20 ~ 50대의 사람이 앉아 있을 때 통증이 급작스럽게 나타날 때는 ___㉡___ 을/를 의심해야 한다. 척추는 우리의 몸을 지탱하는 중요한 골격이며, 신경계와 밀접한 관련이 있으므로 통증이 발생한다면 자신의 몸 상태를 잘 파악하고, 초기에 치료를 받는 것이 중요하다.

❙ 국민건강보험공단 / 의사소통능력

09 다음 중 윗글의 내용으로 적절하지 않은 것은?

① 일반적으로 허리디스크는 척추관협착증에 비해 급작스럽게 증상이 나타난다.
② 허리디스크는 서 있을 때 통증이 더 심해진다.
③ 허리디스크에 비해 척추관협착증은 외과적 수술의 빈도가 높다.
④ 허리디스크와 척추관협착증 모두 증세가 심해지면 하반신 마비의 가능성이 있다.

10 다음 중 빈칸 ㉠과 ㉡에 들어갈 단어가 바르게 연결된 것은?

	㉠	㉡
①	허리디스크	추간판탈출증
②	허리디스크	척추관협착증
③	척추관협착증	요추관협착증
④	척추관협착증	허리디스크

11 다음 문단을 논리적 순서대로 바르게 나열한 것은?

> (가) 주장애관리는 장애정도가 심한 장애인이 의원뿐만 아니라 병원 및 종합병원급에서 장애 유형별 전문의에게 전문적인 장애관리를 받을 수 있는 서비스이다. 이전에는 대상 관리 유형이 지체장애, 시각장애, 뇌병변장애로 제한되어 있었으나, 3단계부터는 지적장애, 정신장애, 자폐성 장애까지 확대되어 더 많은 중증장애인들이 장애관리를 받을 수 있게 되었다.
>
> (나) 이와 같이 3단계 장애인 건강주치의 시범사업은 기존 1·2단계 시범사업보다 더욱 확대되어 많은 중증장애인들의 참여를 예상하고 있다. 장애인 건강주치의 시범사업에 신청하기 위해서는 국민건강보험공단 홈페이지의 건강IN에서 장애인 건강주치의 의료기관을 찾은 후 해당 의료기관에 방문하여 장애인 건강주치의 이용 신청사실 통지서를 작성해야 한다.
>
> (다) 장애인 건강주치의 제도가 제공하는 서비스는 일반건강관리, 주(主)장애관리, 통합관리로 나누어진다. 일반건강관리 서비스는 모든 유형의 중증장애인이 만성질환 등 전반적인 건강관리를 받을 수 있는 서비스로, 의원급에서 원하는 의사를 선택하여 참여할 수 있다. 1·2단계까지의 사업에서는 만성질환관리를 위해 장애인 본인이 검사비용의 30%를 부담해야 했지만, 3단계부터는 본인부담금 없이 질환별 검사바우처로 제공한다.
>
> (라) 마지막으로 통합관리는 일반건강관리와 주장애관리를 동시에 받을 수 있는 서비스로, 동네에 있는 의원급 의료기관에 속한 지체·뇌병변·시각·지적·정신·자폐성 장애를 진단하는 전문의가 주장애관리와 만성질환관리를 모두 제공한다. 이 3가지 서비스들은 거동이 불편한 환자를 위해 의사나 간호사가 직접 집으로 방문하는 방문 서비스를 제공하고 있으며 기존까지는 연 12회였으나, 3단계 시범사업부터 연 18회로 증대되었다.
>
> (마) 보건복지부와 국민건강보험공단은 2021년 9월부터 3단계 장애인 건강주치의 시범사업을 진행하였다. 장애인 건강주치의 제도는 중증장애인이 인근 지역에서 주치의로 등록 신청한 의사 중 원하는 의사를 선택하여 장애로 인한 건강문제, 만성질환 등 건강상태를 포괄적이고 지속적으로 관리 받을 수 있는 제도로, 2018년 5월 1단계 시범사업을 시작으로 2단계 시범사업까지 완료되었다.

① (다) – (마) – (가) – (나) – (라)

② (다) – (가) – (라) – (마) – (나)

③ (마) – (가) – (라) – (나) – (다)

④ (마) – (다) – (가) – (라) – (나)

12 다음은 K지역의 연도별 건강보험금 부과액 및 징수액에 대한 자료이다. 직장가입자 건강보험금 징수율이 가장 높은 해와 지역가입자의 건강보험금 징수율이 가장 높은 해를 바르게 짝지은 것은?

〈건강보험금 부과액 및 징수액〉

(단위 : 백만 원)

구분		2019년	2020년	2021년	2022년
직장가입자	부과액	6,706,712	5,087,163	7,763,135	8,376,138
	징수액	6,698,187	4,898,775	7,536,187	8,368,972
지역가입자	부과액	923,663	1,003,637	1,256,137	1,178,572
	징수액	886,396	973,681	1,138,763	1,058,943

※ (징수율)$=\dfrac{(징수액)}{(부과액)}\times100$

　　　직장가입자　　지역가입자
① 　2022년　　　　2020년
② 　2022년　　　　2019년
③ 　2021년　　　　2020년
④ 　2021년　　　　2019년

13 다음은 K병원의 하루 평균 이뇨제, 지사제, 진통제 사용량에 대한 자료이다. 이에 대한 설명으로 옳지 않은 것은?

〈하루 평균 이뇨제, 지사제, 진통제 사용량〉

구분	2018년	2019년	2020년	2021년	2022년	1인 1일 투여량
이뇨제	3,000mL	3,480mL	3,360mL	4,200mL	3,720mL	60mL/일
지사제	30정	42정	48정	40정	44정	2정/일
진통제	6,720mg	6,960mg	6,840mg	7,200mg	7,080mg	60mg/일

※ 모든 의약품은 1인 1일 투여량을 준수하여 투여했다.

① 전년 대비 2022년 사용량 감소율이 가장 큰 의약품은 이뇨제이다.
② 5년 동안 지사제를 투여한 환자 수의 평균은 18명 이상이다.
③ 이뇨제 사용량은 증가와 감소를 반복하였다.
④ 매년 진통제를 투여한 환자 수는 이뇨제를 투여한 환자 수의 2배 이하이다.

14 다음은 분기별 상급병원, 종합병원, 요양병원의 보건인력 현황에 대한 자료이다. 분기별 전체 보건인력 중 전체 사회복지사 인력의 비율로 옳지 않은 것은?

〈상급병원, 종합병원, 요양병원의 보건인력 현황〉

(단위 : 명)

구분		2022년 3분기	2022년 4분기	2023년 1분기	2023년 2분기
상급병원	의사	20,002	21,073	22,735	24,871
	약사	2,351	2,468	2,526	2,280
	사회복지사	391	385	370	375
종합병원	의사	32,765	33,084	34,778	33,071
	약사	1,941	1,988	2,001	2,006
	사회복지사	670	695	700	720
요양병원	의사	19,382	19,503	19,761	19,982
	약사	1,439	1,484	1,501	1,540
	사회복지사	1,887	1,902	1,864	1,862
합계		80,828	82,582	86,236	86,707

※ 보건인력은 의사, 약사, 사회복지사 인력 모두를 포함한다.

① 2022년 3분기 : 약 3.65%
② 2022년 4분기 : 약 3.61%
③ 2023년 1분기 : 약 3.88%
④ 2023년 2분기 : 약 3.41%

15 다음은 건강생활실천지원금제에 대한 자료이다. 〈보기〉의 신청자 중 예방형과 관리형에 해당하는 사람을 바르게 분류한 것은?

〈건강생활실천지원금제〉

- 사업설명 : 참여자 스스로 실천한 건강생활 노력 및 건강개선 결과에 따라 지원금을 지급하는 제도
- 시범지역

지역	예방형	관리형
서울	노원구	중랑구
경기·인천	안산시, 부천시	인천 부평구, 남양주시, 고양일산(동구, 서구)
충청권	대전 대덕구, 충주시, 충남 청양군(부여군)	대전 동구
전라권	광주 광산구, 전남 완도군, 전주시(완주군)	광주 서구, 순천시
경상권	부산 중구, 대구 남구, 김해시, 대구 달성군	대구 동구, 부산 북구
강원·제주권	원주시, 제주시	원주시

- 참여대상 : 주민등록상 주소지가 시범지역에 해당되는 사람 중 아래에 해당하는 사람

구분	조건
예방형	만 20 ~ 64세인 건강보험 가입자(피부양자 포함) 중 국민건강보험공단에서 주관하는 일반건강검진 결과 건강관리가 필요한 사람*
관리형	고혈압·당뇨병 환자

*건강관리가 필요한 사람 : 다음에 모두 해당하거나 ①, ② 또는 ①, ③에 해당하는 사람

① 체질량지수(BMI) 25kg/m^2 이상
② 수축기 혈압 120mmHg 이상 또는 이완기 혈압 80mmHg 이상
③ 공복혈당 100mg/dL 이상

─〈보기〉─

신청자	주민등록상 주소지	체질량지수	수축기 혈압 / 이완기 혈압	공복혈당	기저질환
A	서울 강북구	22kg/m^2	117mmHg / 78mmHg	128mg/dL	–
B	서울 중랑구	28kg/m^2	125mmHg / 85mmHg	95mg/dL	–
C	경기 안산시	26kg/m^2	142mmHg / 92mmHg	99mg/dL	고혈압
D	인천 부평구	23kg/m^2	145mmHg / 95mmHg	107mg/dL	고혈압
E	광주 광산구	28kg/m^2	119mmHg / 78mmHg	135mg/dL	당뇨병
F	광주 북구	26kg/m^2	116mmHg / 89mmHg	144mg/dL	당뇨병
G	부산 북구	27kg/m^2	118mmHg / 75mmHg	132mg/dL	당뇨병
H	강원 철원군	28kg/m^2	143mmHg / 96mmHg	115mg/dL	고혈압
I	제주 제주시	24kg/m^2	129mmHg / 83mmHg	108mg/dL	–

※ 단, 모든 신청자는 만 20 ~ 64세이며 건강보험에 가입하였다.

	예방형	관리형		예방형	관리형
①	A, E	C, D	②	B, E	F, I
③	C, E	D, G	④	F, I	C, H

16 K동에서는 임신한 주민에게 출산장려금을 지원하고자 한다. 출산장려금 지급 기준 및 K동에 거주하는 임산부에 대한 정보가 다음과 같을 때, 출산장려금을 가장 먼저 받을 수 있는 사람은?

〈K동 출산장려금 지급 기준〉

• 출산장려금 지급액은 모두 같으나, 지급 시기는 모두 다르다.
• 지급 순서 기준은 임신일, 자녀 수, 소득 수준 순서이다.
• 임신일이 길수록, 자녀가 많을수록, 소득 수준이 낮을수록 먼저 받는다(단, 자녀는 만 19세 미만의 아동 및 청소년으로 제한한다).
• 임신일, 자녀 수, 소득 수준이 모두 같으면 같은 날에 지급한다.

〈K동 거주 임산부 정보〉

임산부	임신일	자녀	소득 수준
A	150일	만 1세	하
B	200일	만 3세	상
C	100일	만 10세, 만 6세, 만 5세, 만 4세	상
D	200일	만 7세, 만 5세, 만 3세	중
E	200일	만 20세, 만 16세, 만 14세, 만 10세	상

① A임산부
② B임산부
③ D임산부
④ E임산부

17 다음 글의 주제로 가장 적절한 것은?

현재 우리나라의 진료비 지불제도 중 가장 주도적으로 시행되는 지불제도는 행위별수가제이다. 행위별수가
제는 의료기관에서 의료인이 제공한 의료서비스(행위, 약제, 치료 재료 등)에 대해 서비스별로 가격(수가)을
정하여 사용량과 가격에 의해 진료비를 지불하는 제도로, 의료보험 도입 당시부터 채택하고 있는 지불제도이
다. 그러나 최근 관련 전문가들로부터 이러한 지불제도를 개선해야 한다는 목소리가 많이 나오고 있다.
조사에 의하면 우리나라의 국민의료비를 증대시키는 주요 원인은 고령화로 인한 진료비 증가와 행위별수가제
로 인한 비용의 무한 증식이다. 현재 우리나라의 국민의료비는 OECD 회원국 중 최상위를 기록하고 있으며
앞으로 더욱 심화될 것으로 예측된다. 특히 행위별수가제는 의료행위를 할수록 지불되는 진료비가 증가하므
로 CT, MRI 등 영상검사를 중심으로 의료 남용이나 과다 이용 문제가 발생하고 있고, 병원의 이익 증대를
위하여 환자에게는 의료비 부담을, 의사에게는 업무 부담을, 건강보험에는 재정 부담을 증대시키고 있다.
이러한 행위별수가제의 문제점을 개선하기 위해 일부 질병군에서는 환자가 입원해서 퇴원할 때까지 발생하는
진료에 대하여 질병마다 미리 정해진 금액을 내는 제도인 포괄수가제를 시행 중이며, 요양병원, 보건기관에
서는 입원 환자의 질병, 기능 상태에 따라 입원 1일당 정액수가를 적용하는 정액수가제를 병행하여 실시하고
있지만 비용 산정의 경직성, 의사 비용과 병원 비용의 비분리 등 여러 가지 문제점이 있어 현실적으로 효과를
내지 못하고 있다는 지적이 나오고 있다.
기획재정부와 보건복지부는 시간이 지날수록 건강보험 적자가 계속 증대되어 머지않아 고갈될 위기에 있다고
발표하였다. 당장 행위별수가제를 전면적으로 폐지할 수는 없으므로 기존의 다른 수가제의 문제점을 개선하
여 확대하는 등 의료비 지불방식의 다변화가 구조적으로 진행되어야 할 것이다.

① 신포괄수가제의 정의
② 행위별수가제의 한계점
③ 의료비 지불제도의 역할
④ 건강보험의 재정 상황
⑤ 다양한 의료비 지불제도 소개

18 다음 중 제시된 단어와 그 뜻이 바르게 연결되지 않은 것은?

① 당위(當爲) : 마땅히 그렇게 하거나 되어야 하는 것
② 구상(求償) : 자연적인 재해나 사회적인 피해를 당하여 어려운 처지에 있는 사람을 도와줌
③ 명문(明文) : 글로 명백히 기록된 문구 또는 그런 조문
④ 유기(遺棄) : 어떤 사람이 종래의 보호를 거부하여 그를 보호받지 못하는 상태에 두는 일
⑤ 추계(推計) : 일부를 가지고 전체를 미루어 계산함

19 질량이 2kg인 공을 지표면으로부터 높이가 50cm인 지점에서 지표면을 향해 수직으로 4m/s의 속력으로 던져 공이 튀어 올랐다. 다음 〈조건〉을 보고 가장 높은 지점에서 공의 위치에너지를 구하면?(단, 에너지 손실은 없으며, 중력가속도는 $10m/s^2$으로 가정한다)

───────────〈조건〉───────────
- (운동에너지)=$\left[\dfrac{1}{2}×(질량)×(속력)^2\right]$J
- (위치에너지)=[(질량)×(중력가속도)×(높이)]J
- (역학적 에너지)=[(운동에너지)+(위치에너지)]J
- 에너지 손실이 없다면 역학적 에너지는 어떠한 경우에도 변하지 않는다.
- 공이 지표면에 도달할 때 위치에너지는 0이고, 운동에너지는 역학적 에너지와 같다.
- 공이 튀어 오른 후 가장 높은 지점에서 운동에너지는 0이고, 위치에너지는 역학적 에너지와 같다.
- 운동에너지와 위치에너지를 구하는 식에 대입하는 질량의 단위는 kg, 속력의 단위는 m/s, 중력가속도의 단위는 m/s^2, 높이의 단위는 m이다.

① 26J
② 28J
③ 30J
④ 32J
⑤ 34J

20 A부장이 시속 200km의 속력으로 달리는 기차로 1시간 30분이 걸리는 출장지에 자가용을 타고 출장을 갔다. 시속 60km의 속력으로 가고 있는데, 속력을 유지한 채 가면 약속시간보다 1시간 늦게 도착할 수 있어 도중에 시속 90km의 속력으로 달려 약속시간보다 30분 일찍 도착하였다. A부장이 시속 90km의 속력으로 달린 거리는?(단, 달리는 동안 속력은 시속 60km로 달리는 도중에 시속 90km로 바뀌는 경우를 제외하고는 그 속력을 유지하는 것으로 가정한다)

① 180km
② 210km
③ 240km
④ 270km
⑤ 300km

21 S공장은 어떤 상품을 원가에 23%의 이익을 남겨 판매하였으나, 잘 팔리지 않아 판매가에서 1,300원 할인하여 판매하였다. 이때 얻은 이익이 원가의 10%일 때, 상품의 원가는 얼마인가?

① 10,000원
② 11,500원
③ 13,000원
④ 14,500원
⑤ 16,000원

22 A ~ G 7명은 일렬로 배치된 의자에 다음 〈조건〉과 같이 앉는다. 이때 가능한 경우의 수는?

―――――――――〈조건〉――――――――

- A는 양 끝에 앉지 않는다.
- G는 가운데에 앉는다.
- B는 G의 바로 옆에 앉는다.

① 60가지　　　　　　　　　　　② 72가지

③ 144가지　　　　　　　　　　　④ 288가지

⑤ 366가지

23 S유치원에 다니는 유치원생 11명의 키는 평균 113cm이다. 키가 107cm인 유치원생이 유치원을 나가게 되어 유치원생이 10명이 되었을 때, 남은 유치원생 10명의 평균 키는?

① 113cm　　　　　　　　　　　② 113.6cm

③ 114.2cm　　　　　　　　　　④ 114.8cm

⑤ 115.4cm

24 다음 글과 같이 한자어 및 외래어를 순화한 내용으로 적절하지 않은 것은?

열차를 타다 보면 한 번쯤은 다음과 같은 안내방송을 들어 봤을 것이다.

"○○역 인근 '공중사상사고' 발생으로 KTX 열차가 지연되고 있습니다."

이때 들리는 안내방송 중 한자어인 '공중사상사고'를 한 번에 알아듣기란 일반적으로 쉽지 않다. 실제로 S교통공사 관계자는 승객들로부터 안내방송 문구가 적절하지 않다는 지적을 받아 왔다고 밝혔으며, 이에 S교통공사는 국토교통부와 협의를 거쳐 보다 이해하기 쉬운 안내방송을 전달하기 위해 문구를 바꾸는 작업에 착수하기로 결정하였다고 전했다.

우선 가장 먼저 수정하기로 한 것은 한자어 및 외래어로 표기된 철도 용어이다. 그중 대표적인 것이 '공중사상사고'이다. S교통공사 관계자는 이를 '일반인의 사상사고'나 '열차 운행 중 인명사고' 등과 같이 이해하기 쉬운 말로 바꿀 예정이라고 밝혔다. 이 외에도 열차 지연 예상 시간, 사고복구 현황 등 열차 내 안내방송을 승객에게 좀 더 알기 쉽고 상세하게 전달할 것이라고 전했다.

① 열차 시격 → 배차 간격

② 전차선 단전 → 선로 전기 공급 중단

③ 우회수송 → 우측 선로로의 변경

④ 핸드레일(Handrail) → 안전손잡이

⑤ 키스 앤 라이드(Kiss and Ride) → 환승정차구역

25 다음 글에서 언급되지 않은 내용은?

전 세계적인 과제로 탄소중립이 대두되자 친환경적 운송수단인 철도가 주목받고 있다. 특히 국제에너지기구는 철도를 에너지 효율이 가장 높은 운송 수단으로 꼽으며, 철도 수송을 확대하면 세계 수송 부문에서 온실가스 배출량이 그렇지 않을 때보다 약 6억 톤이 줄어들 수 있다고 하였다.

특히 철도의 에너지 소비량은 도로의 22분의 1이고, 온실가스 배출량은 9분의 1에 불과해, 탄소 배출이 높은 도로 운행의 수요를 친환경 수단인 철도로 전환한다면 수송 부문 총배출량이 획기적으로 감소될 것이라 전망하고 있다.

이에 발맞춰 우리나라의 S철도공단도 '녹색교통'인 철도 중심 교통체계를 구축하기 위해 박차를 가하고 있으며, 정부 역시 '2050 탄소중립 실현' 목표에 발맞춰 저탄소 철도 인프라 건설·관리로 탄소를 지속적으로 감축하고자 노력하고 있다.

S철도공단은 철도 인프라 생애주기 관점에서 탄소를 감축하기 위해 먼저 철도 건설 단계에서부터 친환경·저탄소 자재를 적용해 탄소 배출을 줄이고 있다. 실제로 중앙선 안동 ~ 영천 간 궤도 설계 당시 철근 대신에 저탄소 자재인 유리섬유 보강근을 콘크리트 궤도에 적용했으며, 이를 통한 탄소 감축효과는 약 6,000톤으로 추정된다. 이 밖에도 저탄소 철도 건축물 구축을 위해 2025년부터 모든 철도건축물을 에너지 자립률 60% 이상(3등급)으로 설계하기로 결정했으며, 도심의 철도 용지는 지자체와 협업을 통해 도심 속 철길 숲 등 탄소 흡수원이자 지역민의 휴식처로 철도부지 특성에 맞게 조성되고 있다.

S철도공단은 이와 같은 철도로의 수송 전환으로 약 20%의 탄소 감축 목표를 내세웠으며, 이를 위해서는 정부의 노력도 필요하다고 강조하였다. 특히 수송 수단 간 공정한 가격 경쟁이 이루어질 수 있도록 도로 차량에 집중된 보조금 제도를 화물차의 탄소배출을 줄이기 위한 철도 전환교통 보조금으로 확대하는 등 실질적인 방안의 필요성을 제기하고 있다.

① 녹색교통으로 철도 수송이 대두된 배경
② 철도 수송 확대를 통해 기대할 수 있는 효과
③ 국내의 탄소 감축 방안이 적용된 설계 사례
④ 정부의 철도 중심 교통체계 구축을 위해 시행된 조치
⑤ S철도공단의 철도 중심 교통체계 구축을 위한 방안

26 다음 글의 주제로 가장 적절한 것은?

지난 5월 아이슬란드에 각종 파이프와 열교환기, 화학물질 저장탱크, 압축기로 이루어져 있는 '조지 올라 재생가능 메탄올 공장'이 등장했다. 이곳은 이산화탄소로 메탄올을 만드는 첨단 시설로, 과거 2011년 아이슬란드 기업 '카본리사이클링인터내셔널(CRI)'이 탄소 포집·활용(CCU) 기술의 실험을 위해서 지은 곳이다. 이곳에서는 인근 지열발전소에서 발생하는 적은 양의 이산화탄소(CO_2)를 포집한 뒤 물을 분해해 조달한 수소(H_2)와 결합시켜 재생 메탄올(CH_3OH)을 제조하였으며, 이때 필요한 열과 냉각수 역시 지열발전소의 부산물을 이용했다. 이렇게 만들어진 메탄올은 자동차, 선박, 항공 연료는 물론 플라스틱 제조 원료로 활용되는 등 여러 곳에서 활용되었다.

하지만 이렇게 메탄올을 만드는 것이 미래 원료 문제의 근본적인 해결책이 될 수는 없었다. 왜냐하면 메탄올이 만드는 에너지보다 메탄올을 만드는 데 들어가는 에너지가 더 필요하다는 문제점에 더하여 액화천연가스(LNG)를 메탄올로 변환할 경우 이전보다 오히려 탄소배출량이 증가하고, 탄소배출량을 감소시키기 위해서는 태양광과 에너지 저장장치를 활용해 메탄올 제조에 필요한 에너지를 모두 조달해야만 하기 때문이다. 또한 탄소를 포집해 지하에 영구 저장하는 탄소포집 저장방식과 달리, 탄소를 포집해 만든 연료나 제품은 사용 중에 탄소를 다시 배출할 가능성이 있어 이에 대한 논의가 분분한 상황이다.

① 탄소 재활용의 득과 실
② 재생 에너지 메탄올의 다양한 활용
③ 지열발전소에서 탄생한 재활용 원료
④ 탄소 재활용을 통한 미래 원료의 개발
⑤ 미래의 에너지 원료로 주목받는 재활용 원료, 메탄올

27 다음은 A ~ C철도사의 연도별 차량 수 및 승차인원에 대한 자료이다. 이에 대한 설명으로 옳지 않은 것은?

<표 제목>〈철도사별 차량 수 및 승차인원〉

구분	2020년			2021년			2022년		
철도사	A	B	C	A	B	C	A	B	C
차량 수(량)	2,751	103	185	2,731	111	185	2,710	113	185
승차인원 (천 명/년)	775,386	26,350	35,650	768,776	24,746	33,130	755,376	23,686	34,179

① C철도사가 운영하는 차량 수는 변동이 없다.
② 3년간 전체 승차인원 중 A철도사 철도를 이용하는 승차인원의 비율이 가장 높다.
③ A ~ C철도사의 철도를 이용하는 연간 전체 승차인원 수는 매년 감소하였다.
④ 3년간 차량 1량당 연간 평균 승차인원 수는 B철도사가 가장 적다.
⑤ C철도사의 차량 1량당 연간 승차인원 수는 200천 명 미만이다.

28 다음 중 S사원에게 필요한 능력으로 가장 적절한 것은?

> 신입사원인 S는 최근 고민이 생겼다. 익숙하지 않은 업무조건으로 인해 충분히 해낼 수 있을 것으로 예상한 업무를 제시간에 완료하지 못했고, A과장으로부터 문책을 당했기 때문이다. 이 사건 이후 S사원은 크게 위축되어 자신의 능력에 회의감을 가지게 되었고, 주어진 업무를 완수할 수 없을 것 같다는 불안감에 업무효율은 더욱 떨어지게 되었다.

① 자기관리
③ 경력개발
⑤ 낙관주의
② 자아존중감
④ 강인성

29 다음 〈보기〉의 빈칸에 들어갈 내용을 순서대로 바르게 나열한 것은?

─〈보기〉─
- _____㉠_____ : 인간관계를 지향하게 하고 사회적 행동을 유발하는 욕구이다.
- _____㉡_____ : 개인이 인간과 인간관계에 대해 가지고 있는 지적인 이해, 믿음이다.
- _____㉢_____ : 인간관계를 성공적으로 이끌어 갈 수 있는 사교적 능력이다.

	㉠	㉡	㉢
①	대인신념	대인기술	대인동기
②	대인신념	대인동기	대인기술
③	대인동기	대인신념	대인기술
④	대인동기	대인기술	대인신념
⑤	대인기술	대인동기	대인신념

30 다음 중 도덕적 해이(Moral Hazard)의 특징으로 적절하지 않은 것은?

① 결정을 내리고 책임지기보다 상급기관에 결정을 미루는 행동방식을 취한다.
② 법률 위반과 차이가 있어 적발과 입증이 어렵다.
③ 사익을 추구하지 않는 방만한 경영 행태는 도덕적 해이에 포함되지 않는다.
④ 조직의 틀에 어긋나는 개인의 이익 실현 행위이다.
⑤ 신규 업무에 관심을 갖지 않는 등 소극적인 모습을 보인다.

31 다음 〈보기〉 중 기계적 조직의 특징으로 적절한 것을 모두 고르면?

─────〈보기〉─────

⊙ 변화에 맞춰 쉽게 변할 수 있다.
ⓒ 상하 간 의사소통이 공식적인 경로를 통해 이루어진다.
ⓒ 대표적으로 사내벤처팀, 프로젝트팀이 있다.
ⓔ 구성원의 업무가 분명하게 규정되어 있다.
ⓜ 많은 규칙과 규제가 있다.

① ㉠, ㉡, ㉢   ② ㉠, ㉣, ㉤
③ ㉡, ㉢, ㉣   ④ ㉡, ㉣, ㉤
⑤ ㉢, ㉣, ㉤

32 다음 중 글로벌화에 대한 설명으로 적절하지 않은 것은?

① 범지구적 시스템과 네트워크 안에서 기업 활동이 이루어지는 국제경영이 중요시된다.
② 글로벌화가 이루어지면 시장이 확대되어 기업 경쟁이 상대적으로 완화된다.
③ 경제나 산업에서 벗어나 문화, 정치 등 다른 영역까지 확대되고 있다.
④ 조직의 활동 범위가 세계로 확대되는 것을 의미한다.
⑤ 글로벌화에 따른 다국적 기업의 증가에 따라 국가 간 경제통합이 강화되었다.

33 다음 중 팀워크에 대한 설명으로 적절하지 않은 것은?

① 조직에 대한 이해 부족은 팀워크를 저해하는 요소이다.

② 팀워크를 유지하기 위해 구성원은 공동의 목표의식과 강한 도전의식을 가져야 한다.

③ 공동의 목적을 달성하기 위해 상호관계성을 가지고 협력하여 업무를 수행하는 것이다.

④ 사람들이 집단에 머물도록 만들고, 집단의 멤버로서 계속 남아 있기를 원하게 만드는 힘이다.

⑤ 효과적인 팀은 갈등을 인정하고 상호신뢰를 바탕으로 건설적으로 문제를 해결한다.

34 다음 〈보기〉 중 근로윤리의 판단 기준으로 적절한 것을 모두 고르면?

〈보기〉
㉠ 예절   ㉡ 준법
㉢ 정직한 행동   ㉣ 봉사와 책임
㉤ 근면한 자세   ㉥ 성실한 태도

① ㉠, ㉡, ㉢   ② ㉠, ㉡, ㉣

③ ㉡, ㉢, ㉤   ④ ㉢, ㉤, ㉥

⑤ ㉣, ㉤, ㉥

35 다음 중 〈보기〉에 해당하는 문제해결방법이 바르게 연결된 것은?

―――――――〈보기〉―――――――

ⓐ 중립적인 위치에서 그룹이 나아갈 방향과 주제에 대한 공감을 이룰 수 있도록 도와주어 깊이 있는 커뮤니케이션을 통해 문제점을 이해하고 창조적으로 해결하도록 지원하는 방법이다.

ⓑ 상이한 문화적 토양을 가진 구성원이 사실과 원칙에 근거한 토론을 바탕으로 서로의 생각을 직설적으로 주장하고 논쟁이나 협상을 통해 의견을 조정하는 방법이다.

ⓒ 구성원이 같은 문화적 토양을 가지고 서로를 이해하는 상황에서 권위나 공감에 의지하여 의견을 중재하고, 타협과 조정을 통해 해결을 도모하는 방법이다.

	㉠	㉡	㉢
①	하드 어프로치	퍼실리테이션	소프트 어프로치
②	퍼실리테이션	하드 어프로치	소프트 어프로치
③	소프트 어프로치	하드 어프로치	퍼실리테이션
④	퍼실리테이션	소프트 어프로치	하드 어프로치
⑤	하드 어프로치	소프트 어프로치	퍼실리테이션

36 A ~ G 7명은 주말 여행지를 고르기 위해 투표를 진행하였다. 다음 〈조건〉과 같이 투표를 진행하였을 때, 투표를 하지 않은 사람을 모두 고르면?

―――――――〈조건〉―――――――

• D나 G 중 적어도 한 명이 투표하지 않으면, F는 투표한다.

• F가 투표하면, E는 투표하지 않는다.

• B나 E 중 적어도 한 명이 투표하지 않으면, A는 투표하지 않는다.

• A를 포함하여 투표한 사람은 모두 5명이다.

① B, E   ② B, F

③ C, D   ④ C, F

⑤ F, G

37 다음과 같이 G마트에서 파는 물건을 상품코드와 크기에 따라 엑셀 프로그램으로 정리하였다. 상품코드가
S3310897이고, 크기가 '중'인 물건의 가격을 구하는 함수로 옳은 것은?

	A	B	C	D	E	F
1						
2		상품코드	소	중	대	
3		S3001287	18,000	20,000	25,000	
4		S3001289	15,000	18,000	20,000	
5		S3001320	20,000	22,000	25,000	
6		S3310887	12,000	16,000	20,000	
7		S3310897	20,000	23,000	25,000	
8		S3311097	10,000	15,000	20,000	
9						

① =HLOOKUP(S3310897,$B$2:$E$8,6,0)

② =HLOOKUP("S3310897",$B$2:$E$8,6,0)

③ =VLOOKUP("S3310897",$B$2:$E$8,2,0)

④ =VLOOKUP("S3310897",$B$2:$E$8,6,0)

⑤ =VLOOKUP("S3310897",$B$2:$E$8,3,0)

38 다음 중 Windows Game Bar 녹화 기능에 대한 설명으로 옳지 않은 것은?

① 〈Windows 로고 키〉+〈Alt〉+〈G〉를 통해 백그라운드 녹화 기능을 사용할 수 있다.

② 백그라운드 녹화 시간은 변경할 수 있다.

③ 녹화한 영상의 저장 위치는 변경할 수 없다.

④ 각 메뉴의 단축키는 본인이 원하는 키 조합에 맞추어 변경할 수 있다.

⑤ 게임 성능에 영향을 줄 수 있다.

우리나라에서 500MW 규모 이상의 발전설비를 보유한 발전사업자(공급의무자)는 신재생에너지 공급의무화제도(RPS; Renewable Portfolio Standard)에 의해 의무적으로 일정 비율 이상을 기존의 화석연료를 변환시켜 이용하거나 햇빛·물·지열·강수·생물유기체 등 재생 가능한 에너지를 변환시켜 이용하는 에너지인 신재생에너지로 발전해야 한다. 이에 따라 공급의무자는 매년 정해진 의무공급비율에 따라 신재생에너지를 사용하여 전기를 공급해야 하는데 의무공급비율은 매년 확대되고 있으므로 여기에 맞춰 태양광, 풍력 등 신재생에너지 발전설비를 추가로 건설하기에는 여러 가지 한계점이 있다. ⑦ 공급의무자는 의무공급비율을 외부 조달을 통해 충당하게 되는데 이를 인증하는 것이 신재생에너지 공급인증서(REC; Renewable Energy Certificates)이다. 공급의무자는 신재생에너지 발전사에서 판매하는 REC를 구매하는 것으로 의무공급비율을 달성하게 되며, 이를 이행하지 못할 경우 미이행 의무량만큼 해당 연도 평균 REC 거래가격의 1.5배 이내에서 과징금이 부과된다.

신재생에너지 공급자가 공급의무자에게 REC를 판매하기 위해서는 먼저 「신에너지 및 재생에너지 개발·이용·보급 촉진법(신재생에너지법)」 제12조의7에 따라 공급인증기관(에너지관리공단 신재생에너지센터, 한국전력거래소 등)으로부터 공급 사실을 증명하는 공급인증서를 신청해야 한다. 인증 신청을 받은 공급인증기관은 신재생에너지 공급자, 신재생에너지 종류별 공급량 및 공급기간, 인증서 유효기간을 명시한 공급인증서를 발급해 주는데, 이때 공급인증서의 유효기간은 발급받은 날로부터 3년이며, 공급량은 발전방식에 따라 실제 공급량에 가중치를 곱해 표기한다. 이렇게 발급받은 REC는 공급인증기관이 개설한 거래시장인 한국전력거래소에서 거래할 수 있으며, 거래시장에서 공급의무자가 구매하여 의무공급량에 충당한 공급인증서는 효력을 상실하여 폐기하게 된다.

RPS 제도를 통한 REC 거래는 최근 더욱 확대되고 있다. 시행 초기에는 전력거래소에서 신재생에너지 공급자와 공급의무자 간 REC를 거래하였으나, 2021년 8월 이후 에너지관리공단에서 운영하는 REC 거래시장을 통해 한국형 RE100에 동참하는 일반기업들도 신재생에너지 공급자로부터 REC를 구매할 수 있게 되었고 여기서 구매한 REC는 기업의 온실가스 감축실적으로 인정되어 인센티브 등 다양한 혜택을 받을 수 있게 된다.

| 한국남동발전 / 의사소통능력

39 다음 중 윗글의 내용으로 적절하지 않은 것은?

① 공급의무자는 의무공급비율 달성을 위해 반드시 신재생에너지 발전설비를 건설해야 한다.

② REC 거래를 위해서는 먼저 공급인증기관으로부터 인증서를 받아야 한다.

③ 일반기업도 REC 구매를 통해 온실가스 감축실적을 인정받을 수 있다.

④ REC에 명시된 공급량은 실제 공급량과 다를 수 있다.

40 다음 중 빈칸 ⑤에 들어갈 접속부사로 가장 적절한 것은?

① 한편

② 그러나

③ 그러므로

④ 예컨대

41 다음 자료를 토대로 신재생에너지법상 바르게 거래된 것은?

〈REC 거래내역〉

(거래일 : 2023년 10월 12일)

설비명	에너지원	인증서 발급일	판매처	거래시장 운영소
A발전소	풍력	2020.10.06	E기업	에너지관리공단
B발전소	천연가스	2022.10.12	F발전	한국전력거래소
C발전소	태양광	2020.10.24	G발전	한국전력거래소
D발전소	수력	2021.04.20	H기업	한국전력거래소

① A발전소

② B발전소

③ C발전소

④ D발전소

※ 다음 기사를 읽고 이어지는 질문에 답하시오. [42~43]

> N공사가 밝힌 에너지 공급비중을 살펴보면 2022년 우리나라의 발전비중 중 가장 높은 것은 석탄(32.51%)이고, 두 번째는 액화천연가스(27.52%) 즉 LNG 발전이다. LNG는 석탄에 비해 탄소 배출량이 적어 화석연료와 신재생에너지의 전환단계인 교량 에너지로서, 최근 크게 비중이 늘었지만 여전히 많은 양의 탄소를 배출한다는 문제점이 있다. 지구 온난화 완화를 위해 어떻게든 탄소 배출량을 줄여야 하는 상황에서 이에 대한 현실적인 대안으로 수소혼소 발전이 주목받고 있다. _____(가)_____
>
> 수소혼소 발전이란 기존의 화석연료인 LNG와 친환경에너지인 수소를 혼합 연소하여 발전하는 방식이다. 수소는 지구에서 9번째로 풍부하여 고갈될 염려가 없고, 연소 시 탄소를 배출하지 않는 친환경에너지이다. 발열량 또한 1kg당 142MJ로, 다른 에너지원에 비해 월등히 높아 같은 양으로 훨씬 많은 에너지를 생산할 수 있다는 것이 장점이다. _____(나)_____
>
> 그러나 수소를 발전 연료로서 그대로 사용하기에는 여러 가지 문제점이 있다. 수소는 LNG에 비해 7 ~ 8배 빠르게 연소되므로 제어에 실패하면 가스 터빈에서 급격하게 발생한 화염이 역화하여 폭발할 가능성이 있다. 또한 높은 온도로 연소되므로 그만큼 공기 중의 질소와 반응하여 많은 질소산화물(NOx)을 발생시키는데, 이는 미세먼지와 함께 대기오염의 주요 원인이 된다. 마지막으로 연료로 사용할 만큼 정제된 수소를 얻기 위해서는 물을 전기분해해야 하는데, 여기에는 많은 전력이 들어가므로 수소 생산 단가가 높아진다는 단점이 있다. _____(다)_____
>
> 이러한 수소의 문제점을 해결하기 위한 대안이 바로 수소혼소 발전이다. 인프라적인 측면에서 기존의 LNG 발전설비를 활용할 수 있기 때문에 수소혼소 발전은 친환경에너지로 전환하는 사회적·경제적 충격을 완화할 수 있다. 또한 수소를 혼입하는 비율이 많아질수록 그만큼 LNG를 대체하게 되므로 기술발전으로 인해 혼입하는 수소의 비중이 높아질수록 발전으로 인한 탄소의 발생을 줄일 수 있다. 아직 많은 기술적·경제적 문제점이 남아있지만, 세계의 많은 나라들은 탄소 배출량 저감을 위해 수소혼소 발전 기술에 적극적으로 뛰어들고 있다. 우리나라 또한 2024년 세종시에 수소혼소 발전이 가능한 열병합발전소가 들어설 예정이며, 한화, 포스코 등 많은 기업들이 수소혼소 발전 실현을 위해 사업을 추진하고 있다. _____(라)_____

| 한국남동발전 / 의사소통능력

42 다음 중 윗글의 내용으로 적절하지 않은 것은?

① 수소혼소 발전은 기존 LNG 발전설비를 활용할 수 있다.
② 수소를 연소할 때에도 공해물질은 발생한다.
③ 수소혼소 발전은 탄소를 배출하지 않는 발전 기술이다.
④ 수소혼소 발전에서 수소를 더 많이 혼입할수록 탄소 배출량은 줄어든다.

| 한국남동발전 / 의사소통능력

43 다음 중 〈보기〉의 문장이 들어갈 위치로 가장 적절한 곳은?

─────〈보기〉─────
따라서 수소는 우리나라의 2050 탄소중립을 실현하기 위한 최적의 에너지원이라 할 수 있다.

① (가)   ② (나)
③ (다)   ④ (라)

44 다음은 N사의 비품 구매 신청 기준이다. 부서별로 비품 수량 현황과 기준을 참고하여 비품을 신청해야 할 때, 비품 신청 수량이 바르게 연결되지 않은 부서는?

〈비품 구매 신청 기준〉

비품	연필	지우개	볼펜	수정액	테이프
최소 수량	30자루	45개	60자루	30개	20개

- 팀별 비품 보유 수량이 비품 구매 신청 기준 이하일 때, 해당 비품을 신청할 수 있다.
- 각 비품의 신청 가능한 개수는 최소 수량에서 부족한 수량 이상 최소 보유 수량의 2배 이하이다.

예 연필 20자루, 지우개 50개, 볼펜 50자루, 수정액 40개, 테이프 30개가 있다면 지우개, 수정액, 테이프는 신청할 수 없고, 연필은 10자루 이상 60자루 이하, 볼펜은 10자루 이상 120자루 이하를 신청할 수 있다.

〈N사 부서별 비품 보유 수량 현황〉

팀 \ 비품	연필	지우개	볼펜	수정액	테이프
총무팀	15자루	30개	20자루	15개	40개
연구개발팀	45자루	60개	50자루	20개	30개
마케팅홍보팀	40자루	40개	15자루	5개	10개
인사팀	25자루	50개	80자루	50개	5개

	팀	연필	지우개	볼펜	수정액	테이프
①	총무팀	15자루	15개	40자루	15개	0개
②	연구개발팀	0자루	0개	100자루	20개	0개
③	마케팅홍보팀	20자루	10개	50자루	50개	40개
④	인사팀	45자루	0개	0자루	0개	30개

※ 다음은 N사 인근의 지하철 노선도 및 관련 정보이다. 이어지는 질문에 답하시오. [45~47]

〈N사 인근 지하철 노선도〉

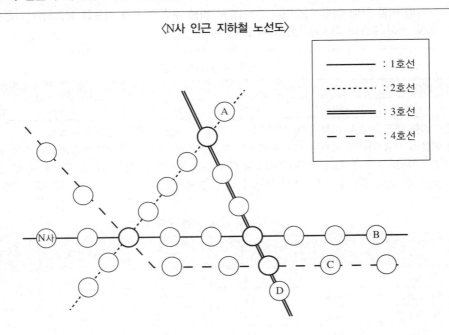

〈N사 인근 지하철 관련 정보〉

• 역간 거리 및 부과요금은 다음과 같다.

열차	역간 거리	기본요금	거리비례 추가요금
1호선	900m	1,200원	5km 초과 시 500m마다 50원 추가
2호선	950m	1,500원	5km 초과 시 1km마다 100원 추가
3호선	1,000m	1,800원	5km 초과 시 500m마다 100원 추가
4호선	1,300m	2,000원	5km 초과 시 1.5km마다 150원 추가

• 모든 노선에서 다음 역으로 이동하는 데 걸리는 시간은 2분이다.
• 모든 노선에서 환승하는 데 걸리는 시간은 3분이다.
• 기본요금이 더 비싼 열차로 환승할 때에는 부족한 기본요금을 추가로 부과하며, 기본요금이 더 저렴한 열차로 환승할 때에는 요금을 추가로 부과하거나 공제하지 않는다.
• 1회 이상 환승할 때의 거리비례 추가요금은 이용한 열차 중 기본요금이 가장 비싼 열차를 기준으로 적용한다.
  예 1호선으로 3,600m 이동 후 3호선으로 환승하여 3,000m 더 이동했다면, 기본요금 및 거리비례 추가요금은 3호선 기준이 적용되어 1,800+300=2,100원이다.

45 다음 중 N사와 A지점을 왕복하는 데 걸리는 최소 이동시간은?

① 28분   ② 34분

③ 40분   ④ 46분

46 다음 중 N사로부터 이동거리가 가장 짧은 지점은?

① A지점   ② B지점

③ C지점   ④ D지점

47 다음 중 N사에서 이동하는 데 드는 비용이 가장 적은 지점은?

① A지점   ② B지점

③ C지점   ④ D지점

SF 영화나 드라마에서만 나오던 3D 푸드 프린터를 통해 음식을 인쇄하여 소비하는 모습은 더 이상 먼 미래의 모습이 아니게 되었다. 2023년 3월 21일 미국의 컬럼비아 대학교에서는 3D 푸드 프린터와 땅콩버터, 누텔라, 딸기잼 등 7가지의 반죽형 식용 카트리지로 7겹 치즈케이크를 만들었다고 국제학술지 'NPJ 식품과학'에 소개하였다. (가) 특히 이 치즈케이크는 베이킹 기능이 있는 레이저와 식물성 원료를 사용한 비건식 식용 카트리지를 통해 만들어졌다. ㉠ 그래서 이번 발표는 대체육과 같은 다른 관련 산업에서도 많은 주목을 받게 되었다.

3D 푸드 프린터는 산업 현장에서 사용되는 일반적인 3D 프린터가 사용자가 원하는 대로 3차원의 물체를 만드는 것처럼 사람이 섭취할 수 있는 페이스트, 반죽, 분말 등을 카트리지로 사용하여 사용자가 원하는 디자인으로 압출·성형하여 음식을 만들어 내는 것이다. (나) 현재 3D 푸드 프린터는 산업용 3D 프린터처럼 페이스트를 층층이 쌓아서 만드는 FDM(Fused Deposition Modeling) 방식, 분말형태로 된 재료를 접착제로 굳혀 찍어내는 PBF(Powder Bed Fusion), 레이저로 굳혀 찍어내는 SLS(Selective Laser Sintering) 방식이 주로 사용된다.

(다) 3D 푸드 프린터는 아직 대중화되지 않았지만, 많은 장점을 가지고 있어 미래에 활용 가치가 아주 높을 것으로 예상되고 있다. ㉡ 예를 들어 증가하는 노령인구에 맞춰 씹고 삼키는 것이 어려운 사람을 위해 질감과 맛을 조정하거나, 개인별로 필요한 영양소를 첨가하는 등 사용자의 건강관리를 수월하게 해 준다. ㉢ 또한 우주와 같이 음식을 조리하기 어려운 곳에서 평소 먹던 음식을 섭취할 수 있게 하는 등 활용도가 무궁무진하다. 특히 대체육 부분에서 주목받고 있는데, 3D 푸트 프린터로 육류를 제작하게 된다면 동물을 키우고 도살하여 고기를 얻는 것보다 환경오염을 줄일 수 있다. (라) 대체육은 식물성 원료를 소재로 하는 것이므로 일반적인 고기보다는 맛은 떨어지게 된다. 실제로 대체육 전문 기업인 리디파인 미트(Redefine Meat)에서는 대체육이 축산업에서 발생하는 일반 고기보다 환경오염을 95% 줄일 수 있다고 밝히고 있다.

㉣ 따라서 3D 푸드 프린터는 개발 초기 단계이므로 아직 개선해야 할 점이 많다. 가장 중요한 것은 맛이다. 3D 푸드 프린터에 들어가는 식용 카트리지의 주원료는 식물성 재료이므로 실제 음식의 맛을 내기까지는 아직 많은 노력이 필요하다. (마) 디자인의 영역도 간과할 수 없는데, 길쭉한 필라멘트(3D 프린터에 사용되는 플라스틱 줄) 모양으로 성형된 음식이 '인쇄'라는 인식과 함께 음식을 섭취하는 데 심리적인 거부감을 주는 것도 해결해야 하는 문제이다. ㉤ 게다가 현재 주로 사용하는 방식은 페이스트, 분말을 레이저나 압출로 성형하는 것이므로 만들 수 있는 요리의 종류가 매우 제한적이며, 전력 소모 또한 많다는 것도 해결해야 하는 문제이다.

48 다음 중 윗글의 내용에 대한 추론으로 적절하지 않은 것은?

① 설탕 케이크 장식 제작은 SLS 방식의 3D 푸드 프린터가 적절하다.
② 3D 푸드 프린터는 식감 등으로 발생하는 편식을 줄일 수 있다.
③ 3D 푸드 프린터는 사용자 맞춤 식단을 제공할 수 있다.
④ 현재 3D 푸드 프린터로 제작된 음식은 거부감을 일으킬 수 있다.
⑤ 컬럼비아 대학교에서 만들어 낸 치즈케이크는 PBF 방식으로 제작되었다.

49 윗글의 (가) ~ (마) 중 삭제해야 할 문장으로 가장 적절한 것은?

① (가)   ② (나)
③ (다)   ④ (라)
⑤ (마)

50 윗글의 접속부사 ㉠ ~ ㉤ 중 문맥상 적절하지 않은 것은?

① ㉠   ② ㉡
③ ㉢   ④ ㉣
⑤ ㉤

51 다음 중 담화의 구성요소에 대한 설명으로 옳지 않은 것은?

① 담화의 의미는 고정되어 있다.

② 담화 내 발화는 통일된 주제로 모여 있어야 한다.

③ 맥락은 담화가 이루어지는 시간, 장소 등의 배경이다.

④ 담화에는 화자, 청자, 내용, 맥락이 있어야 한다.

⑤ 독백은 화자와 청자가 같은 담화의 일종으로 볼 수 있다.

52 다음 밑줄 친 어절의 맞춤법이 적절하지 않은 것은?

① 그 일꾼은 땅딸보지만 능력만큼은 <u>일당백이었다</u>.

② 비가 쏟아지는 <u>그날밤에</u> 사건이 일어났다.

③ 교통사고를 낸 상대방이 <u>되레</u> 큰소리를 냈다.

④ 지속적인 <u>시청률</u> 하락으로 그 드라마는 조기종영을 하였다.

⑤ 두 사람은 <u>오랜만에</u> 만났지만, 서로를 알아볼 수 있었다.

53 □, ○가 다음 규칙을 따를 때, ?에 들어갈 수로 적절한 것은?

- (3□4)○2=144
- (1□6)○3=216
- (5○3)□8=1,000
- (5□2)○(4□1)=?

---

① 250   ② 3,000

③ 7,200   ④ 10,000

⑤ 25,000

54 영호와 영규는 가위바위보를 해서 이기는 사람이 계단 3칸을 올라가 계단을 모두 올라가면 이기는 놀이를 하고 있다. 20개가 있는 계단에서 가위바위보 10회로 영규가 이겼을 때, 두 사람이 2회 비길 확률은?

① $\dfrac{1}{16}$

② $\dfrac{1}{8}$

③ $\dfrac{3}{16}$

④ $\dfrac{2}{8}$

⑤ $\dfrac{3}{8}$

55 다음 대화에서 민철이가 범한 논리적 오류로 적절한 것은?

> 상호 : 어제 무슨 일 있었어?
> 민철 : 어제 새로 개장한 놀이공원으로 여자친구와 데이트를 하러 갔는데 사람이 너무 많아서 놀이기구는 거의 타지도 못하고 기다리기만 했어. 모든 놀이공원은 이렇게 사람만 많고 정작 놀거리는 없는 곳이야. 앞으로 데이트할 때는 놀이공원 말고 다른 곳을 가야겠어.

① 인신공격의 오류

② 성급한 일반화의 오류

③ 허수아비 공격의 오류

④ 순환 논증의 오류

⑤ 복합 질문의 오류

56 다음 중 시간을 관리하는 방법의 성격이 다른 것은?

① 시험시간마다 OMR카드 오기입 등 실수를 자주 하는 현수는 수능 때 검토시간을 만들어 보고자 시험 종료 15분 전까지 모든 문제를 푸는 연습을 하였다.

② 다음 달에 첫 출근을 하는 희수는 회사로부터 45분 거리에 살고 있으나 출근 정시로부터 1시간 20분 전에 출발하기로 하였다.

③ 이마누엘 칸트는 매일 똑같은 시간에 똑같은 장소에서 산책하였다고 한다.

④ 집에서 30분 거리에 있는 곳에서 친구와 만나기로 한 기현이는 약속시간보다 30분 일찍 출발했다.

⑤ S사 고객지원팀에 근무하는 예서는 어제 쌓인 고객 문의를 확인하고자 평소보다 1시간 일찍 도착하였다.

57 다음 중 승진의 기본 원칙과 그 내용이 바르게 짝지어진 것은?

	승진보상의 크기	승진보상의 배분	공헌의 측정 기준
①	적정선의 원칙	합리성의 원칙	공정성의 원칙
②	적정선의 원칙	공정성의 원칙	합리성의 원칙
③	공정성의 원칙	적정선의 원칙	합리성의 원칙
④	공정성의 원칙	합리성의 원칙	적정선의 원칙
⑤	합리성의 원칙	적정선의 원칙	공정성의 원칙

58 다음 글을 읽고 빈칸에 들어갈 말로 가장 적절한 것은?

> _____(이)란 공통의 문제 또는 과제를 해결하기 위해 성격이 다른 2종 이상의 기술을 결합하여 다학제 간 연구를 통해 도출된 기술을 뜻한다. 스마트폰이 대표적인 사례이며, 최근 자동차에 컴퓨터 기능을 넣는 등 그 범위가 점차 확장되고 있다.

① 빅데이터   ② 블록체인
③ 로봇공학   ④ 융합기술
⑤ 알고리즘

국립과학수사연구원은 교통안전공단과 함께 합동조사 결과 지난달 십여 명이 부상을 입은 ××역 에스컬레이터의 역주행 사고는 내부 모터의 감속기를 연결하는 연결부 부분에 우수의 유입 및 부품 노후화 등으로 인한 마모로 발생하였을 것이라 밝혔다. 모터의 동력 전달 불량으로 제동장치가 작동하지 않았고 탑승객 하중을 견디지 못하여 역주행 사고가 발생한 것이라 추정한 것이다. 국립과학수사연구소에서는 사고의 정확한 원인을 밝히기 위해 이상이 발생한 부품을 수거하여 정밀 감식을 진행 후 정확한 원인을 밝힐 것이라고 말했다.

▎한전KPS / 기술능력

59 사고예방대책의 원리 5단계에서 윗글에 해당하는 단계는 어느 단계인가??

① 안전 관리 조직 　　　　② 사실의 발견
③ 평가 및 분석 　　　　④ 시정책의 선정
⑤ 시정책의 적용

▎한전KPS / 기술능력

60 위 사고의 정밀 감식 결과 사고의 원인은 에스컬레이터에서 걷거나 뛰는 행위로 인한 반복적이고 지속적인 충격하중으로 밝혀졌다고 한다. 이는 재해의 원인 중 어느 것에 속하는가?

① 기술(Engineering) 　　　　② 규제(Enforcement)
③ 사람(Man) 　　　　④ 매체(Media)
⑤ 기계(Mechanic)

2권

제1회
NCS 전 유형 원큐

모듈형 모의고사

〈문항 및 시험시간〉

평가영역	문항 수	시험시간	모바일 OMR 답안채점 / 성적분석 서비스
의사소통능력＋수리능력＋문제해결능력＋ 자기개발능력＋자원관리능력＋대인관계능력＋ 정보능력＋기술능력＋조직이해능력＋직업윤리	60문항	60분	

제1회 모듈형 모의고사

문항 수 : 60문항
시험시간 : 60분

01 다음 중 선입견에 대한 설명으로 적절하지 않은 것은?

① 선입견을 바로잡기 위해서는 선입견에 해당되는 대상과 접촉하거나 반대의견을 가진 사람과 대화를 나누는 것이 바람직하다.

② 상대에 대해 부정적인 선입견을 가지는 것은 경청을 방해하는 요인 중 하나이다.

③ 선입견이 생기면 그에 관련된 일에 대해서 무비판적이고 감정적인 태도를 보인다.

④ 선입견은 특정한 사람이나 집단에 대해 부정적인 판단을 가지는 태도를 말한다.

⑤ 잘못된 정보로 선입견을 가진 사람은 이후에 올바른 정보가 주어지더라도 선입견을 강화하는 정보만 선택적으로 받아들인다.

02 다음은 문서의 종류에 따른 문서 작성법이다. 문서 작성법에 따른 문서의 종류가 바르게 연결된 것은?

> (가) 상품이나 제품에 대해 정확하게 기술하기 위해서는 가급적 전문용어의 사용을 삼가고 복잡한 내용은 도표화한다.
>
> (나) 대외문서이고, 장기간 보관되는 문서이므로 정확하게 기술해야 하며, 한 장에 담아내는 것이 원칙이다.
>
> (다) 보통 업무 진행 과정에서 쓰는 경우가 대부분이므로 무엇을 도출하고자 했는지 핵심내용을 구체적으로 제시한다. 이때, 간결하고 핵심적인 내용의 도출이 우선이므로 내용의 중복을 피해야 한다.
>
> (라) 상대가 요구하는 것이 무엇인지 고려하여 설득력을 갖추어야 하며, 제출하기 전에 충분히 검토해야 한다.

	(가)	(나)	(다)	(라)
①	공문서	보고서	설명서	기획서
②	공문서	기획서	설명서	보고서
③	설명서	공문서	기획서	보고서
④	설명서	공문서	보고서	기획서
⑤	기획서	설명서	보고서	공문서

03 다음 중 도표의 작성절차가 순서대로 바르게 나열된 것은?

ⓙ 어떠한 도표로 작성할 것인지 결정
ⓛ 도표의 제목 및 단위 표시
ⓒ 자료를 가로축과 세로축이 만나는 곳에 표시
ⓔ 가로축과 세로축의 눈금의 크기를 결정
ⓜ 표시된 점에 따라 도표 작성
ⓗ 가로축과 세로축에 나타낼 것을 결정

---

① ㉠ - ㉡ - ㉢ - ㉣ - ㉤ - ㉥
② ㉠ - ㉥ - ㉣ - ㉢ - ㉤ - ㉡
③ ㉡ - ㉢ - ㉣ - ㉤ - ㉥ - ㉠
④ ㉤ - ㉢ - ㉣ - ㉡ - ㉥ - ㉠
⑤ ㉥ - ㉠ - ㉣ - ㉢ - ㉤ - ㉡

04 다음 글은 어떤 창의적 사고를 개발하는 방법인가?

'신차 출시'라는 같은 주제에 대해서 판매방법, 판매대상 등의 힌트를 통해 사고 방향을 미리 정해서 발상한다. 이때, 판매방법이라는 힌트에 대해서는 '신규 해외 수출 지역을 물색한다.'라는 아이디어를 떠올릴 수 있을 것이다.

---

① 자유 연상법
② 강제 연상법
③ 비교 발상법
④ 비교 연상법
⑤ 자유 발상법

05 다음 중 자기개발 요소에 대한 설명으로 옳지 않은 것을 〈보기〉에서 모두 고르면?

〈보기〉

ㄱ. 자기개발은 크게 자아인식, 자기관리, 자원확충, 경력개발로 이루어진다.
ㄴ. 자신의 특성에 대한 정확한 인식이 있어야 적절한 자기개발이 가능하다.
ㄷ. 경력개발은 자신의 일정을 수립하고 조정하여 자기관리를 수행하고, 이를 반성하여 피드백하는 과정으로 이루어진다.
ㄹ. 자기관리란 일생에 걸쳐서 지속적으로 이루어지는 일과 관련된 경험에 대하여 목표와 전략을 수립하고 실행하며 피드백하는 과정이다.

---

① ㄱ
② ㄹ
③ ㄱ, ㄴ
④ ㄴ, ㄹ
⑤ ㄱ, ㄷ, ㄹ

※ 다음 중 K기업의 팀장들이 나눈 대화이다. 이어지는 질문에 답하시오. **[6~7]**

> 오팀장 : 저는 주로 팀원들이 자신의 적성에 맞고 흥미를 가지고 있는 업무를 할 때 성과가 높아진다고 생각합니다.
> 이팀장 : 저는 인력배치를 통해 팀원 개개인이 자신들의 역량을 발휘해 줄 것을 기대하고 있습니다. 그래서 저는 팀원의 능력이나 성격 등과 가장 적합한 위치에 배치하여 팀의 효율성을 높이고 싶습니다. 즉, 작업이나 직무가 요구하는 요건과 개인이 보유하고 있는 역량을 균형 있게 배치하는 것을 선호하는 편입니다.
> 김팀장 : 저는 인력배치를 할 때 작업량과 여유 또는 부족 인원을 감안하여 소요 인원을 결정하여 배치하는 것 선호합니다.
> 박부장 : 각 팀장님들의 의견 잘 들었습니다. 말씀해 주신 인력배치 유형들을 적절하게 조화하여 팀을 운영한다면 더 좋은 성과를 낼 수 있겠네요.

| 자원관리능력

06 다음 중 각 팀장이 가장 선호하는 인력배치 유형을 바르게 짝지은 것은?

	오팀장	이팀장	김팀장
①	양적배치	질적배치	적성배치
②	질적배치	적성배치	양적배치
③	적성배치	질적배치	양적배치
④	적성배치	양적배치	질적배치
⑤	양적배치	적성배치	질적배치

| 자원관리능력

07 다음 중 오팀장이 선호하는 인력배치 유형의 특징으로 옳은 것은?

① 자신의 업무에 흥미를 느낄 수 있는 곳으로 배치된다.
② 작업량과 조업도, 여유 또는 부족 인원을 감안하여 소요 인원을 결정 및 배치한다.
③ 능력이나 성격 등과 가장 적합한 위치에 배치하는 것이다.
④ 개인에게 능력을 발휘할 수 있는 기회와 장소를 부여한다.
⑤ 모든 팀원을 평등하게 고려해서 배치한다.

08 다음 중 조직 내 갈등에 대한 설명으로 적절하지 않은 것은?

① 갈등상황을 형성하는 구성요소로서는 조직의 목표, 구성원의 특성, 조직의 규모, 분화, 의사전달, 권력구조, 의사결정에의 참여의 정도, 보상제도 등이 있다.

② 갈등은 직무의 명확한 규정, 직위 간 관계의 구체적 규정, 직위에 적합한 인원의 선발 및 훈련 등을 통해서 제거할 수 있다.

③ 조직 내 갈등은 타협을 통해서도 제거할 수 있다.

④ 회피는 갈등을 일으킬 수 있는 의사결정을 보류하거나 갈등상황에 처한 당사자들이 접촉을 피하도록 하는 것이나 갈등행동을 억압하는 것이다.

⑤ 갈등은 순기능이 될 수 없으므로, 갈등이 없는 상태가 가장 이상적이다.

09 자료는 1차 자료와 2차 자료로 나뉠 수 있다. 다음 중 1차 자료에 속하지 않는 것은?

① 단행본　　　　　　　　　　　② 논문
③ 신문　　　　　　　　　　　　④ 백과사전
⑤ 학위논문

10 다음 중 채팅 에티켓에 대한 설명으로 적절한 것은?

① 채팅 시에는 서로 마주보고 대화하지 않으므로 편하게 말을 하여도 된다.

② 새로운 대화자가 채팅에 입장하면, 소외감을 느끼지 않도록 기존의 대화내용은 언급하지 않는다.

③ 광고·홍보 목적으로 채팅을 할 수는 있으나, 예의를 지켜 전달하여야 한다.

④ 채팅 시 상호비방을 할 경우에는 상대방이 없는 방에서 언급하여야 한다.

⑤ 새로운 채팅에 입장 시, 기존의 대화내용을 모르더라도 경청하여야 한다.

11 다음 중 〈보기〉의 사례와 직업의 특성이 바르게 연결된 것은?

─────────────〈보기〉─────────────
㉠ 단기간의 아르바이트와 달리 일정 기간 수행되어야 한다.
㉡ 직업을 통해 사회 구성원의 필요를 충족시키며, 사회에 봉사하게 된다.
㉢ 직업을 통해 일정한 수입을 얻고, 경제발전에 기여하여야 한다.

	㉠	㉡	㉢
①	연속성	봉사성	수익성
②	연속성	봉사성	경제성
③	지속성	공공성	경제성
④	계속성	사회성	경제성
⑤	계속성	사회성	수익성

12 조직 변화는 제품과 서비스, 전략과 구조, 기술, 문화 측면에서 이루어질 수 있다. 다음 중 동일한 조직 변화 유형으로만 묶인 것은?

─────────────────────────────
ㄱ. 세계시장에 적합한 신제품 출시
ㄴ. 의사결정 분권화
ㄷ. 제품 생산 속도 향상을 위한 기술 도입
ㄹ. 경영 규칙 및 규정 개정
ㅁ. 학습조직 구축

① ㄱ, ㄴ   ② ㄴ, ㄹ
③ ㄷ, ㄹ   ④ ㄷ, ㅁ
⑤ ㄹ, ㅁ

13 다음 직업의 의미를 읽고 이와 관련된 직업의 사례로 가장 적절한 것은?

> 직업은 경제적 보상이 있어야 하며, 본인의 자발적 의사에 의한 것이어야 하고, 장기적으로 계속해서 일하는 지속성을 가지고 있어야 한다.

① 보드게임을 좋아하는 승호는 퇴근 후 보드게임 동아리에 참여하고 있다.
② 커피를 좋아하는 현희는 카페에서 커피를 연구하며 바리스타로 일하고 있다.
③ 영희는 동네 요양원을 찾아가 청소, 빨래 등을 하며 봉사활동을 하였다.
④ 꽃을 좋아하는 민정이는 주말마다 꽃꽂이를 취미활동으로 하고 있다.
⑤ 지연이의 할아버지는 일본 제철소에서 강제노동에 시달린 경험을 갖고 계시다.

14 다음 중 근면에 대한 설명으로 옳지 않은 것은?

① 생계를 위해 어쩔 수 없이 기계적인 노동을 하며 부지런함을 유지하는 것은 근면에 해당되지 않는다.
② 직업에는 귀천이 없다는 점은 근면한 태도를 유지해야 하는 근거로 볼 수 있다.
③ 근면은 게으르지 않고 부지런한 것을 의미한다.
④ 근면은 직업인으로서 마땅히 지녀야 할 태도이다.
⑤ 자아실현을 위해 자발적으로 능동적인 근무태도를 보이는 것은 근면에 해당된다.

15 문서이해의 절차가 순서대로 바르게 나열된 것은?

> ㉠ 문서의 목적을 이해
> ㉡ 상대방의 의도를 도표나 그림 등으로 메모하여 요약·정리
> ㉢ 문서를 통해 상대방의 욕구와 의도 및 요구되는 행동에 관한 내용 분석
> ㉣ 문서의 정보를 밝혀내고 문서가 제시하고 있는 현안 문제 파악
> ㉤ 문서에서 이해한 목적 달성을 위해 취해야 할 행동을 생각하고 결정
> ㉥ 문서가 작성되게 된 배경과 주제 파악

① ㉠ – ㉡ – ㉢ – ㉣ – ㉤ – ㉥
② ㉠ – ㉥ – ㉣ – ㉢ – ㉤ – ㉡
③ ㉡ – ㉢ – ㉣ – ㉤ – ㉥ – ㉠
④ ㉥ – ㉠ – ㉣ – ㉢ – ㉤ – ㉡
⑤ ㉢ – ㉡ – ㉤ – ㉠ – ㉣ – ㉥

K회사는 매년 인사평가로 팀 평가를 실시한다. 홍보팀의 박채은 팀장은 자신의 팀원 김진주, 박한열, 최성우, 정민우에 대해 25점 만점 기준으로 평가 점수를 부여하였다. 네 사람의 평가 점수는 다음과 같다.

- 김진주는 22점이다.
- 최성우와 정민우의 점수의 합은 김진주의 점수와 같다.
- 박한열은 김진주보다 5점이 적다.
- 김진주와 박한열의 점수 차보다 최성우와 정민우의 점수 차가 1점 더 많다.
- 네 명의 점수 합은 61점이다.

┃ 수리능력

16 다음 글을 통해 유추했을 때, 김진주와 정민우의 점수의 합은?

① 30
② 33
③ 35
④ 37
⑤ 39

┃ 수리능력

17 김진주, 박한열, 최성우, 정민우의 점수를 도출한 뒤 값이 맞는지 확인하기 위해 다음과 같은 검산 과정을 거쳤다. 이에 해당하는 검산법은 무엇인가?

"김진주 점수＋박한열 점수＋최성우 점수＋정민우 점수＝61"로 계산식을 만들었을 때, 좌변에 제시된 수들을 9로 나눈 나머지와 우변에 제시된 수들을 9로 나눈 나머지가 같은지 확인해 봐야겠군.

① 역연산
② 단위환산
③ 구거법
④ 사칙연산
⑤ 산술평균

18 다음 중 코칭의 진행 과정에 대한 설명으로 옳은 것을 〈보기〉에서 모두 고르면?

─〈보기〉─

ㄱ. 코칭을 할 경우 시간과 목표를 명확히 알린다.
ㄴ. 문제점에 대한 해결책을 직접 제시한다.
ㄷ. 코칭 과정을 반복한다.
ㄹ. 질문과 피드백에 충분한 시간을 할애한다.
ㅁ. 경청보다는 핵심적인 질문 위주로 진행한다.

① ㄱ, ㄴ, ㅁ   ② ㄱ, ㄷ, ㄹ
③ ㄴ, ㄷ, ㄹ   ④ ㄴ, ㄹ, ㅁ
⑤ ㄷ, ㄹ, ㅁ

19 다음에서 설명하는 문제에 해당하는 사례로 옳지 않은 것은?

아직 일어나지 않은, 즉 눈에 보이지 않는 문제로, 잠재문제, 예측문제, 발견문제로 나눌 수 있다. 잠재문제는 문제를 인식하지 못하다가 결국은 문제가 확대되어 해결이 어려운 문제를 의미한다. 예측문제는 지금 현재는 문제가 없으나 앞으로 일어날 수 있는 문제가 생길 것을 알 수 있는 문제를 의미하며, 발견문제는 앞으로 개선 또는 향상시킬 수 있는 문제를 말한다.

① 어제 구입한 알람시계가 고장 났다.
② 바이러스가 전 세계적으로 확산됨에 따라 제품의 원가가 향상될 것으로 보인다.
③ 자사 제품의 생산성을 향상시킬 수 있는 프로그램이 개발되었다.
④ 자사 내부 점검 중 작년에 판매된 제품에서 문제가 발생할 수 있다는 것을 발견하였다.
⑤ 이번 달에는 물건의 품질을 10% 향상시킴으로써 매출의 5% 증대를 계획해야 한다.

〈사례〉

구매팀 김차장의 별명은 뱀장어이다. 스리슬쩍 빠져 나가는 데는 도가 텄기 때문이다. 그의 뻔뻔함을 보여주는 사례는 수도 없이 많았다. 업체별 세부 거래 조건이 저장되어 있는 파일은 매우 예민한 자료라 부서원들 개인 컴퓨터에 저장하는 것은 물론 프린트도 금지되어 있었다. 오직 팀장과 김차장 그리고 담당자인 최과장에게만 접근 권한이 있었는데, 어느 날 김차장이 파일을 잘못 저장해서 내용이 모두 삭제된 사건이 발생했다.

김차장은 팀원들 모두를 불러놓고는 "왜 니들은 그 중요한 파일을 따로 저장도 안 해놨냐?", "나처럼 컴퓨터를 잘 사용하지 못하는 사람도 안전하게 수정할 수 있게 설정을 잘 해놨어야지! 아니면 니들이 사전에 귀띔을 해줘야 하는 거 아니냐고!"라고 하면서 한 시간이 넘게 잔소리를 퍼부었다. 그걸로도 화가 안 풀렸는지 담당자인 최과장을 불러놓고는 일이 꼼꼼하지 못하네, 관리를 제대로 못하네, 담당자가 기술적 이해도가 떨어지네 등등 잔소리가 30분 넘게 이어졌다.

▌직업윤리

20 다음 중 구매팀 김차장에게 필요한 것은?

① 책임의식　　　　　　　　　　　② 준법의식
③ 근면의식　　　　　　　　　　　④ 직분의식
⑤ 소명의식

▌직업윤리

21 다음 중 구매팀 김차장에게 필요한 직장생활의 자세로 옳은 것은?

① 나 자신의 일은 내 책임이지만, 나의 부서의 일은 내 책임이 아니라고 생각한다.
② 본인이 잘못을 저질렀을 때는 스스로 책임지려고 한다.
③ 나쁜 상황이 나에게 일어났을 때, '왜 이런 일이 나에게 일어났어?'라고 생각한다.
④ 미리 계획하여 책임질 수 있는 범위의 일을 맡는다.
⑤ 자신이 세운 목표를 달성하기 위해 부지런한 생활을 유지한다.

22 다음은 건강보험심사평가원 조직도의 일부이다. 건강보험심사평가원의 각 부서와 업무 간 연결이 적절하지 않은 것은?

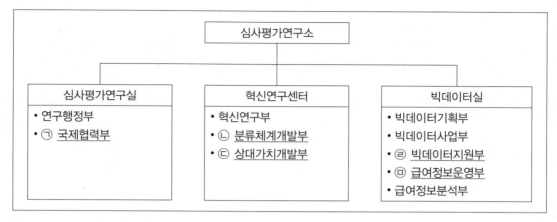

① ㉠ : 국제연수사업 및 외국인 방문단 운영에 관한 사항
② ㉡ : 재활환자분류체계(KRPG) 개발 및 관리
③ ㉢ : 상대가치 연구 및 산출
④ ㉣ : 빅데이터를 활용한 창업 지원에 관한 사항
⑤ ㉤ : 직원의 포상, 징계 및 복무관리에 관한 사항

23 다음 〈보기〉에서 10진법과 관련한 내용으로 옳은 것을 모두 고르면?

──────〈보기〉──────
㉠ 10진법은 1, 10, 100, 1,000, …과 같이 10배마다 새로운 자리로 옮겨가는 기수법이다.
㉡ 10진법에서 수를 취급할 때에는 한 자리의 수가 0부터 시작해서 '0, 1, 2, 3, 4, 5, 6, 7, 8, 9'로 증가해 10으로 될 때마다 자리올림을 한다.
㉢ 2진법으로 나타낸 수인 10001을 10진법으로 나타내면 16이다.

① ㉡   ② ㉠, ㉡
③ ㉠, ㉢   ④ ㉡, ㉢
⑤ ㉠, ㉡, ㉢

24 다음 중 인상적인 의사소통에 대한 설명으로 옳지 않은 것은 몇 개인가?

ㄱ. 항상 주위의 언어 정보에 민감하게 반응할 수 있어야 한다.

ㄴ. 의사를 전달받는 상대방의 이해방식을 고려하기 위해 노력한다.

ㄷ. 인상적인 의사소통이란 동일한 내용이라도 새롭게 부각시켜 전달할 수 있는 능력을 가리킨다.

ㄹ. 이전에 사용한 표현을 기반으로 안정적인 의사전달 방안을 고민한다.

ㅁ. 일상 속에서 언어정보를 직접 활용할 수 있도록 노력하여야 한다.

---

① 0개   ② 1개

③ 2개   ④ 3개

⑤ 4개

25 다음은 각 문서를 어떠한 기준에 따라 구분한 것이다. 빈칸에 들어갈 기준이 바르게 연결된 것은?

기준	종류
㉠	공문서
	사문서
㉡	내부결재문서
	대내문서, 대외문서, 발신자와 수신자 명의가 같은 문서
㉢	법규문서
	지시문서
	공고문서
	비치문서
	민원문서
	일반문서

	㉠	㉡	㉢
①	작성 주체	문서의 성질	유통 대상
②	작성 주체	유통 대상	문서의 성질
③	유통 대상	문서의 성질	작성 주체
④	유통 대상	작성 주체	문서의 성질
⑤	문서의 성질	작성 주체	유통 대상

26 다음은 협상과정을 5단계로 구분한 것이다. (가) ~ (마)에 들어갈 내용으로 적절하지 않은 것은?

<협상과정 5단계>

협상 시작	• 협상당사자들 사이에 상호 친근감 쌓는다. • 간접적인 방법으로 협상의사를 전달한다. • _____(가)_____ • 협상진행을 위한 체제를 계획한다.
↓	
상호 이해	• 갈등문제의 진행상황과 현재의 상황을 점검한다. • _____(나)_____ • 협상을 위한 협상대상 안건을 결정한다.
↓	
실질 이해	• _____(다)_____ • 분할과 통합 기법을 활용하여 이해관계를 분석한다.
↓	
해결 대안	• 협상 안건마다 대안들을 평가한다. • 개발한 대안들을 평가한다. • _____(라)_____
↓	
합의 문서	• 합의문을 작성한다. • _____(마)_____ • 합의문에 서명한다.

① (가) : 상대방의 협상의지를 확인한다.
② (나) : 최선의 대안에 대해서 합의하고 선택한다.
③ (다) : 겉으로 주장하는 것과 실제로 원하는 것을 구분하여 실제로 원하는 것을 찾아낸다.
④ (라) : 대안 이행을 위한 실행계획을 수립한다.
⑤ (마) : 합의내용, 용어 등을 재점검한다.

27 다음 중 업무수행상 방해요인들에 대하여 잘못 설명한 사람을 모두 고르면?

김대리 : 계획을 철저하게 세우면 방해요인이 발생하지 않아. 발생한다고 하더라도 금방 생산성 회복이 가능해.
차주임 : 방해요인들은 절대적으로 유해한 요소이므로 업무성과를 위해서는 반드시 제거해야 해.
박사원 : 협력업체 직원들의 전화도 업무상 방해요인에 해당됩니다. 그래서 저는 이에 응답하는 시간을 정해 두었습니다.
김대리 : 부서 간 갈등도 업무수행상 방해요인에 해당돼. 이럴 땐 갈등요인을 무작정 미루고 업무를 수행하는 것보다는 대화를 통해서 신속히 해결하는 것이 좋아.
정주임 : 스트레스는 신체적 문제 뿐 아니라 정신적 문제도 야기할 수 있으므로 완전히 해소하는 것이 좋죠.

① 김대리, 정주임
② 차주임, 정주임
③ 김대리, 박사원, 정주임
④ 김대리, 차주임, 정주임
⑤ 차주임, 박사원, 정주임

28 다음은 기술 시스템의 발전 단계를 나타낸 것이다. 빈칸에 들어갈 단계로 적절한 것은?

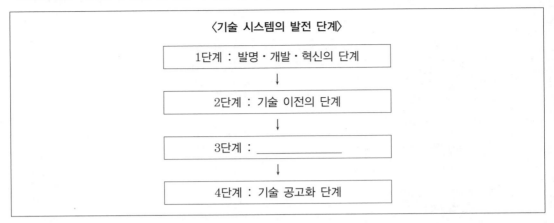

① 기술 협조의 단계　　　　　　　② 기술 경영의 단계
③ 기술 평가의 단계　　　　　　　④ 기술 경쟁의 단계
⑤ 기술 투자의 단계

29 다음 중 산업재해의 예방 대책을 순서대로 바르게 나열한 것은?

① 사실의 발견 → 안전 관리 조직 → 원인 분석 → 시정책 선정 → 시정책 적용 및 뒤처리
② 사실의 발견 → 원인 분석 → 시정책 선정 → 안전 관리 조직 → 시정책 적용 및 뒤처리
③ 안전 관리 조직 → 원인 분석 → 사실의 발견 → 시정책 선정 → 시정책 적용 및 뒤처리
④ 안전 관리 조직 → 사실의 발견 → 원인 분석 → 시정책 선정 → 시정책 적용 및 뒤처리
⑤ 안전 관리 조직 → 원인 분석 → 시정책 선정 → 사실의 발견 → 시정책 적용 및 뒤처리

산업매력도	고	A (청신호)	(청신호)	C (주의신호)
	중	(청신호)	E (주의신호)	(적신호)
	저	B (주의신호)	(적신호)	D (적신호)
		고	중	저

사업의 강점

| 조직이해능력

30 다음 중 GE 맥킨지 매트릭스 모델에 대한 설명으로 옳지 않은 것은?

① BCG 매트릭스보다 발전된 기법으로 평가받고 있다.
② 좌상의 청신호 지역은 지속적으로 성장시키는 전략이 필요하다.
③ 대각선상의 주의신호 지역은 선별적인 투자 전략이 필요하다.
④ 우하의 적신호 지역은 사업을 철수하거나 투자를 최소화해야 한다.
⑤ 사업단위 간의 상호작용을 고려하므로 실제 산업에 적용하기 쉽다.

| 조직이해능력

31 다음 중 자료의 A ~ E사업에 대한 설명으로 옳지 않은 것은?

① A사업은 매력적인 사업으로, 집중적으로 투자하여 시장 지위를 유지하면서 새로운 진출을 모색해야 한다.
② B사업은 강점은 있지만 시장 매력이 적은 사업으로, 시장 지위를 보호해야 한다.
③ C사업은 시장 매력은 있지만 강점이 없는 사업으로, 선택적으로 투자하고 사업의 회수 및 철수시기를 파악해야 한다.
④ D사업은 시장 매력이 낮고 강점이 없는 사업으로, 사업을 축소하거나 매각해야 한다.
⑤ E사업은 현상을 유지하면서 앞으로의 계획을 수립해야 한다.

| 직업윤리

32 다음 중 정직에 대한 설명으로 옳지 않은 것은?

① 국가경쟁력을 제고하기 위해서는 개개인뿐만 아니라 사회 시스템 전반의 정직성이 확보되어야 한다.
② 정직을 추구하기 위해서는 스스로가 잘못한 것도 정직하게 밝혀내야 한다.
③ 부정직한 관행은 인정하지 않음으로써 신용을 구축할 수 있다.
④ 피해가 없음에도 정직하지 못하다는 이유로 부정직한 모든 행위를 지적하는 것은 사회융합을 저해할 수 있다.
⑤ 정직이란 신뢰를 형성하고 유지하는 데 가장 기본적이고 필수적인 규범이다.

33 다음 중 고객접점서비스에 대한 설명으로 옳은 것을 〈보기〉에서 모두 고르면?

─〈보기〉─

ㄱ. 덧셈 법칙이 적용된다.
ㄴ. 처음 만났을 때의 15초가 중요하다.
ㄷ. 서비스 요원이 책임을 지고 고객을 만족시킨다.
ㄹ. 서비스 요원의 옷과 머리가 중요하다.
ㅁ. 고객접점서비스를 강화하기 위해서는 서비스 요원의 권한을 약화시켜야 한다.

① ㄱ, ㄴ, ㄷ
② ㄴ, ㄷ, ㄹ
③ ㄷ, ㄹ, ㅁ
④ ㄱ, ㄷ, ㄹ, ㅁ
⑤ ㄱ, ㄴ, ㄷ, ㄹ, ㅁ

※ 다음 자료를 보고 이어지는 질문에 답하시오. **[34~35]**

커피머신은 1,200,000원이고, 이를 되팔 때는 50%의 가격을 받을 수 있다. K회사는 원두를 한 달에 4kg 사용하고, 원두의 시중 가격은 13,000원이다.

구분	A렌탈	B렌탈
대여료	월 70,000원	월 110,000원
원두	10,000원/kg	5,000원/kg

※ 렌탈업체를 사용할 경우 원두에 대한 기초 구매량이 있다(A렌탈 : 원두 5kg, B렌탈 : 원두 4kg).
※ B렌탈의 경우 5개월 이상 사용 시 원두 가격이 20% 할인된다.

34 다음 자료에 대한 설명으로 옳은 것은?

① 1개월 사용 시 B렌탈이 더 싸다.
② 3개월 사용 시 A렌탈이 40,000원 더 싸다.
③ 5개월 사용 시 A렌탈이 더 싸다.
④ 6개월 사용 시 B렌탈이 70,000원 더 비싸다.
⑤ 12개월 사용 시 B렌탈이 72,000원 더 싸다.

35 K회사는 A렌탈과 B렌탈 중, 3개월을 기준으로 더 저렴한 렌탈업체를 선택해 사용했다. 하지만 회사는 더 이상 렌탈업체를 사용하지 않고 커피머신을 구입할 예정이다. 커피머신은 사용 후 처분할 예정이라고 할 때, 최소 몇 개월을 사용해야 렌탈비보다 이익인가?(단, 소수점 둘째 자리에서 반올림한다)

① 6개월
② 7개월
③ 8개월
④ 9개월
⑤ 10개

─〈조건〉─

K정부기관은 최근 본사의 내부 수리를 위해 관련 규정에 따라 입찰에 참가할 업체를 모집, 공사를 진행할 업체를 최종적으로 선정하려고 한다. 총 7개 업체가 해당 입찰에 참가하였고, 각 업체 간의 협력 가능성 등을 고려하여 다수의 업체를 선정할 예정이다. 본 제안의 평가위원의 의견은 다음과 같다.

• A업체는 선정하지 않는다.
• B업체를 선정하면 G업체는 선정하지 않는다.
• A업체를 선정하지 않으면 C업체를 선정한다.
• C업체를 선정하면 E업체를 선정하지 않는다.
• D업체를 선정하면 F업체도 선정한다.
• E업체를 선정하지 않으면 B업체를 선정한다.

▍문제해결능력

36 〈조건〉이 다음과 같을 때, 선정이 확실한 업체의 개수로 옳은 것은?

① 1개 　　　　　　　　　　② 2개
③ 3개 　　　　　　　　　　④ 4개
⑤ 5개

▍문제해결능력

37 평가위원 중 한 명이 다음과 같은 〈조건〉을 추가하였을 때, 최종 선정된 업체로 옳은 것은?

─〈조건〉─

대규모 공사가 될 것이기 때문에 최소한 3개의 업체가 선정되었으면 합니다. 기존 평가의견에 따라 선정된 업체가 3개 미만일 경우, D업체도 포함시키도록 합시다.

① B, C, D 　　　　　　　　② B, C, D, F
③ B, D, E 　　　　　　　　④ B, D, E, F
⑤ C, G, D, F

〈상황〉

K회사를 퇴직한 직원들은 다음 주 금요일에 오랜만에 모여 즐거운 저녁 시간을 보내기로 약속하였다. 모두 같은 본부에서 근무하던 5명의 멤버들은 각자 그간 지내 온 세월에 대해 이야기를 나눌 기대감에 부풀어 정해진 날짜가 다가오기만을 기다리고 있었다. 그러던 중 같은 날 다른 약속과 이중약속이 되어있는 것을 깨달은 김씨는 개인적인 사정이 있다는 변명과 함께 불참 의사를 통보하였고, 연이어 이씨와 박씨는 개인 사정으로 인해 참석이 어렵게 되었다는 통보를 하였다. 결국 2명만 남게 된 약속은 자연스레 취소가 되었고, 끝까지 다른 일정을 취소하며 시간을 확보해 두었던 마지막 두 사람은 약속했던 금요일 시간을 적절히 활용하지 못한 채 허비할 수밖에 없었다.

▮ 자원관리능력

38 다음과 같은 상황에서 시간자원 낭비의 원인으로 지적할 수 있는 것은?

① 약속 불이행이라는 편리성 추구 때문에 시간자원이 낭비되었다.
② 비계획적인 행동 때문에 시간자원이 낭비되었다.
③ 자원의 효과적인 활용을 할 줄 몰라 시간자원이 낭비되었다.
④ 금요일 약속의 중요성을 인식하지 못해 시간자원이 낭비되었다.
⑤ 우선순위를 결정하지 못하고 즉흥적인 행동으로 인해 시간자원이 낭비되었다.

▮ 자원관리능력

39 다음 중 김씨에게 할 조언으로 옳은 것은?

① 목표치를 세워 계획적으로 행동해야 합니다.
② 물적 자원 외 다른 자원들도 중요하게 인식해야 합니다.
③ 자원을 활용하는 데 있어서 오로지 편한 방향으로만 활용하지 말아야 합니다.
④ 경험을 통해 노하우를 축적해야 합니다.
⑤ 우선순위를 결정해서 행동해야 합니다.

▮ 대인관계능력

40 다음 중 멤버십의 유형별 자아에 대한 설명으로 옳지 않은 것은?

① 소외형의 경우, 의도적으로 조직 다수에 반대되는 의견을 제시하기도 한다.
② 순응형은 기꺼이 과업을 수행하며, 리더를 신뢰하는 성향을 보인다.
③ 수동형은 조직의 운영방침 및 내규에 민감하게 반응한다.
④ 균형적 시각을 갖춘 멤버십 유형은 실무형이다.
⑤ 지시가 선행되어야 이에 따라 행동하는 것은 수동형의 특징이다.

41 다음 중 감정은행계좌에 대한 설명으로 가장 적절하지 않은 것은?

〈감정은행계좌〉

- 감정은행계좌란?

인간관계에서 구축하는 신뢰의 정도를 은유적으로 표현한 것으로, 만약 우리가 다른 사람에 대해 공손하고 친절하며 정직하고 약속을 지킨다면 우리는 감정을 저축하는 것이 되고, 무례하고 불친절한 행동 등을 한다면 감정을 인출하는 것이 된다.
- 감정은행계좌 주요 예입수단

내용	사례
상대방에 대한 이해심	여섯 살 아이는 벌레를 좋아하였지만, 아이의 행동을 이해하지 못한 부모는 벌레를 잡아 내쫓았다. 결국 아이는 크게 울고 말았다.
사소한 일에 대한 관심	두 아들과 여행을 간 아버지는 막내아들이 추워하자 입고 있던 자신의 코트를 벗어 막내아들에게 입혔다. 여행에서 돌아온 뒤 표정이 좋지 않은 큰아들과 이야기를 나누어보니 동생만 챙긴다고 서운해 하고 있었다.
약속의 이행	A군은 B군과 오전에 만나기로 약속하였으나, B군은 오후가 다 되어서야 약속장소에 나왔다. A군은 앞으로 B군과 만나기로 약속할 경우 약속 시간보다 늦게 나가야겠다고 생각하였다.
기대의 명확화	이번에 결혼한 신혼부부는 결혼생활에 대한 막연한 기대감을 품고 있었다. 그러나 결혼 후의 생활이 각자 생각하던 것과 달라 둘 모두 서로에게 실망하였다.
언행일치	야구선수 C는 이번 시즌에서 20개 이상의 홈런과 도루를 성공하겠다고 이야기하였다. 실제 이번 시즌에서 C가 그 이상을 해내자 사람들은 C의 능력을 확실히 믿게 되었다.
진지한 사과	D사원은 작업 수행 중 실수가 발생하면 자신의 잘못을 인정하고 사과하였다. 처음에는 상사도 이를 이해하고 진행하였으나, 같은 실수와 사과가 반복되자 이제 D사원을 신뢰하지 않게 되었다.

① 상대방을 제대로 이해하지 못하면 감정이 인출될 수 있다.
② 분명한 기대치를 제시하지 않아 오해가 생기면 감정이 인출될 수 있다.
③ 말과 행동을 일치시키거나 약속을 지키면 신뢰의 감정이 저축된다.
④ 내게 사소한 것이 남에게는 사소하지 않을 수 있다.
⑤ 잘못한 것에 대해 사과를 하면 항상 신뢰의 감정이 저축된다.

42 K전자는 사원들만 이용할 수 있는 사내 공용 서버를 운영하고 있다. 이 서버에는 아이디와 패스워드를 입력하지 않고 자유롭게 접속하여 업무 관련 파일들을 올리고 내릴 수 있다. 하지만 얼마 전부터 공용 서버의 파일을 다운로드 받은 개인용 컴퓨터에서 바이러스가 감지되어, 우선적으로 공용 서버의 바이러스를 모두 제거하였다. 이런 상황에서 발생한 문제에 대처하기 위한 추가 조치사항으로 적절한 것만을 〈보기〉에서 모두 고르면?

〈보기〉

ㄱ. 접속하는 모든 컴퓨터를 대상으로 바이러스를 치료한다.
ㄴ. 공용 서버에서 다운로드한 파일을 모두 실행한다.
ㄷ. 접속 후에는 쿠키를 삭제한다.
ㄹ. 임시 인터넷 파일의 디스크 공간을 최대로 늘린다.

---

① ㄱ, ㄴ   ② ㄱ, ㄷ
③ ㄴ, ㄷ   ④ ㄷ, ㄹ
⑤ ㄴ, ㄹ

43 다음 글에 제시된 벤치마킹의 종류에 대한 설명으로 옳은 것은?

네스프레소는 가정용 커피머신 시장의 선두주자이다. 우리는 기존의 산업 카테고리를 벗어나 랑콤, 이브로쉐 등 고급 화장품 업계의 채널 전략을 벤치마킹했다는 점을 주목해야 한다. 고급 화장품 업체들은 독립 매장에서 고객들에게 화장품을 직접 체험할 수 있는 기회를 제공하고, 이를 적극적으로 수요와 연계하고 있었다. 네스프레소는 이를 통해 신규 수요를 창출하기 위해서는 커피머신의 기능을 강조하는 것이 아니라, 즉석에서 추출한 커피의 신선한 맛을 고객에게 체험하게 하는 것이 중요하다는 인사이트를 도출했다. 이후 전 세계 유명 백화점에 오프라인 단독 매장들을 개설해 고객에게 커피를 시음할 수 있는 기회를 제공했다. 이를 통해 네스프레소의 수요는 급속도로 늘어나 매출 부문에서 30 ~ 40%의 고속성장을 거두게 됐고 전 세계로 확장되며 여전히 높은 성장세를 이어가고 있다.

---

① 자료수집이 쉬우며 효과가 크지만 편중된 내부 시각에 대한 우려가 있다는 단점이 있다.
② 비용 또는 시간적 측면에서 상대적으로 많이 절감할 수 있다는 장점이 있다.
③ 문화 및 제도적인 차이에 대한 검토가 부족하면 잘못된 결과가 나올 수 있다.
④ 경영성과와 관련된 정보 입수가 가능하나 윤리적인 문제가 발생할 소지가 있다.
⑤ 새로운 아이디어가 나올 가능성이 높지만 가공하지 않고 사용한다면 실패할 수 있다.

44 다음 중 조해리의 창(Johari's Window) 속 자아와 〈보기〉의 사례가 바르게 연결된 것은?

───〈보기〉───

⊙ A는 평소 활발하고 밝은 성격으로, 주변 사람들도 모두 A를 쾌활한 사람으로 알고 있다.

ⓛ 그러나 A는 자신이 혼자 있을 때 그 누구보다 차분하고 냉정한 편이라고 생각한다.

ⓒ 하지만 A를 오랫동안 알고 지낸 친구들은 A가 정이 많으며, 결코 냉정한 성격은 아니라고 말한다.

	⊙	ⓛ	ⓒ
①	눈먼 자아	숨겨진 자아	공개된 자아
②	공개된 자아	눈먼 자아	숨겨진 자아
③	공개된 자아	숨겨진 자아	눈먼 자아
④	아무도 모르는 자아	숨겨진 자아	눈먼 자아
⑤	눈먼 자아	공개된 자아	아무도 모르는 자아

※ 다음 상황을 보고 이어지는 질문에 답하시오. **[45~46]**

〈상황〉

K기업은 도자기를 판매하고 있다. K기업의 영업팀 김대리는 도자기 원재료의 납기와 가격을 논의하기 위하여 공급업체 담당자와 회의를 진행하려고 한다.

공급업체 담당자는 가격 인상과 납기 조정을 계속적으로 요청하고 있다. 하지만 현재 매출 부분에서 위기를 겪고 있는 상황이라 제안을 받아들일 수 없는 김대리는 어떻게든 상황을 이해시키고자 한다.

┃ 대인관계능력

45 다음과 같은 상황에서 김대리가 상대방을 이해시키고자 할 때 사용하는 의사표현법으로 적절한 것은?

① 구체적이고 공개적인 칭찬을 해서 상대방을 더욱 기쁘게 한다.
② 가장 먼저 사과를 한 다음, 모호한 표현보다 단호하게 의사를 밝힌다.
③ 자신의 의견을 공감할 수 있도록 논리적으로 이야기한다.
④ 구체적인 기간, 순서를 명확하게 제시한다.
⑤ 먼저 칭찬을 하고, 잘못된 점을 질책한 후 격려를 한다.

46 다음 중 김대리가 우선적으로 취해야 하는 의사표현 방식으로 적절한 것을 〈보기〉에서 모두 고르면?

─────────〈보기〉─────────

ⓐ 가장 먼저 사과를 한 다음 타당한 이유를 밝힌다.
ⓑ 모호한 태도보다는 단호한 방식의 의사표현 테크닉이 필요하다.
ⓒ 직설적인 화법보다 비유를 통해 상대방의 자존심을 지켜준다.
ⓓ 하나를 얻기 위해 다른 하나를 양보하겠다는 자세가 필요하다.

① ㉠, ㉡   ② ㉠, ㉣
③ ㉡, ㉢   ④ ㉡, ㉣
⑤ ㉢, ㉣

47 다음 중 보고서 작성 시 유의사항에 대한 설명으로 옳지 않은 것을 모두 고르면?

A사원 : 이번 연구는 지금 시점에서 보고하는 것이 좋을 것 같습니다. 간략하게 연구별로 한 장씩 요약하여
　　　　작성할까요?
B사원 : ㉠ 성의가 없어 보이니 한 장에 한 개의 사안을 담는 것은 좋지 않아.
C사원 : 맞습니다. ㉡ 꼭 필요한 내용이 아니어도 관련된 참고자료는 이해가 쉽도록 모두 첨부하도록 하시죠.
D사원 : ㉢ 양이 많으면 단락별 핵심을 하위목차로 요약하는 것이 좋겠어.
　　　　그리고 ㉣ 연구비 금액의 경우는 개략적으로만 제시하고 정확히 하지 않아도 괜찮아.

① ㉠, ㉡   ② ㉠, ㉢
③ ㉠, ㉡, ㉢   ④ ㉠, ㉡, ㉣
⑤ ㉡, ㉢, ㉣

※ 다음은 K기업이 비품에 대해 고유 코드를 부여하는 방식과 비품을 관리하는 책임자를 정리한 표이다. 이어지는 질문에 답하시오. **[48~50]**

구입시기	비품 분류	코드명	수량 코드
2020년 1월 → 202001	컴퓨터	CO	동일한 비품 분류에 대해 0001부터 시작하여 번호를 매김
	노트북	NO	
	프로젝터	PR	
	책상	DE	212번째 구입한 노트북 → 0212
	의자	CH	
	캐비넷	CA	
	서랍	DR	
	모니터	MO	

관리부서	코드명
총무팀	GAT
인사팀	HRT
기획팀	PLT
영업팀	SAT
연구실	LAB
홍보팀	PRT

예 2020년 5월에 구입한 회의실용(2인) 책상이며 25번째 구입, 관리부서는 기획팀임 → 202005DE0025PLT

코드명	책임자	코드명	책임자
201105MO0119GAT	이석환	201611NO0111HRT	윤경희
201504CO0089PRT	민채희	200901DE0055SAT	민채희
201607NO0101PLT	이석환	201909NO0136LAB	이석환
201607CA0087PLT	강민호	202001CH0209PLT	오성희

48 다음 중 물품코드 201512MO0253PRT에 대한 설명으로 옳지 않은 것은?

① 2015년 12월에 구입하였다.
② 해당코드를 가진 물품은 모니터이다.
③ 이 물품을 구입하기 전 F기업은 모니터를 252개 구입하였다.
④ 구매부서는 홍보팀이다.
⑤ 관리부서는 홍보팀이다.

49 다음 중 같은 년도에 구입한 같은 종류의 비품을 관리하고 있는 책임자들로 짝지어진 것은?

① 이석환, 강민호   ② 민채희, 오성희

③ 민채희, 이석환   ④ 이석환, 윤경희

⑤ 민채희, 윤경희

50 연구실 소속 A사원은 2023년 1월 현재 출장 시 들고 다닐 노트북을 구입하려고 한다. 총무팀 담당자에게 물어보니 이전에 87대의 노트북을 구입했다고 한다. A사원이 구입한 노트북에 부여할 코드는 무엇인가?

① 202301NT0088LAB   ② 202301NO0087LAB

③ 202301NO0088LAB   ④ 202301NT0087LAB

⑤ 202301NO0087PLT

51 다음 글에 나타난 홍보팀 팀장의 상황은 문제해결절차의 어느 단계에 해당하는가?

> K회사는 이번에 새로 출시한 제품의 판매량이 생각보다 저조하여 그 원인에 대해 조사하였고, 그 결과 신제품 홍보 방안이 미흡하다고 판단하였다. 효과적인 홍보 방안을 마련하기 위해 홍보팀에서는 회의를 진행하였고, 팀원들은 다양한 홍보 방안을 제시하였다. 홍보팀 팀장은 중요도와 실현 가능성 등을 고려하여 팀원들의 다양한 의견 중 최종 홍보 방안을 결정하고자 한다.

① 문제 인식   ② 문제 도출

③ 원인 분석   ④ 해결안 선정

⑤ 실행 및 평가

52 B팀장은 자신의 경력을 개발하기 위한 계획을 수립하려고 한다. 다음 중 B팀장이 경력개발계획을 수립하기 위한 과정을 순서대로 바르게 나열한 것은?

㉠ 경력개발 전략수립	㉡ 경력목표 설정
㉢ 직무정보 탐색	㉣ 자신과 환경이해

① ㉠-㉣-㉢-㉡   ② ㉡-㉢-㉣-㉠

③ ㉢-㉣-㉡-㉠   ④ ㉢-㉡-㉣-㉠

⑤ ㉣-㉢-㉠-㉡

53 다음 중 팀제에 대한 설명으로 옳지 않은 것을 모두 고르면?

> ㄱ. 팀제의 필요성이 높아지는 것은 현대사회 환경의 변동성 급증이 주요 원인이다.
>
> ㄴ. 동일한 인력이어도 개인단위로 직무를 수행하는 것보다 팀제로 직무를 수행하는 경우에 성과가 더 우수하다.
>
> ㄷ. 팀원들에게 개인성과에 대한 보상뿐만 아니라 팀 차원의 성과에 대한 보상을 제공하는 것이 팀의 조직적 운용에 더욱 효과적이다.

① ㄱ   ② ㄴ

③ ㄱ, ㄷ   ④ ㄴ, ㄷ

⑤ ㄱ, ㄴ, ㄷ

※ 다음은 문제해결을 위한 기본적 사고 중 한 방법에 대한 글이다. 이어지는 질문에 답하시오. **[54~56]**

> A협회에서는 지난 달 1일 대한민국 퍼실리테이션 / 퍼실리테이터 협의회를 개최하였다. 퍼실리테이션이란 ⊙ 리더가 전권을 행사하는 기존의 조직과는 달리 그룹 구성원들이 심도 높은 의사소통 등 효과적인 기법과 절차에 따라 문제해결 과정에 적극적으로 참여하고 상호 작용을 촉진해 문제를 해결하고 목적을 달성하는 활동을 의미한다. 퍼실리테이터란 이러한 퍼실리테이션 활동을 능숙하게 해내는 사람, 또는 ⓒ 퍼실리테이션을 수행하는 조직의 리더라고 정의할 수 있다. 이번 협의회에서는 4차 산업혁명의 기술을 활용한 디지털 혁신이 산업 생태계 및 공공 부분 등 사회 전반의 패러다임을 바꾸고 있는 상황에서, 퍼실리테이션의 중요성을 강조하는 자리를 마련하였다. 개최사를 맡은 한국대학교 최선아 교수는 지금까지의 조직변화와 사회변화를 위한 퍼실리테이션의 역할을 다시 한 번 생각하고, 시대 변화에 따른 역할과 기능을 탐색하는 노력을 통해 퍼실리테이션의 방향성을 제시하는 것이 필요하다고 언급하였다. 또한, 퍼실리테이션을 통한 성공적인 문제해결 사례로 K기업의 워크숍 사례를 소개하였다. 이 워크숍에서는 미래 조직관점에서 퍼실리테이터의 역할과 요구, 조직 내 갈등 해결, 협력적 의사결정, 변화 촉진 등의 다양한 문제 해결을 위한 내용이 포함되어 있다고 밝혔다.

---

54 다음 글에서 확인할 수 있는 문제해결방법에 대한 설명으로 적절한 것은?

① 직접적인 표현이 바람직하지 않다고 여기며, 무언가를 시사하거나 암시를 통하여 의사를 전달하고 서로를 이해하게 함으로써 문제해결을 도모한다.

② 서로의 생각을 직설적으로 주장하고 논쟁이나 협상을 통해 서로의 의견을 조정해 가는 방법이다.

③ 깊이 있는 커뮤니케이션을 통해 서로의 문제점을 이해하고 공감함으로써 창조적인 문제해결을 도모하여, 초기에 생각하지 못했던 창조적인 해결 방법이 도출된다.

④ 문제해결방법의 종류인 소프트 어프로치와 하드 어프로치를 혼합한 방법이라 할 수 있다.

⑤ 주관적 관점에서 사물을 보는 관찰력과 추상적인 사고능력으로 문제를 해결한다.

---

55 다음 중 ㉠과 ㉡을 비교한 내용으로 옳지 않은 것은?

		㉠	㉡
①	조직형태	피라미드형 조직	네트워크형 조직
②	조직참가	강제적	자발적
③	구성원 역할	유동적	고정적
④	조직문화	권위적	자발적
⑤	의사소통 구조	수직적	수평적

56 다음 중 ㉡과 같은 리더가 발휘할 만한 리더십에 대한 설명으로 가장 적절한 것은?

① 리더가 스스로 의사결정을 내리고 의견을 독점한다.

② 구성원이 스스로 결정할 수 있도록 권한을 위임하고 결정 과정에 중립을 유지한다.

③ 결정 과정에 수동적인 침묵 자세를 유지함으로써 구성원들이 자유롭게 의사결정을 할 수 있도록 한다.

④ 구성원들의 활발한 논의가 이루어지도록 유도하되 모든 의사결정권은 리더가 갖는다.

⑤ 합의점을 미리 준비해두고 예정대로 결론이 도출되도록 유도한다.

57 다음은 자동차부품 제조업종인 K사의 SWOT 분석에 대한 내용이다. 다음 중 대응 전략으로 적절하지 않은 것을 모두 고르면?

〈SWOT 분석〉

Strength(강점요인)	Weakness(약점요인)
• 현재 가동 가능한 해외 공장 다수 보유 • 다양한 해외 거래처와 장기간 거래	• 전염병 예방 차원에서의 국내 공장 가동률 저조 • 노조의 복지 확대요구 지속으로 인한 파업 위기
Opportunities(기회요인)	Threats(위협요인)
• 일부 국내 자동차부품 제조업체들의 폐업 • 국책은행의 부채 만기 연장 승인	• 전염병으로 인해 중국으로의 부품 수출 통제 • 필리핀 제조사들의 국내 진출

〈대응 전략〉

내부환경 외부환경	Strength(강점)	Weakness(약점)
Opportunities (기회요인)	ㄱ. 국내 자동차부품 제조업체 폐업으로 인한 내수공급량 부족분을 해외 공장에서 공급	ㄴ. 노조의 복지 확대 요구를 수용하여 생산성을 증대시킴
Threats (위협요인)	ㄷ. 해외 공장 가동률 확대를 통한 국내 공장 생산량 감소분 상쇄	ㄹ. 전염병을 예방할 수 있는 방안을 탐색하여 국내 공장 가동률을 향상시키고, 국내 생산을 늘려 필리핀 제조사의 국내 진출 견제

① ㄱ, ㄴ
② ㄱ, ㄷ
③ ㄴ, ㄷ
④ ㄴ, ㄹ
⑤ ㄷ, ㄹ

58 문제해결절차의 문제 도출 단계는 (가)와 (나)의 절차를 거쳐 수행된다. 다음 중 (가)에 대한 설명으로 적절하지 않은 것은?

(가)		(나)
전체 문제를 개별화된 이슈들로 세분화	→	문제에 영향력이 큰 핵심이슈를 선정

① 문제의 내용 및 영향 등을 파악하여 문제의 구조를 도출한다.
② 본래 문제가 발생한 배경이나 문제를 일으키는 메커니즘을 분명히 해야 한다.
③ 현상에 얽매이지 말고 문제의 본질과 실제를 봐야 한다.
④ 눈앞의 결과를 중심으로 문제를 바라봐야 한다.
⑤ 문제 구조 파악을 위해서 Logic Tree 방법이 주로 사용된다.

59 다음 중 자기개발의 의미와 필요성에 대한 설명으로 옳지 않은 것은?

① 자기개발능력이란 직업인으로서 자신의 능력, 적성, 특성 등을 이해하고 목표성취를 위해 자신을 관리하며 개발해 나가는 능력을 가리킨다.
② 환경변화에 적응하려는 목적에서 자기개발이 이루어지기도 한다.
③ 자기개발은 효과적으로 업무를 처리하는 데 도움이 된다.
④ 자기개발이라는 말은 20세기 후반부터 사용되기 시작했다.
⑤ 자기개발에는 자신의 비전과 장단기 목표를 설정하는 일이 반드시 뒤따라야 한다.

60 다음은 서비스에 불만족한 고객을 불만 표현 유형별로 구분한 것이다. (A) ~ (D)를 상대하는 데 있어 주의해야 할 사항으로 적절하지 않은 것은?

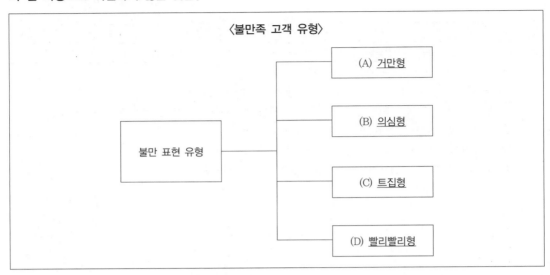

① (A)의 경우 상배당의 과시욕이 채워질 수 있도록 무조건 정중하게 대하는 것이 좋다.
② (B)의 경우 분명한 증거나 근거를 제시하여 스스로 확신을 갖도록 유도해야 한다.
③ (B)의 경우 때로는 책임자로 하여금 응대하는 것도 좋다.
④ (C)의 경우 이야기를 경청하고, 맞장구치고, 추켜세우고, 설득해 가는 방법이 효과적이다.
⑤ (D)의 경우 애매한 화법을 사용하여 최대한 시간을 끌어야 한다.

www.sdedu.co.kr

3권

제2회
NCS 전 유형 원큐

피듈형 모의고사

〈문항 및 시험시간〉

평가영역	문항 수	시험시간	모바일 OMR 답안채점 / 성적분석 서비스
의사소통능력＋수리능력＋문제해결능력＋ 자기개발능력＋자원관리능력＋대인관계능력＋ 정보능력＋기술능력＋조직이해능력＋직업윤리	60문항	60분	

제2회 피듈형 모의고사

| 문항 수 : 60문항 |
| 시험시간 : 60분 |

| 의사소통능력

01 의사소통이란 두 사람 이상 사이의 상호작용이다. 자신의 의도를 효과적으로 전달하는 것뿐만 아니라 상대의 의도를 제대로 파악하는 것도 매우 중요하다. 그러나 '잘 듣는 것', 즉 '경청'은 단순히 소리를 듣는 것이 아니기 때문에 생각보다 쉽지 않다. 다음 중 효과적으로 경청하는 방법이 아닌 것은?

① 상대방의 메시지를 자신의 삶과 관련시켜 본다.
② 표정, 몸짓 등 말하는 사람의 모든 것에 집중한다.
③ 들은 내용을 요약하는 것은 앞으로의 내용을 예측하는 데도 도움이 된다.
④ 대화 중 상대방이 무엇을 말할 것인가 추측하는 것은 선입견을 갖게 할 가능성이 높기 때문에 지양한다.
⑤ 대화 내용에 대해 적극적으로 질문한다.

| 대인관계능력

02 직장 내에서의 의사소통은 반드시 필요하지만, 적절한 의사소통을 형성한다는 것은 쉽지 않다. 다음과 같은 갈등 상황을 유발하는 원인으로 가장 적절한 것은?

> 기획팀의 K대리는 팀원 3명과 함께 프로젝트를 수행하고 있다. K대리는 이번 프로젝트를 조금 여유 있게 진행할 것을 팀원들에게 요청하였다. 팀원들은 프로젝트 진행을 위해 회의를 진행하였는데, L사원과 P사원의 의견이 서로 대립하는 바람에 결론을 내리지 못한 채 회의를 마치게 되었다. K대리가 회의 내용을 살펴본 결과 L사원은 프로젝트 기획 단계에서 좀 더 꼼꼼하고 상세한 자료를 모으자는 의견이었고, 반대로 P사원은 여유 있는 시간을 프로젝트 수정·보완 단계에서 사용하자는 의견이었다.

① L사원과 P사원이 K대리의 의견을 서로 다르게 받아들였기 때문이다.
② L사원은 K대리의 고정적 메시지를 잘못 이해하고 있기 때문이다.
③ L사원과 P사원이 자신의 정보를 상대방이 이해하기 어렵게 표현하고 있기 때문이다.
④ L사원과 P사원이 서로 잘못된 정보를 전달하고 있기 때문이다.
⑤ L사원과 P사원이 서로에 대한 선입견을 갖고 있기 때문이다.

03 다음은 2022년 K나라의 LPCD(Liter Per Capital Day)에 대한 자료이다. 1인 1일 사용량에서 영업용 사용량이 차지하는 비중과 1인 1일 가정용 사용량의 하위 두 항목이 차지하는 비중을 순서대로 나열한 것은?(단, 소수점 셋째 자리에서 반올림한다)

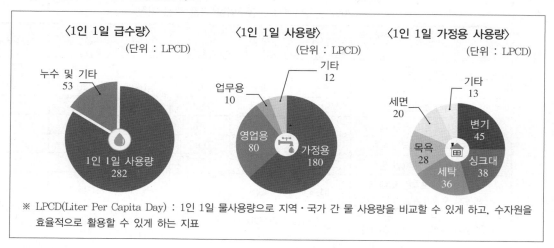

① 27.57%, 16.25%

② 27.57%, 19.24%

③ 28.37%, 18.33%

④ 28.37%, 19.24%

⑤ 30.56%, 20.78%

04 다음은 2022년 K광역시 행정구역별 교통 관련 현황 및 행정구역도에 대한 자료이다. 이를 이용하여 작성한 그래프로 옳지 않은 것은?

〈2022년 K광역시 행정구역별 교통 관련 현황〉

구분 \ 행정구역	전체	동구	중구	서구	유성구	대덕구
인구(천 명)	1,506	249	265	500	285	207
가구 수(천 가구)	557	99	101	180	102	75
주차장 확보율(%)	81.5	78.6	68.0	87.2	90.5	75.3
승용차 보유대수(천 대)	569	84	97	187	116	85
가구당 승용차 보유대수(대)	1.02	0.85	0.96	1.04	1.14	1.13
승용차 통행발생량(만 통행)	179	28	32	61	33	25
화물차 수송도착량에 대한 화물차 수송발생량 비율(%)	51.5	46.8	36.0	30.1	45.7	91.8

※ [승용차 1대당 통행발생량(통행)] = $\dfrac{(승용차\ 통행발생량)}{(승용차\ 보유대수)}$

〈대전광역시 행정구역도〉

① 행정구역별 인구

(단위 : 천 명)

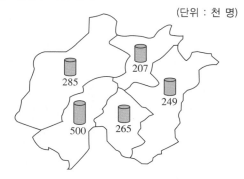

② 행정구역별 주차장 확보율

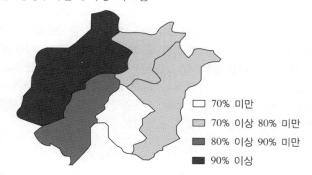

70% 미만
70% 이상 80% 미만
80% 이상 90% 미만
90% 이상

③ 행정구역별 가구당 승용차 보유대수

(단위 : 대)

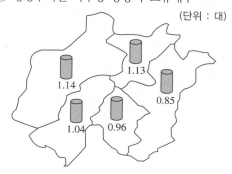

④ 행정구역별 화물차 수송도착량에 대한 화물차 수송발생량 비율

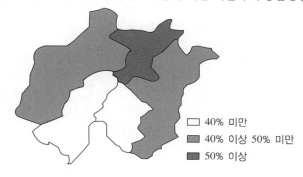

40% 미만
40% 이상 50% 미만
50% 이상

⑤ 행정구역별 승용차 1대당 통행발생량

(단위 : 통행)

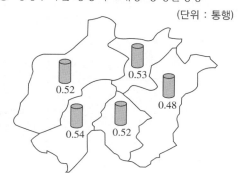

※ 다음 글을 읽고 이어지는 질문에 답하시오. [5~6]

K기업 기획팀의 이현수 대리는 금일 오후 5시까지 전산시스템을 통해 제출해야 하는 사업계획서를 제출하지 못하였다. 이는 K기업이 정부로부터 지원금을 받을 수 있는 매우 중요한 사안으로, 이번 사건으로 K기업 전체에 비상이 걸렸다. 이현수 대리를 비롯하여 사업계획서와 관련된 담당자들은 금일 오후 4시 30분까지 제출 준비를 모두 마쳤으나, 회사 전산망 마비로 전산시스템 접속이 불가능해 사업계획서를 제출하지 못하였다. 이들은 정부 기관 측 담당자에게 사정을 설명하였으나, 담당자는 예외는 없다고 답변하였다. 이를 지켜본 강민호 부장은 '㉠ 이현수 대리는 기획팀을 대표하는 인재인데 이런 실수를 하다니 기획팀이 하는 업무는 모두 실수투성일 것이 분명할 것'이라고 말하였다.

❙ 문제해결능력

05 다음 글에 나타난 문제와 문제점을 바르게 나열한 것은?

	문제	문제점
①	사업계획서 제출 실패	정부 담당자 설득 실패
②	정부 담당자 설득 실패	사업계획서 제출 실패
③	사업계획서 제출 실패	전산망 마비
④	전산망 마비	사업계획서 제출 실패
⑤	전산망 마비	정부 담당자 설득 실패

❙ 문제해결능력

06 다음 중 ㉠에서 나타난 논리적 오류는?

① 권위나 인신공격에 의존한 논증   ② 무지의 오류
③ 결합·분할의 오류   ④ 연역법의 오류
⑤ 허수아비 공격의 오류

07 다음 정의에 따른 경력개발 방법으로 적절하지 않은 것을 〈보기〉에서 모두 고르면?

〈정의〉

경력개발이란 개인이 경력목표와 전략을 수립하고 실행하며 피드백 하는 과정으로 직업인은 한 조직의 구성원으로서 조직과 함께 상호작용하며, 자신의 경력을 개발해 나가는 것이다.

〈보기〉

㉠ 영업직에 필요한 것은 사교성일 수도 있지만, 무엇보다 사람에 대한 믿음과 성실함이 기본이어야 한다고 생각한다. 영업팀에서 10년째 근무 중인 나는 인맥을 쌓기 위해 오랜 기간 인연을 지속한 사람들을 놓치지 않으려고 노력하였다. 시대에 뒤떨어지지 않기 위해 최신 IT 기기 및 기술을 습득하고 있다.

㉡ 전략기획팀에서 근무하고 있는 나는 앞으로 회사의 나아갈 방향을 설정하는 업무를 주로 하고 있다. 따라서 시대의 흐름을 놓쳐서는 안 된다. 나의 이러한 감각을 배양하기 위해 전문 서적을 탐독하고, 경영환경 변화에 대한 공부를 끊임없이 하고 있다.

㉢ 나는 지난달부터 체력단련을 위해 헬스를 하고 있다. 자동차 동호회 활동을 통해 취미활동도 게을리 하지 않는다.

㉣ 직장 생활도 중요하지만, 개인적인 삶을 풍요롭게 할 필요가 있다. 회사는 내가 필요한 것과 내 삶을 윤택하게 하는 데 도움을 주는 요소이다. 그러므로 회사 내의 활동이나 모임 등에 집중하기보다는 나를 위한 투자(운동, 개인학습 등)에 소홀하지 않아야 한다.

① ㉠, ㉡   ② ㉠, ㉢
③ ㉡, ㉢   ④ ㉡, ㉣
⑤ ㉢, ㉣

08 다음에서 설명하는 자원관리의 기본 과정은 무엇인가?

업무나 활동의 우선순위를 고려하여 자원을 업무에 할당하는 단계로, 확보한 자원이 실제 활동 추진에 비해 부족할 경우 우선순위가 높은 것에 중심을 두고 계획하는 것이 바람직하다.

① 필요한 자원의 종류와 양 확인   ② 이용 가능한 자원 수집하기
③ 자원 활용 계획 세우기   ④ 계획대로 수행하기
⑤ 결과를 기록하기

09 창고 물품 내역에 대해 작성한 재고량 조사표의 올바른 수정 사항을 〈보기〉에서 모두 고르면?

〈창고 물품 내역〉

• A열 : LCD 모니터 3대, 스캐너 2대, 마우스 2대
• B열 : 스피커 5대, USB 메모리 15개, 키보드 10대
• C열 : 레이저 프린터 3대, 광디스크 4개

〈재고량 조사표〉

구분	입력 장치	출력 장치	저장 장치
수량(개)	14	15	19

─〈보기〉─

ㄱ. 입력 장치의 수량을 12개로 한다.
ㄴ. 출력 장치의 수량을 11개로 한다.
ㄷ. 저장 장치의 수량을 16개로 한다.

---

① ㄱ
② ㄴ
③ ㄱ, ㄷ
④ ㄴ, ㄷ
⑤ ㄱ, ㄴ, ㄷ

10 다음 중 정보화 사회의 정보통신 기술 활용 사례와 그 내용이 옳게 연결된 것을 모두 고르면?

ㄱ. 유비쿼터스 기술(Ubiquitous Technology) : 장소에 제한받지 않고 네트워크에 접속된 컴퓨터를 자신의 컴퓨터와 동일하게 활용하는 기술이다.
ㄴ. 임베디드 컴퓨팅(Embedded Computing) : 네트워크의 이동성을 극대화하여 특정장소가 아닌 어디서든 컴퓨터를 사용할 수 있게 하는 기술이다.
ㄷ. 감지 컴퓨팅 (Sentient Computing) : 센서를 통해 사용자의 상황을 인식하여 사용자가 필요한 정보를 적시에 제공해 주는 기술이다.
ㄹ. 사일런트 컴퓨팅 (Silent Computing) : 장소, 사물, 동식물 등에 심어진 컴퓨터들이 사용자가 의식하지 않은 상태에서 사용자의 요구에 의해 일을 수행하는 기술이다.
ㅁ. 노매딕 컴퓨팅(Nomadic Computing) : 제품에서 특정 작업을 수행할 수 있도록 탑재되는 솔루션이나 시스템이다.

---

① ㄱ, ㄴ
② ㄱ, ㄷ
③ ㄴ, ㅁ
④ ㄱ, ㄷ, ㄹ
⑤ ㄷ, ㄹ, ㅁ

※ 다음 글을 읽고 이어지는 질문에 답하시오. [11~13]

E-스포츠 팀인 N팀은 올해 2022 K리그 경기 출전하여 우승했다. N팀은 작년에 예선 탈락이라는 패배를 겪고 N팀 주장과 감독은 패배의 실패 원인을 분석했다. 대부분이 개인플레이로 진행되었고 협동적으로 공격해야 할 때 각자 공격하는 방식을 취해 실패한 것으로 판단하였다. 그래서 N팀은 이번 리그를 준비하면서 개인플레이의 실력을 향상 시키는 것보다 협동 공격의 연습에 집중하였다. 협동 공격 연습을 진행하던 중 불만이 생긴 A씨는 개인플레이어로서의 실력이 경기에서의 우승을 좌우하는 것이라고 주장하며 A씨는 감독과 동료들 사이에서 마찰을 일으켰다. 결국, A씨는 자신의 의견이 받아들여지지 않자 팀을 탈퇴하였고 N팀은 새로운 배치로 연습을 진행해야 했다. 불과 리그를 6개월 앞둔 상황에서 벌어진 일이었다. 감독은 N팀의 사기 저하를 신경쓰면서 ㉠ 팀의 연습에 대해서 서로 의견을 나누어 결정할 수 있게 도왔으며, 팀 개개인에게 칭찬과 ㉡ 동기부여를 지속적으로 제공했다. 그 결과, 2023 K리그 경기에서 N팀이 우승할 것이라고 아무도 예상하지 못한 생각을 뒤집고 N팀은 올해 2022 K리그 경기 우승하였다.

| 대인관계능력

11 윗글에서 A씨는 감독과 팀원들이 자신을 인정하지 않는다고 생각하며 합동 연습에 부정적인 시각을 가지고 있다. 다음 중 A씨는 어떤 멤버십의 유형에 속하는가?

① 소외형　　　　　　　　　　　② 순응형
③ 실무형　　　　　　　　　　　④ 수동형
⑤ 주도형

| 대인관계능력

12 다음 중 ㉠에 대한 설명으로 적절하지 않은 것은?

① 동료 피드백 장려하기　　　　　② 갈등 해결하기
③ 창의력 조성을 위해 협력하기　　④ 책임을 공유하기
⑤ 참여적으로 의사결정하기

| 대인관계능력

13 다음 중 ㉡에 대한 설명으로 적절하지 않은 것은?

① 긍정적 강화법을 활용
② 새로운 도전의 기회를 부여
③ 책임감에 대한 부담을 덜어주기
④ 지속적인 교육과 성장의 기회를 제공하기
⑤ 코칭을 통해 개인이 권한과 목적의식을 가지고 있는 중요한 사람이라는 사실을 느낄 수 있도록 하기

14 A사와 B사가 활용한 벤치마킹에 대한 종류를 바르게 나열한 것은?

> A사는 기존 신용카드사가 시도하지 않았던 새로운 분야를 개척하며 성장했다. A사만의 독특한 문화와 경영 방식 중 상당 부분은 회사 바깥에서 얻었다. 이런 작업의 기폭제가 바로 'Insight Tour'이다. A사 직원들은 업종을 불문하고 새로운 마케팅으로 주목받는 곳을 방문한다. 심지어 혁신적인 미술관이나 자동차 회사까지 찾아간다. 금융회사는 가급적 가지 않는다. 카드사는 고객이 결제하는 카드만 취급하는 것이 아니라 회사의 고객 라이프 스타일까지 디자인하는 곳이라는 게 A사의 시각이다. A사의 브랜드 실장은 "카드사는 생활과 밀접한 분야에서 통찰을 얻어야 한다. 'Insight Tour'는 고객의 삶을 업그레이드시키는 데 역점을 둔다."고 강조했다.
> B사의 첫 벤치마킹 대상은 선반이 높은 창고형 매장을 운영한 월마트였다. 하지만 한국 문화에 맞지 않았다. 3년 후 일본 할인점인 이토요카토로 벤치마킹 대상을 바꿨다. 신선식품에 주력하고 시식행사도 마련하였고, 결과는 성공이었다. 또한 자체브랜드(PL – Private Label) 전략도 벤치마킹을 통해 가다듬었다. 기존 B사의 PL은 저가 이미지가 강했지만, 이를 극복하기 위해 B사는 'PL 종주국' 유럽을 벤치마킹했다. 유럽의 기업인 테스코는 PL 브랜드를 세분화해서 '테스코 파이니스트 – 테스코 노멀 – 테스코 벨류'란 브랜드를 달았다. 이와 유사하게 B사도 '베스트 – 벨류 – 세이브' 등의 브랜드로 개편했다.

	A사	B사
①	경쟁적 벤치마킹	비경쟁적 벤치마킹
②	간접적 벤치마킹	글로벌 벤치마킹
③	비경쟁적 벤치마킹	글로벌 벤치마킹
④	직접적 벤치마킹	경쟁적 벤치마킹
⑤	비경쟁적 벤치마킹	경쟁적 벤치마킹

15 다음에서 설명하는 '이것'의 사례로 가장 적절하지 않은 것은?

> 이것은 복지 사회를 이루기 위하여 기업이 이윤 추구에만 집착하지 않고 사회의 일원으로서 사회적 책임을 자각하고 실천하여야 할 의무로, 기업의 수익 추구와 밀접한 관련을 맺고 있다고 보는 견해도 있다.
> 윌리엄 워서(William Werther)와 데이비드 챈들러(David Chandler)는 이것을 기업이 제품이나 서비스를 소비자들에게 전달하는 과정인 동시에 사회에서 기업 활동의 정당성을 유지하기 위한 방안이라고 주장하였다.

① A기업은 새로운 IT 계열의 중소벤처기업을 창업한 20대 청년에게 투자하기로 결정하였다.
② B기업은 전염병이 발생하자 의료 물품을 대량으로 구입하여 지역 병원에 기부하였다.
③ C기업은 협력업체 공장에서 폐수를 불법으로 버린 것을 알고 협업과 투자를 종료하였다.
④ D기업은 자사의 제품에서 결함이 발견되자 이에 대한 사과문을 발표하였다.
⑤ E기업은 자사의 직원 복지를 위해 거액의 펀드를 만들었다.

16 다음 자료에서 설명하는 기술 혁신의 특성과 가장 부합하는 내용은?

> 새로운 기술을 개발하기 위한 아이디어의 원천이나 신제품에 대한 소비자의 수요, 기술 개발의 결과 등은
> 예측하기가 매우 어렵기 때문에 기술 개발의 목표나 일정, 비용, 지출, 수익 등에 대한 사전 계획을 세우기란
> 쉽지 않다. 또한, 이러한 사전 계획을 세운다 하더라도 모든 기술 혁신의 성공이 사전의 의도나 계획대로 이
> 루어지지는 않는다. 때로는 그러한 성공들은 우연한 기회에 이루어지기도 하기 때문이다.

① 기술 혁신은 매우 불확실하다.
② 기술 혁신은 지식 집약적인 활동이다.
③ 기술 혁신은 장기간의 시간을 필요로 한다.
④ 기술 혁신은 기업 내에서 많은 논쟁을 유발한다.
⑤ 기술 혁신은 부서 단독으로 수행되지 않으며, 조직의 경계를 넘나든다.

17 K회사 마케팅부에 근무하는 B대리는 최근 제품수명주기를 설명하는 다음 보고서를 읽게 되었다. 이를 읽고 〈보기〉의 (가) ~ (라)의 사례에 대한 제품수명주기의 유형을 바르게 연결한 것은?

〈제품수명주기〉

▶ 제품수명주기의 정의
　　제품수명주기(Product Life Cycle)는 제품이 출시되는 도입기, 매출이 성장하는 성장기, 성장률이 둔화되는 성숙기, 매출이 감소하는 쇠퇴기를 거쳐서 시장에서 사라지게 되는 과정이다.

▶ 제품수명주기의 4가지 유형

주기·재주기형		쇠퇴기에 접어들다가 촉진활동 강화 혹은 재포지셔닝에 의해 다시 한번 성장기를 맞이하는 경우로써 대부분의 제품에 해당한다.
연속성장형		새로운 제품 특성이나 용도 등을 발견함으로써 매출성장이 연속적으로 이어지는 경우이다.
패션형		한 때 유행하였다가 일정시간이 지나 다시 유행하는 형태로 일정 주기를 타고 성장, 쇠퇴를 거듭한다.
패드형		짧은 시간 내에 소비자들에 의해 급속하게 수용되었다가 매우 빨리 쇠퇴하는 형태를 보인다.

〈보기〉

(가) A전자회사는 에어컨과 난방기를 생산하고 있다. 에어컨은 매년 7 ~ 9월의 여름에 일정하게 매출이 증가하고 있으며 난방기는 매년 12 ~ 2월에 일정하게 매출이 증가하고 있다.
(나) B게임회사는 최근 모바일 게임의 꾸준한 업데이트를 통해 게임 유저들의 흥미를 자극시킴으로써 매출이 계속 성장하고 있다.
(다) C출판사는 자기개발서를 출판하는 회사이다. 최근 자기개발서에 대한 매출이 줄어듦에 따라 광고 전략을 시행하였고 이로 인해 일시적으로 매출이 상승하게 되었다.
(라) D회사는 월드컵을 맞이하여 응원 티셔츠를 제작하여 큰 매출 효과를 가졌다. 그러나 며칠이 지나지 않아 월드컵이 끝난 후 응원 티셔츠에 대한 매력이 떨어져 매출이 급감하게 되었다.

	주기·재주기형	연속성장형	패션형	패드형
①	(다)	(라)	(가)	(나)
②	(다)	(나)	(가)	(라)
③	(가)	(라)	(나)	(다)
④	(나)	(라)	(가)	(다)
⑤	(라)	(다)	(가)	(나)

18 다음 중 책임과 준법에 대한 설명으로 옳지 않은 것은?

① 삶을 긍정적으로 바라보는 태도는 책임감의 바탕이 된다.
② 책임감은 삶에 대한 자기통제력을 극대화하는 데 도움이 된다.
③ 책임이란 모든 결과가 자신의 선택에서 유래된 것임을 인정하는 태도이다.
④ 준법을 유도하는 제도적 장치가 마련되면 개개인의 준법의식도 개선된다.
⑤ 준법이란 민주시민으로서 기본적으로 준수해야 하는 의무이자 생활 자세이다.

19 다음은 K공사의 신입사원 윤리경영 교육내용이다. 이를 통해 추론한 것으로 적절하지 않은 것은?

> 주제 : 정보취득에 있어 윤리적 / 합법적 방법이란 무엇인가?
>
> 〈윤리적 / 합법적〉
>
> 1. 공개된 출판물, 재판기록, 특허기록
> 2. 경쟁사 종업원의 공개 증언
> 3. 시장조사 보고서
> 4. 공표된 재무기록, 증권사보고서
> 5. 전시회, 경쟁사의 안내문, 제품설명서
> 6. 경쟁사 퇴직직원을 합법적으로 면접, 증언 청취
>
> 〈비윤리적 / 합법적〉
>
> 1. 세미나 등에서 경쟁사 직원에게 신분을 속이고 질문
> 2. 사설탐정을 고용하는 등 경쟁사 직원을 비밀로 관찰
> 3. 채용계획이 없으면서 채용공고를 하여 경쟁사 직원을 면접하거나 실제 스카우트
>
> 〈비윤리적 / 비합법적〉
>
> 1. 설계도면 훔치기 등 경쟁사에 잠입하여 정보 수집
> 2. 경쟁사 직원이나 납품업자에게 금품 등 제공
> 3. 경쟁사에 위장 취업
> 4. 경쟁사의 활동을 도청
> 5. 공갈, 협박

① 경쟁사 직원에게 신분을 속이고 질문하는 행위는 윤리적으로 문제가 없다.
② 시장조사 보고서를 통해 정보획득을 한다면 법적인 문제가 발생하지 않을 것이다.
③ 경쟁사 종업원의 공개 증언을 활용하는 것은 적절한 정보획득 행위이다.
④ 정보획득을 위해 경쟁사 직원을 협박하는 행위는 비윤리적인 행위이다.
⑤ 경쟁사에 잠입하여 정보를 수집하는 것은 윤리적이지 못하다.

는데, 이 집을 자신의 친구에게 임대해 주었고, 그 친구는 이 집을 다시 다른 사람에게 임대했다. 이렇게 임대받은 사람은 집을 수리해야겠다고 생각했고, 흄과 상의도 없이 사람을 불러 일을 시켰다. 집을 수리한 사람은 일을 끝낸 뒤 흄에게 청구서를 보냈다. 흄은 집수리에 합의한 적이 없다는 이유로 지불을 거절했다. 그는 집을 수리할 사람을 부른 적이 없었다. 사건은 법정 공방으로 이어졌다. 집을 수리한 사람은 흄이 합의한 적이 없다는 사실을 인정했다. 그러나 집은 수리해야 하는 상태였기에 수리를 마쳤다고 그는 말했다. 집을 수리한 사람은 단순히 "그 일은 꼭 필요했다."라고 주장했다. 흄은 "그런 논리라면, 에든버러에 있는 집을 전부 돌아다니면서 수리할 곳이 있으면 집주인과 합의도 하지 않은 채 수리를 해놓고 지금처럼 자기는 꼭 필요한 일을 했으니 집수리 비용을 달라고 하지 않겠는가."라고 주장했다.

① 공정한 절차를 거쳐 집수리에 대한 합의에 이르지 못했다면 집수리 비용을 지불할 의무는 없다.
② 집수리에 대한 합의가 없었다면 필요한 집수리를 했더라도 집수리 비용을 지불할 의무는 없다.
③ 집수리에 대한 합의가 있었더라도 필요한 집수리를 하지 않았다면, 집수리 비용을 지불할 의무는 없다.
④ 집수리에 대한 합의가 있었고 필요한 집수리를 했다면, 집수리 비용을 지불할 의무가 생겨난다.
⑤ 집수리에 대한 합의가 없었더라도 필요한 집수리를 했다면, 집수리 비용을 지불할 의무가 생겨난다.

해질녘에 보면 얼룩무늬가 위장 효과를 낸다."라고 주장했지만, 다윈은 "눈에 잘 띌 뿐"이라며 그 주장을 일축했다. 검은 무늬는 쉽게 더워져 공기를 상승시키고 상승한 공기가 흰 무늬 부위로 이동하면서 작은 소용돌이가 일어나 체온조절을 돕는다는 가설도 있다. 위험한 체체파리나 사자의 눈에 얼룩무늬가 잘 보이지 않는다거나, 고유의 무늬 덕에 얼룩말들이 자기 무리를 쉽게 찾는다는 견해도 있다.

최근 A는 실험을 토대로 새로운 가설을 제시했다. 그는 얼룩말과 같은 속(屬)에 속하는 검은 말, 갈색 말, 흰 말을 대상으로 몸통에서 반사되는 빛의 특성을 살펴 보았다. 검정이나 갈색처럼 짙은 색 몸통에서 반사되는 빛은 수평 편광으로 나타났다. 수평 편광은 물 표면에서 반사되는 빛의 특성이기도 한데, 물에서 짝짓기를 하고 알을 낳는 말파리가 아주 좋아하는 빛이다. 편광이 없는 빛을 반사하는 흰색 몸통에는 말파리가 훨씬 덜 꼬였다. A는 몸통 색과 말파리의 행태 간에 상관관계가 있다고 생각하고, 말처럼 생긴 일정 크기의 모형에 검은색, 흰색, 갈색, 얼룩무늬를 입힌 뒤 끈끈이를 발라 각각에 말파리가 얼마나 꼬이는지를 조사했다. 이틀간의 실험 결과 검은색 말 모형에는 562마리, 갈색에는 334마리, 흰색에 22마리의 말파리가 붙은 데 비해 얼룩무늬를 가진 모형에는 8마리가 붙었을 뿐이었다. 이것은 실제 얼룩말의 무늬와 유사한 얼룩무늬가 말파리를 가장 덜 유인한다는 결과였다. A는 이를 바탕으로 얼룩말의 얼룩무늬가 말의 피를 빠는 말파리를 피하는 방향으로 진행된 진화의 결과라는 가설을 제시했다.

─────〈보기〉─────

ㄱ. 실제 말에 대한 말파리의 행동반응이 말 모형에 대한 말파리의 행동반응과 다르다는 연구결과
ㄴ. 말파리가 실제로 흡혈한 피의 99% 이상이 검은색이나 진한 갈색 몸통을 가진 말의 것이라는 연구결과
ㄷ. 얼룩말 고유의 무늬 때문에 초원 위의 얼룩말이 사자 같은 포식자 눈에 잘 띈다는 연구결과

① ㄱ
② ㄷ
③ ㄱ, ㄴ
④ ㄴ, ㄷ
⑤ ㄱ, ㄴ, ㄷ

22 결혼을 준비 중인 A씨가 SMART 법칙에 따라 계획한 내용이 다음과 같을 때, SMART 법칙에 맞지 않는 계획은?

• S(Specific) : 내년 5월 결혼식을 올리기 위해 집을 구매하고, 비상금을 저금한다.
• M(Measurable) : 집을 구매하기 위해 대출금을 포함한 5억 원과 비상금 천만 원을 마련한다.
• A(Action-oriented) : 생활에 꼭 필요하지 않다면 구매하지 않고 돈을 아낀다.
• R(Realistic) : 월급이나 이자 등의 수입이 발생하면 목표 달성까지 전부 저금한다.
• T(Time Limited) : 비상금은 3월까지 저금하고, 4월에 집을 구매한다.

① S
② M
③ A
④ R
⑤ T

23 다음은 2022년 A ~ E기업의 영업이익, 직원 1인당 영업이익, 평균연봉을 나타낸 자료이다. 〈조건〉을 바탕으로 ⓛ, ㉣에 해당하는 기업을 바르게 나열한 것은?

〈A ~ E기업의 영업이익, 직원 1인당 영업이익, 평균연봉〉

(단위 : 백만 원)

기업＼항목	영업이익	직원 1인당 영업이익	평균연봉
㉠	83,600	34	66
㉡	33,900	34	34
㉢	21,600	18	58
㉣	24,600	7	66
㉤	50,100	30	75

─── 〈조건〉 ───

· A는 B, C, E에 비해 직원 수가 많다.
· C는 B, D, E에 비해 평균연봉 대비 직원 1인당 영업이익이 적다.
· A, B, C의 영업이익을 합쳐도 D의 영업이익보다 적다.
· E는 B에 비해 직원 1인당 영업이익이 적다.

	㉡	㉣			㉡	㉣
①	B	A		②	B	D
③	C	B		④	C	E
⑤	D	A				

24 다음 중 빈칸에 들어갈 용어로 적절한 것은?

_____은/는 웹 서버에 대용량의 저장 기능을 갖추고 인터넷을 통하여 이용할 수 있게 하는 서비스를 뜻한다. 초기에는 대용량의 파일 작업을 하는 디자이너, 설계사, 건축가들이 빈번하게 이루어지는 공동 작업과 자료 교환을 용이하게 하기 위해 각 회사 나름대로 해당 시스템을 구축하게 되었는데, 이와 똑같은 시스템을 사용자에게 무료로 제공하는 웹 사이트들이 생겨나기 시작하면서, 일반인들도 이용하게 되었다.

① RFID
② 인터넷 디스크(Internet Harddisk)
③ 이더넷(Ethernet)
④ 유비쿼터스 센서 네트워크(USN)
⑤ M2M(Machine to Machine)

해외에서 믹서기를 수입해서 판매하고 있는 D사 영업팀의 김대리는 업무 수행상 문제가 생겨 영업팀장인 박팀장, 구매팀 수입물류 담당자인 최과장과 회의를 하게 되었다.

김대리 : 최과장님, E사 납품일이 일주일도 남지 않았습니다. E사에 납품해야 하는 기기가 한두 대도 아니고 자그 마치 300대입니다. 이번 물량만 해도 100대인데 아직 통관절차가 진행 중이라니요. 통관 끝나도 운송에 한글버전으로 패치도 해야 하고 하루 이틀 문제가 아닙니다.

최과장 : 우리 팀도 최선을 다해 노력하고 있어. 관세사한테도 연락했고 인천세관에도 실시간으로 체크를 하고 있는 데 코로나도 그렇고 상황이 이런 걸 어떻게 하겠어. 불가항력적이야.

김대리 : 지난번에 초도 물량 납품할 때도 동일한 문제가 있었습니다. 과장님도 기억하시죠? 매번 구매팀에서 서둘 러 주지를 않아서 지난번에도 저희 팀 인원까지 투입해서 야간작업까지 해서 겨우 납품일을 맞췄습니다. 이번에는 이런 식이면 납품일을 하루 이틀은 넘기게 될 게 눈에 보입니다. 불가항력이라니요. 어떻게든 맞춰주십시오.

최과장 : 미안한데 고객사에 상황을 설명하고 한 3일만 납품일을 늦춰주면 안 될까?

김대리 : 안 됩니다. 어렵게 계약한 거 알고 계시잖아요. E사는 저희 고객사 중에도 제일 크지만 업계에서도 서로 납품하려고 눈에 불을 켜고 있는 곳입니다. 문제가 일어나면 경쟁사들이 하이에나처럼 달려들 거예요.

박팀장 : 둘 다 진정하고 다 우리 잘하려고 하다 보니 일어난 문제가 아닌가. 목표는 같으니 같이 생각을 한번 해 보자고. 최과장, 지난 번 수입할 때는 일주일이 채 안 걸린 것 같은데 벌써 열흘이 넘었으니 문제가 뭐야?

최과장 : 일단 배송도 늦어졌고 통관도 서류상에 문제가 있어 지연되고 있습니다. 제조업체에서 추가로 확인 받아야 할 서류들이 있는데 그쪽도 원격근무를 하다 보니 처리가 늦어지고 있어서요. 소통에 문제가 있습니다.

박팀장 : 그럼 해외 제조사에 연락부터 해서 문제의 실마리를 찾아보자고. 최과장은 나랑 같이 연락을 해 봅시다.

ㅣ 대인관계능력

25 김대리와 최과장의 갈등을 해결하기 위한 박팀장의 전략으로 적절한 것은?

① 배려전략
② 지배전략
③ 통합전략
④ 회피전략
⑤ 타협전략

ㅣ 대인관계능력

26 다음 중 갈등상황을 효과적으로 관리하기 위해 박팀장이 한 행동에 대한 설명으로 적절하지 않은 것은?

① 갈등상황을 받아들이고 객관적으로 평가하고 있다.
② 갈등을 유발시킨 원인에 대해 알아보고 있다.
③ 갈등은 부정적인 결과를 초래한다는 인식을 전제로 하고 있다.
④ 조직에 이익이 될 수 있는 해결책을 찾아보고 있다.
⑤ 대화와 협상으로 의견조율에 초점을 맞추고 있다.

(빈자리에 있는 전화가 3번 정도 울리고, 신입사원 A씨는 전화를 당겨 받았다)

A씨 : ㉠ 네, K회사 A입니다.

B씨 : 안녕하세요. 저는 Z부품회사에 근무하는 B라고 합니다. 자재팀에 C대리님 자리에 계신가요?

A씨 : ㉡ 자리에 안 계십니다.

B씨 : C대리님 언제쯤 들어오시는지 알 수 있을까요? 급한 건이라서 5시 전에는 통화해야 돼서요.

A씨 : ㉢ 대리님 언제 들어오실지 모르겠습니다. ㉣ 급한 건이시면, 핸드폰으로 직접 걸어보는 게 어떠신지요?

B씨 : 대리님 개인연락처를 몰라서. 핸드폰 번호 알려주실 수 있으신가요?

A씨 : 잠시만요. ㉤ 대리님 연락처는 010-1234-1234입니다.

B씨 : 감사합니다.

❙ 직업윤리

27 C씨는 신입사원 B씨의 전화 예절에 대해 주의를 주려 한다. 다음 중 적절한 것은?

① 부재 시 전화를 당겨 받지 말아야 한다.

② 처음에 바로 회사 이름은 말하지 말고 본인 이름만 말해야 한다.

③ 개인정보를 함부로 알려주면 안 된다.

④ 메모를 남길 때, 용건, 성명 없이 상대방의 전화번호만 남긴다.

⑤ 간단한 용건이라도 대신 처리하지 않는다.

❙ 직업윤리

28 ㉠ ~ ㉤ 중 올바른 전화 예절에 해당하는 것은?

① ㉠ ② ㉡

③ ㉢ ④ ㉣

⑤ ㉤

29 다음 중 개인윤리와 직업윤리에 대한 설명으로 옳은 것은?

① 개인윤리에서 폭력은 용인될 수 없으나, 직업윤리 측면에서 군인에게는 폭력이 허용된다.

② 개인윤리와 직업윤리가 배치되는 경우 직업인은 개인윤리를 우선한다.

③ 직업윤리는 개인윤리에 포함되지 않는 독립적인 윤리이다.

④ 모든 사람은 직업의 성격에 따라 각각 다른 개인윤리를 지닌다.

⑤ 규모가 큰 공동의 재산, 정보 등을 개인의 권한에 위임하면 개인윤리와 직업윤리가 조화를 이루지 못한다.

30 다음은 K공기업의 팀별 성과급 지급 기준이다. Y팀의 성과평가결과가 〈보기〉와 같다면 지급되는 성과급의 1년 총액은?

〈성과급 지급 방법〉

가. 성과급 지급은 성과평가 결과와 연계한다.

나. 성과평가는 유용성, 안전성, 서비스 만족도의 총합으로 평가한다. 단, 유용성, 안전성, 서비스 만족도의 가중치를 각각 0.4, 0.4, 0.2로 부여한다.

다. 성과평가 결과를 활용한 성과급 지급 기준

성과평가 점수	성과평가 등급	분기별 성과급 지급액	비고
9.0 이상	A	100만 원	성과평가 등급이 A이면 직전분기 차감액의 50%를 가산하여 지급
8.0 이상 9.0 미만	B	90만 원(10만 원 차감)	
7.0 이상 8.0 미만	C	80만 원(20만 원 차감)	
7.0 미만	D	40만 원(60만 원 차감)	

〈보기〉

구분	1분기	2분기	3분기	4분기
유용성	8	8	10	8
안전성	8	6	8	8
서비스 만족도	6	8	10	8

① 350만 원 ② 360만 원

③ 370만 원 ④ 380만 원

⑤ 390만 원

31 다음은 2018 ~ 2022년 반려 동물 신규 등록 현황과 유실 및 유기 동물 보호 형태 현황에 대한 자료이다. 이에 대한 설명으로 옳지 않은 것을 〈보기〉에서 모두 고르면?

〈2018 ~ 2022년 유실 및 유기 동물 보호 형태 현황〉

처리 방법	2018년	2019년	2020년	2021년	2022년
인도	14.6%	15.2%	14.5%	13.0%	12.1%
분양	32.0%	30.4%	30.1%	27.6%	26.4%
기증	1.2%	1.6%	1.9%	1.8%	1.4%
자연사	22.7%	25.0%	27.1%	23.9%	24.8%
안락사	20.0%	19.9%	20.2%	20.2%	21.8%
기타	1.3%	1.7%	1.5%	1.8%	1.7%
보호 중	8.2%	6.2%	4.7%	11.7%	11.8%

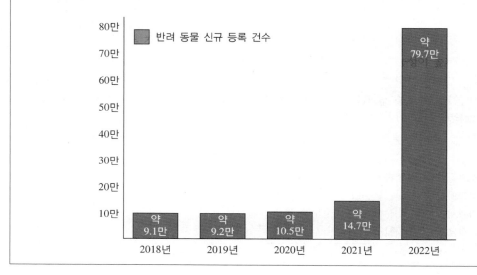

〈보기〉

㉠ 2018년 대비 2020년 반려 동물 신규 등록 건수의 증가율은 10%를 초과한다.

㉡ 유실 및 유기 동물 중 분양된 동물의 수는 2018년부터 2022년까지 매년 감소하였다.

㉢ 조사 기간 중 반려 동물 신규 등록 수의 전년 대비 증가율이 두 번째로 높은 연도는 2021년이다.

㉣ 2020년과 2021년의 유실 및 유기 동물 중 보호 중인 동물의 수와 인도된 동물의 수의 합은 같은 해 분양된 동물의 수보다 많다.

① ㉠, ㉡
② ㉠, ㉢
③ ㉡, ㉢
④ ㉡, ㉣
⑤ ㉢, ㉣

문제해결이란 목표와 현상을 분석하고, 이 분석 결과를 토대로 과제를 도출하여 최적의 해결책을 찾아 실행, 평가하는 활동을 의미한다. 이러한 문제해결은 ㉠ 조직 측면, ㉡ 고객 측면, ㉢ 자신의 세 가지 측면에서 도움을 줄 수 있다. 문제해결의 기본 요소는 총 다섯 가지가 있으며, 이를 도식화하면 다음과 같다.

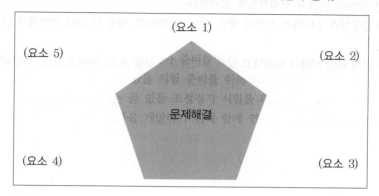

문제해결을 위한 사고 방법에는 ㉣ 전략적 사고와 ㉤ 분석적 사고가 있다. 전략적 사고는 현재 당면하고 있는 문제와 그 해결에만 그치는 것이 아니라 그 문제와 해결방안이 상위 시스템과 어떻게 연결되어 있는지를 생각하는 사고를 말한다. 또한, 분석적 사고란 전체를 각각의 요소로 나누어 그 요소의 의미를 도출한 다음 우선순위를 부여하고 구체적인 문제해결방법을 실행하는 사고를 말한다.

┃ 문제해결능력

32 다음 중 ㉠ ~ ㉢에 해당하는 것이라고 보기 어려운 것은?

① 경쟁사 대비 우위를 확보
② 고객만족 제고
③ 업무를 효율적으로 처리
④ 산업 발전에 도움
⑤ 고객 불편사항 개선

┃ 문제해결능력

33 다음 중 문제해결의 기본요소 1 ~ 5에 대한 설명으로 적절하지 않은 것은?

① 논리적 사고에 있어서 가장 기본이 되는 것은 늘 생각하는 습관을 들이는 것이다.
② 자신의 논리로만 생각하면 독선에 빠지기 쉬우므로, 상대의 논리를 구조화하는 것이 필요하다.
③ 상대가 말하는 것을 잘 알 수 없을 때는 자신이 가진 논리로 예측하도록 한다.
④ 상대의 주장에 반론할 경우에는 상대 주장 전부를 부정하지 않고, 동시에 상대의 인격을 존중해야 한다.
⑤ 일상적인 대화, 회사의 문서, 신문의 사설 등 접하는 모든 것들에 대해서 늘 생각하는 자세가 필요하다.

34 다음 중 ㉣, ㉤을 적용한 예로 적절하지 않은 것은?

① ㉣ – 본사의 규정을 바꿀 경우, 본사에 소속된 영업점들에게 어떤 영향을 미칠지 고려한다.

② ㉣ – 학업을 위해 대학원 진학을 고려 중인 직장인이 대학원에 진학하게 될 경우 직장, 가족, 학업, 개인생활에 어떤 영향을 미칠지 전체적으로 고려한다.

③ ㉤ – 최근 경영성과가 나빠진 기업이 재무, 영업, 고객관리, 생산 등 여러 측면에서 그 원인을 파악하고자 노력한다.

④ ㉤ – 최근 고객 불만 사항이 늘어나고 있자 고객만족을 상품 요소, 서비스 요소, 기업이미지 요소로 분류한 뒤 측정하여 이를 통해 개선사항을 도출하였다.

⑤ ㉤ – 제조공장에 생산성을 10% 이상 높이기 위해 공장 운영, 업무 방식, 제도, 기법 등의 측면에서 생산성 향상 방법을 도출하였다.

※ 다음 내용을 읽고 이어지는 질문에 답하시오. [35~37]

외국계 게임회사에서 신사업기획을 담당하다 2년 전 교육용 소프트웨어 회사의 기술영업직으로 이직을 한 김대리는 최근 자신에 대한 심각한 고민에 빠지기 시작했다. 이직을 할 때는 자신감이 있었다. 외향적이며 적극적이라는 얘기도 주변에서 많이 들었고 무엇보다 영업을 하면 신사업기획을 할 때와는 달리 실제 현장에서 손에 잡히는 일을 할 수 있을 것이라고 느껴서 일을 시작하게 되었다. 그럼에도 불구하고 2년이 지난 지금 실적 문제로 인해 곤란한 상황에 놓이게 되었다. 팀 내에서도 실적이 제일 좋지 않아 매일 팀장 눈치를 보고 있고 더군다나 경기도 안 좋아져서 조직 내 압박감도 크게 느끼고 있다.

기존에 신사업기획 직무를 맡았을 때는 인정도 받고 성과도 좋은 편에 속했다. 다만 스스로가 만족스럽지 않았다. 하는 일이 뜬구름 잡는 이야기 같고 내가 이걸 잘해서 뭘 할 수 있는지도 명확하지 않았다. 또한, 조직의 상황이나 방향에 따라 열심히 해 놓은 사업기획이 실행되지 않는 것으로 의욕이 많이 꺾이기도 했다. 실제 현장에서 뛰는 영업은 자신도 있고 잘할 수 있을 것이라고 생각했는데 요즘은 전에 했던 직무가 더 맞는 것인지 다시 의문이 든다. 그러다 보니 일도 손에 잘 안 잡히고 고민만 늘어가기 시작했다.

35 다음 중 업무전환과 관련하여 김대리의 문제점으로 볼 수 없는 것은?

① 객관적으로 자신을 바라보고 스스로를 잘 이해하지 못했다.

② 업무 수행을 위한 치밀한 준비와 노력이 선행되지 않았다.

③ 자신의 가치를 위해 한 단계 더 성장하고자 하는 욕구와 의지가 부족했다.

④ 업무 전환에 대해 자신의 한계를 명확하게 인식하지 못했다.

⑤ 직업 생활에서 자신의 가치에 대한 확신이 부족했다.

36 다음 중 현재 김대리가 자신에 대한 고민을 하면서 고려하는 부분이 아닌 것은?

① 자신의 내면을 구성하는 요소에 대해 생각해 보고 있다.

② 자신의 외면을 구성하는 요소에 대해 고민에 빠졌다.

③ 정량화하여 측정하기 어려운 요소들을 고민하고 있다.

④ 적성, 흥미, 가치관 등에 대해 다시금 생각해 보고 있다.

⑤ 자신의 업무수행능력에 대한 고민을 하고 있다.

37 디음 중 향후 김대리가 자신을 위해 해야 하는 행동으로 적합한 것은?

① 지금 나타나는 자신의 한계를 돌파할 수 있는 단기적인 대응책을 찾아 실행해야 한다.

② 과거에 했던 일이나 지금 하는 일을 제외하고 현재 자신의 흥미는 무엇인지를 고민해야 한다.

③ 성장 욕구나 의지 부족이라고 생각하고 더 강한 정신력을 가질 수 있도록 스스로를 채찍질해야 한다.

④ 다시 원점으로 돌아가 자신의 내면을 파악하고 행동에 미치는 영향에 대해 생각해 보아야 한다.

⑤ 다른 사람들의 조언을 전부 수용하여 모두가 지향하는 모습으로 자기개발 방법을 설정해야 한다.

〈행사 참여 안내〉

• 취지
저희 K회사의 비전을 세계 시장에 알리고 투자 유치 및 관계자들의 이해를 돕기 위해 행사를 개최하게 되었습니다.
• 내용
– 장소 : 1일 차 후쿠오카 대관, 2일 차 삿포로 본사 연수원
– 일시 : 2022년 1월 13 ~ 14일(2일간 진행), 09:00 ~ 15:00
– 주제 : K회사의 비전
• 주최 측 주의사항
– 복장 및 예절에 관해 우수한 인력을 선발 및 배치할 것
– 규정에 의한 최소한의 인력을 배치할 것
– 프레젠테이션 인력을 최소 2인 이상 배치할 것
– 국제행사에 투입되는 인력은 특히 능력이나 성격과 가장 적합하도록 배치할 것

〈국외 출장 관련 세부지침〉

• 국외 여비 총액은 특별한 사정이 없는 한 한 해의 예산 범위 내에서 최대한 아껴서 최소 범위로 쓸 수 있도록 함
• 국제행사 주최가 당사일 경우에는 최소 5인 이상이 출장을 가야함
• 국제행사 등 국외 여비와 관련된 사업이 완료된 경우, 해당 규모의 국외 여비는 감액하여 편성함

┃ 자원관리능력

38 다음 중 주최 측의 행동으로 적절한 것은?

① 발표가 양일간 진행이 되므로 첫날 후쿠오카에서 행사를 진행할 최소인원인 5명과 2일 차에 행사를 진행할 최소인원 5명까지 총 10명을 배치한다.
② 해외 출장 인력을 최소한으로 배치해야 하기 때문에 프레젠테이션 인력 2명, 보조 3명을 선발하여 배치한다.
③ 행사가 원활하게 이루어지도록 적어도 8명을 배치한다.
④ 프레젠테이션 인력 2명, 이들을 뒷받침할 수 있는 인원 2명을 배치한다.
⑤ 프레젠테이션 최소 인력 2명, 국제행사 주최가 당사이므로 최소 5인 이상이 출장을 가야함으로 총인원 7명을 배치한다.

┃ 자원관리능력

39 다음 중 주최 측의 인력배치 유형으로 적절한 것은?

① 양적배치
② 능력배치
③ 적성배치
④ 질적배치
⑤ 균형배치

40 다음 글에서 알 수 없는 것은?

루머는 구전과 인터넷을 통해 확산되고, 그 과정에서 여러 사람들의 의견이 더해진다. 루머는 특히 사회적 불안감이 형성되었을 때 빠르게 확산되는데, 이는 사람들이 사회적·개인적 불안감을 해소하기 위한 수단으로 루머에 의지하기 때문이다.

나아가 루머가 확산되는 데는 사회적 동조가 중요한 영향을 미친다. 사회적 동조란 '다수의 의견이나 사회적 규범에 개인의 의견과 행동을 맞추거나 동화시키는 경향'을 뜻한다. 사회적 동조는 루머가 사실로 인식되고 대중적으로 수용되는 과정에서도 큰 영향력을 행사한다.

사회적 동조는 개인이 어떤 정보에 대해 판단하거나 그에 대한 태도를 결정하는 데 정당성을 제공한다. 다수의 의견을 따름으로써 어떤 정보를 믿는 것에 대한 합리적 이유를 갖게 되는 것이다. 실제로 루머에 대한 지지 댓글을 많이 본 사람들은 루머에 대한 반박 댓글을 많이 본 사람들에 비해 루머를 사실로 믿는 경향이 더욱 강한 것으로 나타났다. 또한, 사회적 동조가 있는 상태에서는 개인의 성향과 상관없이 루머를 사실이라고 믿는 경우가 많았다.

사회적 동조의 또 다른 역할은 사람들이 자신의 의견을 제시할 때 사회적 분위기를 고려하게 하는 것이다. 소속된 집단으로부터 소외되지 않기 위해서 다수에 의해 지지되는 의견을 따라가는 현상이 발생하기도 한다. 이와 같은 현상은 개인주의 문화권보다는 집단주의 문화권에 있는 사람들에게서 더 잘 나타난다. 집단주의 문화권 사람들은 루머를 믿는 사람들로부터 루머에 대한 정보를 얻고 그것을 근거로 하여 판단하며, 다른 사람들의 의견에 개인의 생각을 일치시키는 경향이 두드러진다.

① 사람들은 루머를 사회적 불안감을 해소하기 위한 수단으로 삼기도 한다.

② 사회적 동조는 개인이 루머를 사실로 받아들이는 결정을 함에 있어 정당성을 제공한다.

③ 집단주의 문화권에서는 개인주의 문화권보다 사회적 동조가 루머의 확산에 미치는 영향이 더 크게 나타난다.

④ 루머에 대한 반박 댓글을 많이 본 사람들이 지지 댓글을 많이 본 사람들보다 루머를 사실로 믿는 경향이 더 약하다.

⑤ 사회적 동조가 있을 때, 충동적인 사람들은 충동적이지 않은 사람들에 비해 루머를 사실로 믿는 경향이 더 강하다.

들은 김대리의 지시 내용이 실제 업무 상황에 적합하지 않다고 생각하지만, 김대리는 자신의 판단에 확신을 가지고 자신의 지시 내용에 변화를 주지 않는다.

① 의사소통 기법의 미숙   ② 잠재적 의도
③ 선입견과 고정관념   ④ 평가적이며 판단적인 태도
⑤ 과거의 경험

42 다음 중 기획서 작성에 대한 설명으로 옳지 않은 것을 모두 고르면?

> ㄱ. 기획서가 의도한 메시지가 정확히 도출되도록 구체적으로 작성한다.
> ㄴ. 삽화를 삽입하는 등의 다양한 표현형식보다는 공문서에 준하는 엄격한 양식과 건조한 문체로 작성한다.
> ㄷ. 목차는 개괄적으로 최대한 단순하게 작성하고, 본문 내용을 상세히 작성한다.
> ㄹ. 인용된 자료의 출처가 정확한지 확인하여야 한다.

① ㄱ, ㄴ   ② ㄱ, ㄷ
③ ㄴ, ㄷ   ④ ㄴ, ㄹ
⑤ ㄷ, ㄹ

1. 어린이 식사를 가장 먼저 제공한다.
   ※ 어린이 식사는 미리 주문한 사람에 한하여 제공하며, 어린이와 동승한 자의 식사도 함께 제공한다.
2. 특별식을 두 번째로 제공한다.
   ※ 특별식에는 채식, 저칼로리식, 저탄수화물식, 저염식이 있으며, 미리 주문한 사람에 한하여 제공한다.
3. 일반식을 마지막으로 제공한다. 순서는 다음과 같다. 기체의 가장 앞쪽과 가장 뒤쪽부터 중간쪽 방향으로 제공한다. 단, 같은 열에서는 창가에서 내측 방향으로 제공한다.

■ 탑승자 정보
- A : 어린이와 동승했으며 어린이 식사를 미리 주문하였다.
- B : 특별식을 주문하지 않았으며, 동승한 친구는 자신이 먹을 채식을 미리 주문하였다.
- C : 혼자 탑승하였으며 특별식을 주문하지 않았다.
- D : 어린이와 동승하였으나 어린이 식사를 주문하지 않았다.
- E : 혼자 탑승하였으며 저칼로리식을 미리 주문하였다.
- F : 성인인 친구와 동승하였으며 특별식을 주문하지 않았다.
- G : 혼자 탑승하였으며 특별식을 주문하지 않았다.

■ 탑승자의 좌석 배치도

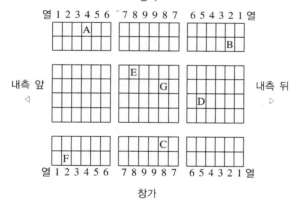

① A − B − E − F − D − C − G
② A − E − B − F − D − G − C
③ A − E − F − B − D − C − G
④ B − F − A − D − G − C − E
⑤ B − F − A − D − E − G − C

44 다음 글을 근거로 판단할 때, 〈보기〉의 빈칸에 들어가는 것을 바르게 짝지은 것은?

A국에서는 1 ~ 49까지 숫자를 셀 때 다음과 같은 명칭과 규칙을 사용한다. 1 ~ 5는 아래와 같이 표현한다.

1 → tai
2 → lua
3 → tolu
4 → vari
5 → luna

- 6에서 9까지의 수는 위 명칭에 '새로운'이라는 뜻을 가진 'o'를 앞에 붙여 쓰는데, 6은 otai(새로운 하나), 7은 olua(새로운 둘), 8은 otolu(새로운 셋), …로 표현한다.
- 10은 5가 두 개 더해진 것이므로 '두 개의 다섯'이란 뜻에서 lualuna(2×5), 15는 '세 개의 다섯'이란 뜻에서 toluluna(3×5), 20은 variluna(4×5), …로 표현한다. 즉, 5를 포함하는 두 개 숫자의 곱이다.
- 11부터는 '더하기'라는 뜻을 가진 'i'를 중간에 넣고, 그 다음에 1 ~ 4 사이의 숫자 하나를 순서대로 넣어서 표현한다. 따라서 11은 lualuna i tai(2×5+1), 12는 lualuna i lua(2×5+2), …, 16은 toluluna i tai(3×5+1), 17은 toluluna i lua(3×5+2), …로 표현한다.

─────────〈보기〉─────────

ㄱ. 30은 (   )로 표현한다.
ㄴ. ovariluna i tolu는 숫자 (   )이다.

	ㄱ	ㄴ			ㄱ	ㄴ
①	otailuna	48		②	otailuna	23
③	lualualuna	48		④	tolulualuna	17
⑤	tolulualuna	23				

45 다음은 고객으로부터 사랑받는 브랜드의 요건을 나타낸 자료이다. 다음 브랜드의 요건에 빗대어 자신을 브랜드화하기 위한 전략을 세우고자 할 때, 옳지 않은 행동은?

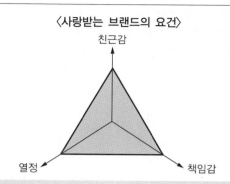

〈사랑받는 브랜드의 요건〉

- 친근감 : 오랜 기간 관계를 유지한 브랜드에 대한 친숙한 느낌을 말한다.
- 열정 : 브랜드를 소유하거나 사용해 보고 싶다는 동기를 유발하는 욕구이다.
- 책임감 : 소비자가 브랜드와 애정적 관계를 유지하겠다는 약속으로, 소비자에게 신뢰감을 주어 지속적인 소비가 가능하도록 하는 것이다.

① 자신의 내면을 관리하여 다른 사람과의 관계를 돈독히 유지해야 한다.
② 다른 사람과 같은 보편성을 가지기 위해 능력을 끊임없이 개발해야 한다.
③ 자신이 할 수 있는 범위에서 최상의 생산성을 낼 필요가 있다.
④ 자기 PR을 통하여 지속적으로 자신을 다른 사람에게 알리도록 한다.
⑤ 지속적인 자기개발이 이루어질 수 있도록 장단기 계획을 수립해야 한다.

46 다음 중 각 검색엔진의 유형에 따른 특징이 잘못 연결된 것은?

① 키워드 검색 방식 : 키워드가 불명확하게 입력되는 경우 비효율적이다.
② 키워드 검색 방식 : 검색이 편리하다는 장점이 있다.
③ 주제별 검색 방식 : 상위 주제부터 하위 주제까지 분류된 정보들을 선택하는 방식이다.
④ 통합형 검색 방식 : 통합형 검색 방식은 주제별 검색 방식보다는 키워드 검색 방식과 유사하다.
⑤ 통합형 검색 방식 : 자신만의 인덱스 데이터베이스를 소유하여 사용자가 입력하는 검색어들을 다른 검색 엔진들에 보내고 이를 통한 검색 결과들을 사용자에게 보여 주는 방식이다.

47 다음 중 정보처리 절차에 대한 설명으로 옳지 않은 것은?

① 정보의 기획은 정보의 입수대상, 주제, 목적 등을 고려하여 전략적으로 이루어져야 한다.

② 정보처리는 기획 – 수집 – 활용 – 관리의 순서로 이루어진다.

③ 다양한 정보원으로부터 목적에 적합한 정보를 수집해야 한다.

④ 정보 관리 시에 고려하여야 할 3요소는 목적성, 용이성, 유용성이다.

⑤ 정보 활용 시에는 합목적성 외에도 합법성이 고려되어야 한다.

48 다음은 멤버십 유형별 특징을 정리한 자료이다. 이를 통해 각 유형의 멤버십을 가진 사원에 대한 리더의 대처방안으로 가장 적절한 것은?

〈멤버십 유형별 특징〉	
소외형	순응형
• 조직에서 자신을 인정해주지 않음 • 적절한 보상이 없음 • 업무 진행에 있어 불공정하고 문제가 있음	• 기존 질서를 따르는 것이 중요하다고 생각함 • 리더의 의견을 거스르는 것은 어려운 일임 • 획일적인 태도와 행동에 익숙함
실무형	수동형
• 조직에서 규정준수를 강조함 • 명령과 계획을 빈번하게 변경함	• 조직이 나의 아이디어를 원치 않음 • 노력과 공헌을 해도 아무 소용이 없음 • 리더는 항상 자기 마음대로 함

① 소외형 사원은 팀에 협조하는 경우에 적절한 보상을 주도록 한다.

② 소외형 사원은 팀을 위해 업무에서 배제시킨다.

③ 순응형 사원에 대해서는 조직을 위해 순응적인 모습을 계속 권장한다.

④ 실무형 사원에 대해서는 징계를 통해 규정준수를 강조한다.

⑤ 수동형 사원에 대해서는 의견 존중을 통해 자신감을 주도록 한다.

49 다음 글을 근거로 판단할 때, 〈보기〉에서 옳은 것만을 모두 고르면?

사람들은 검은 후추와 흰 후추를 서로 다른 종류라고 생각한다. 그런데 사실 검은 후추는 열매가 완전히 익기 전에 따서 건조시킨 것이다. 그래서 검은 후추열매의 외관은 주름져 있다. 반대로 흰 후추는 열매가 완전히 익었을 때 따서 따뜻한 물에 담가 과피와 과육을 제거한 것이다.

맛을 잘 아는 미식가는 후추를 가능하면 사용하기 직전에 갈아서 쓰곤 한다. 왜냐하면 후추는 통후추 상태로는 향미가 오랫동안 보존되지만 갈아놓으면 향미를 빨리 잃기 때문이다. 그 때문에 일반 가정의 식탁에도 후추 분쇄기가 놓이게 되었다.

후추는 열매에 들어 있는 피페린이라는 성분 때문에 매운맛이 난다. 피페린을 5 ~ 8% 함유하고 있는 검은 후추는 피페린의 함유량이 더 적은 흰 후추보다 매운맛이 강하다. 반면 흰 후추는 매운맛은 덜하지만 더 향기롭다.

─────〈보기〉─────

ㄱ. 피페린이 4% 함유된 후추는 7% 함유된 후추보다 더 매울 것이다.

ㄴ. 흰 후추를 얻기 위해서는 후추열매가 완전히 익기 전에 수확해야 한다.

ㄷ. 더 매운 후추 맛을 원하는 사람은 흰 후추보다 검은 후추를 선택할 것이다.

ㄹ. 일반적으로 후추는 사용 직전에 갈아 쓰는 것이 미리 갈아놓은 것보다 향미가 더 강할 것이다.

① ㄱ, ㄴ 　　　　② ㄱ, ㄷ

③ ㄱ, ㄹ 　　　　④ ㄴ, ㄷ

⑤ ㄷ, ㄹ

※ 다음은 K기업이 여행 상품 매출에 관련하여 토의한 것이다. 토의 내용을 바탕으로 이어지는 질문에 답하시오.
[50~51]

- 홍보팀 팀장은 참여하지 않고, 나머지 팀원이 자유롭게 의견을 공유하고 있다.
- 정보공유가 완전하게 이루어지고 있다.
- 구성원들의 참여도와 만족도가 높다.
- 토의방식이 구조화를 갖추고 있지 않은 상태로 리더가 없다.

다음은 K기업의 여행 홍보팀이 토의한 내용이다.

오부장 : 본부장 회의에서 나온 결론은 매출 향상을 위해서는 여행상품이 연령대, 소득 격차 등에 따라 세분화 될 필요가 있다는 겁니다. 이건 특히 제가 아주 강조한 의견이기도 합니다. 지금까지 얘기한 걸 다들 들었을 것이라 생각하고 이제 여러분들이 여행상품 세분화에 대한 실행 방안은 어떤 게 있을지 의견을 말씀해 주세요.

김대리 : 부장님, 그럼 혹시 각 권역별 특성에 맞는 상품 개발에 대한 논의도 있었나요?

나사원 : 네, 저는 고객의 안전이 최우선이라는 콘텐츠를 권역별로 세분화를 한다면 매출향상에 도움이 될 것 같다고 예전부터 생각했습니다.

박사원 : 부장님 의견에 전적으로 동의합니다. 소득 격차에 대한 기준을 정해야 할 것 같아요.

이차장 : 글쎄요, 여행상품 세분화로 매출 향상이 될 수 있을지 의문입니다.

김과장 : 제 생각도 이차장님과 같아요. 다양한 세분화보단 더 나은 콘텐츠로 홍보를 진행해야 한다고 생각해요.

---

50 다음 중 올바른 토의 절차를 지키지 않은 사람을 고르면?

① 김대리　　　　　　　　　　② 나사원
③ 박사원　　　　　　　　　　④ 이차장
⑤ 오부장

51 다음은 커뮤니케이션 네트워크의 형태를 정리한 것이다. 제시된 토의 상황에서 나타나는 네트워크 형태로 옳은 것은?

〈커뮤니케이션 네트워크 형태〉

- 쇠사슬형
  - 공식적인 명령 계통에 따라 수직적, 수평적 형태
  - 단순 반복 업무에 있어 신속성과 효율성이 높음
  - 단방향 소통으로 왜곡 발생 가능성이 높음
- 수레바퀴형
  - 조직 구조 중심에 리더가 존재
  - 구성원들의 정보 전달이 한 사람에게 집중
  - 상황 파악과 문제해결이 신속
  - 복잡한 문제해결에 한계
- Y형
  - 다수의 구성원을 대표하는 인물이 존재
  - 관료적이고 위계적인 조직에서 발견
  - 라인과 스텝이 혼합되어있는 집단에서 흔히 나타남
- 원형
  - 뚜렷한 서열이 없는 경우에 나타나는 형태
  - 같은 목적을 위해 원활하게 소통이 이루어지는 형태
  - 업무 진행 및 의사 결정이 느림
  - 구성원의 참여도와 만족도가 높음
- 완전연결형
  - 가장 이상적인 형태로 리더가 존재하지 않음
  - 누구나 커뮤니케이션을 주도할 수 있음
  - 가장 구조화 되지 않은 유형
  - 조직 안에서 정보교환이 완전히 이루어짐
  - 가장 효과적이며 구성원 간의 만족도와 참여도가 높음

---

① 쇠사슬형　　　　　　　　　② 수레바퀴형
③ Y형　　　　　　　　　　　④ 원형
⑤ 완전연결형

52 다음은 문제해결절차의 문제 도출 단계에서 사용되는 방법을 나타낸 자료이다. 이에 나타난 문제해결방법은 무엇인가?

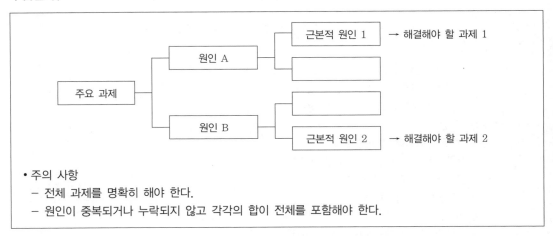

- 주의 사항
  - 전체 과제를 명확히 해야 한다.
  - 원인이 중복되거나 누락되지 않고 각각의 합이 전체를 포함해야 한다.

① So What 방법   ② 피라미드 구조 방법
③ Logic Tree 방법   ④ SWOT 분석 방법
⑤ 3C 분석 방법

53 다음 중 A복지사의 결론을 이끌어내기 위해 추가해야 할 두 전제를 〈보기〉에서 모두 고르면?

A복지사는 담당 지역에서 경제적 곤란을 겪고 있는 아동을 찾아 급식 지원을 하는 역할을 담당하고 있다. 갑순, 을순, 병순, 정순이 급식 지원을 받을 후보이다. A복지사는 이들 중 적어도 병순은 급식 지원을 받게 된다고 결론 내렸다. 왜냐하면 갑순과 정순 중 적어도 한 명은 급식 지원을 받는데, 갑순이 받지 않으면 병순이 받기 때문이었다.

―――〈보기〉―――

ㄱ. 갑순이 급식 지원을 받는다.
ㄴ. 을순이 급식 지원을 받는다.
ㄷ. 을순이 급식 지원을 받으면, 갑순은 급식 지원을 받지 않는다.
ㄹ. 을순과 정순 둘 다 급식 지원을 받지 않으면, 병순이 급식 지원을 받는다.

① ㄱ, ㄴ   ② ㄱ, ㄹ
③ ㄴ, ㄷ   ④ ㄴ, ㄹ
⑤ ㄷ, ㄹ

54 A사원은 매사에 허둥지둥 바쁘고 정신이 없어 업무 처리에 어려움을 겪는다. 인사 평가를 앞두고 자기관리의 필요성을 깨달은 D사원은 지난번 자기개발 관련 강연을 듣고 메모한 내용을 살펴보았다. ㉠ ~ ㉤ 중 자기관리 절차와 그에 대한 사례가 잘못 연결된 것은?

9월 27일 '자기개발 어떻게 할 것인가?' 강연을 듣고….

… (중략) …

1. 자기관리란?

   자신의 행동 및 업무 수행을 통제·관리·조정하는 것

2. 자기관리 절차

   ㉠ 비전 및 목적 설정 : 책상에 자신의 목표를 적어 둔다.

   ㉡ 과제 발견 : 각 계획에 우선순위를 정한다(예 1순위 : 가장 긴급한 일).

   ㉢ 일정 수립 : 우선순위에 따라 오늘의 계획 → 이번 주 계획 → 이번 달 계획 순서로 일정을 구체적으로 수립한다.

   ㉣ 수행 : 계획한 대로 수행한다.

   ㉤ 반성 및 피드백 : 자신이 잘한 일, 결정한 일에 대한 반성 등을 적는다.

---

① ㉠

② ㉡

③ ㉢

④ ㉣

⑤ ㉤

55 상대방을 설득시키기 위한 전략으로는 여러 가지 전략을 볼 수 있다. 다음에서 설명하고 있는 설득전략으로 적절한 것은?

어떤 과학적인 논리보다도 동료나 사람들의 행동에 의해서 상대방 설득을 진행하는 것이 협상과정상에서 갈등해결이 더 쉬울 수 있다. 즉 사람은 과학적 이론보다 자신의 동료나 이웃의 말이나 행동에 의해서 쉽게 설득된다는 것이다. 예를 들어 광고를 내보내서 고객들로 하여금 자신의 제품을 구매하도록 설득하는 것보다, 소위 '입 소문'을 통해서 설득하는 것이 매출에 더 효과적임 알 수 있다.

---

① See Feel Change 전략

② 호혜관계 형성 전략

③ 헌신과 일관성 전략

④ 사회적 입증 전략

⑤ 희소성 해결 전략

56 다음 사례에서 알 수 있는 효과적인 팀의 특징으로 가장 적절한 것은?

〈사례〉

A ~ C가 운영 중인 커피전문점은 현재 매출이 꾸준히 상승하고 있다. 매출 상승의 원인을 살펴보면 우선, A ~ C는 각자 자신이 해야할 일이 무엇인지 정확하게 알고 있다. A는 커피를 제조하고 있으며, B는 디저트를 담당하고 있다. 그리고 C는 계산 및 매장관리를 전반적으로 맡고 있다. A는 고객들이 다시 생각나게 할 수 있는 독창적인 커피 맛을 위해 커피 블렌딩을 연구하고 있으며, B는 커피와 적합하고, 고객들의 연령에 맞는 다양한 디저트를 개발 중이다. 그리고 C는 A와 B가 자신의 업무에 집중할 수 있도록 적극적으로 지원하고 있다. 이처럼 A ~ C는 서로의 업무를 이해하면서 즐겁게 일하고 있으며, 이것이 매출 상승의 원인으로 작용하고 있는 것이다.

---

① 의견의 불일치를 건설적으로 해결한다.
② 창조적으로 운영된다.
③ 결과에 초점을 맞춘다.
④ 역할을 명확하게 규정한다.
⑤ 개인의 강점을 활용한다.

57 다음 중 조직의 환경적응에 대한 설명으로 옳지 않은 것을 〈보기〉에서 모두 고르면?

〈보기〉

ㄱ. 세계화의 기업에 대한 영향은 진출시장, 투자대상 확대 등 기업의 대외적 경영 측면으로 국한된다.
ㄴ. 특정 국가에서의 업무 동향 점검 시에는 거래 기업에 대한 정보와 시장의 특성뿐 아니라 법규에 대하여도 파악하는 것이 필수적이다.
ㄷ. 이문화 이해는 곧 상이한 문화와의 언어적 소통을 가리키므로 현지에서의 인사법 등 예절에 주의하여야 한다.
ㄹ. 이문화 이해는 특정 타 지역에 오랜 기간 형성된 문화를 이해하는 것으로, 단기간에 집중적인 학습으로 신속하게 수월한 언어적 능력을 갖추는 것이 최선이다.

---

① ㄱ
② ㄴ, ㄷ
③ ㄴ, ㄹ
④ ㄱ, ㄴ, ㄹ
⑤ ㄱ, ㄷ, ㄹ

58 성희롱의 성립요건 중 다음 사례에서 찾을 수 있는 내용으로 적절하지 않은 것은?

> 중소 제조업체 A사에 근무하는 남성인 B사원은 최근 직장생활에 큰 고민이 생겼다. 자신의 직속상사이자 기혼인 여자 팀장 C씨 때문이다. C씨는 신입인 B사원에게 업무를 가르쳐 준다는 이유로 옆에 앉혀 놓고 하체가 튼튼하게 생겼다며 허벅지를 만지고 심지어 회식 날에는 자신의 옆에 앉혀 놓고 허벅지와 가슴을 더듬기도 했다.
>
> B씨는 참다못해 대표이사를 찾아가 면담을 했지만 대표이사는 "남자가 무슨 성적 수치심이냐."라며 B씨의 의견을 묵살했다. 결국 B씨는 C팀장을 성추행 혐의로 고소했다. 이런 상황에도 불구하고 A사의 대표이사는 회사 분위기가 망가진다면서 B씨에게 고소를 취하하고 C팀장과 합의를 보기를 종용했다.

① 지위를 이용하거나 업무와의 관련성이 있을 것
② 성적인 언어와 행동 또는 이를 조건으로 하는 행위일 것
③ 성적 굴욕감을 유발하여 고용환경을 악화시키는 경우일 것
④ 고용상의 불이익을 초래할 것
⑤ 성희롱의 당사자 요건일 것

59 다음은 트리즈의 3가지 분리 원칙이다. 다음 자료를 참고할 때, 〈보기〉와 같은 원칙을 적용한 것은?

〈트리즈의 3가지 분리 원칙〉

트리즈는 하나의 특성이 서로 상충되는 상태를 요구받는 물리적 모순이 발생할 경우 이를 극복하기 위한 방법으로 다음의 3가지 분리 원칙을 개발하였다.

1) 시간에 의한 분리
2) 공간에 의한 분리
3) 전체와 부분에 의한 분리

즉, 트리즈는 모순되는 요구를 시간, 공간, 전체와 부분에 따라 분리함으로써 상반되는 요구를 모두 만족시키고자 하였다.

〈보기〉

군사용 레이더 장치를 제작하는 A사는 수신전용 안테나를 납품하기 위해 정부의 입찰에 참여했다. 안테나를 설치할 지역은 기온이 영하 20도 이하로 내려가는 추운 지역인 데다가 바람도 거센 곳이었다. 따라서 안테나는 별도의 사후 노력 없이도 강풍과 추위에 견딜 수 있을 만큼 단단해야 했다. 또한, 전략적 요충지에 설치되어야 하기에 도보로 운반할 수 있을 정도의 가벼운 무게를 지녀야 했다.

K사는 정부의 입찰 계약을 따내는 데 성공했고, 이는 회사의 엔지니어들이 기존과 다른 새로운 해결 방법을 고안했기에 가능했다. 이들은 안테나 전체가 아닌 안테나 기둥을 단단하게 만들고자 안테나 기둥의 표면을 거칠게 만들어 눈이 내리면 기둥에 눈이 쉽게 달라붙도록 하였고, 추운 날씨에 눈이 기둥에 얼어붙어 자동적으로 지지대를 보강하게 한 것이다. 이러한 방법은 별도의 장치를 추가할 필요가 없었으므로 안테나의 무게를 늘리지 않고도 지지대를 강화할 수 있었다.

---

① 튼튼하면서도 유연함을 유지해야 하는 자전거 체인
② 이·착륙 시 사용했다가 이륙 이후 접어 넣는 비행기 바퀴
③ 고층 건물 내 일정한 층을 분리하여 설치한 엘리베이터
④ 배가 지나갈 때, 다리의 한쪽이나 양쪽을 들어 올려 배의 통행을 가능하게 한 다리
⑤ 가까운 거리나 먼 거리에 있는 물체 모두를 잘 볼 수 있는 다초점 안경

60 다음은 팀워크(Teamwork)와 응집력의 정의를 나타난 글이다. 팀워크의 사례로 적절하지 않은 것은?

> 팀워크(Teamwork)란 '팀 구성원이 공동의 목적을 달성하기 위하여 상호관계성을 가지고 협력하여 업무를 수행하는 것'으로 볼 수 있다. 반면 응집력은 '사람들로 하여금 집단에 머물도록 느끼게끔 만들고, 그 집단의 멤버로서 계속 남아 있기를 원하게 만드는 힘'으로 볼 수 있다.

① 다음 주 조별 발표 준비를 위해 같은 조원인 A와 C는 각자 주제를 나누어 조사하기로 했다.

② K사의 S사원과 C사원은 내일 진행될 행사 준비를 위해 함께 야근을 할 예정이다.

③ D고등학교 학생인 A와 B는 내일 있을 시험 준비를 위해 도서관에서 공부하기로 했다.

④ 같은 배에서 활약 중인 D와 E는 곧 있을 조정경기 시합을 위해 열심히 연습하고 있다.

⑤ 연구원 G와 S는 효과적인 의약품을 개발하기 위해 함께 연구하기로 했다.

4권

제3회
NCS 전 유형 원큐

PSAT형 모의고사

www.sdedu.co.kr

〈문항 및 시험시간〉

평가영역	문항 수	시험시간	모바일 OMR 답안채점 / 성적분석 서비스
의사소통능력＋수리능력＋문제해결능력＋ 자기개발능력＋자원관리능력＋대인관계능력＋ 정보능력＋기술능력＋조직이해능력＋직업윤리	60문항	60분	

제3회 PSAT형 모의고사

문항 수 : 60문항
시험시간 : 60분

| 의사소통능력

01 다음 글을 통해 알 수 있는 내용으로 적절하지 않은 것은?

> 인간의 삶과 행위를 하나의 질서로 파악하고 개념과 논리를 통해 이해하고자 하는 시도는 소크라테스와 플라톤을 기점으로 시작된 가장 전통적인 방법론이라고 할 수 있다. 이는 결국 경험적이고 우연적인 요소를 배제하여 논리적 필연으로 인간을 규정하고자 한 것이다. 이에 반해 경험과 감각을 중시하고 욕구하는 실체로서의 인간을 파악하고자 한 이들이 소피스트들이다. 이 두 관점은 두 개의 큰 축으로 서구 지성사에 작용해 온 것이 사실이다.
>
> 하지만 이는 곧 소크라테스와 플라톤의 관점에서는 삶과 행위의 구체적이고 실제적인 일상이 무시된 채 본질적이고 이념적인 영역을 추구하였다는 것이며, 소피스트들의 관점에서는 고정적 실체로서의 도덕이나 정당화의 문제보다는 변화하는 실제적 행위만이 인정되었다는 이야기로 환원되어왔다. 그리고 이와 같은 문제를 제대로 파악한 것이 바로 고대 그리스의 웅변가이자 소피스트인 '이소크라테스'이다.
>
> 이소크라테스는 소피스트들에 대해서는 그들의 교육이 도덕이나 시민적 덕성의 함양과는 무관하게 탐욕과 사리사욕을 위한 교육에 그치고 있다고 비판했으며, 동시에 영원불변하는 보편적 지식의 무용성을 주장했다. 그는 시의적절한 의견들을 통해 더 좋은 결과에 이를 수 있는 능력을 얻으려는 자가 바로 철학자라고 주장했다. 그렇기에 이소크라테스의 수사학은 플라톤의 이데아론은 물론 소피스트들의 무분별한 실용성을 지양하면서도, 동시에 삶과 행위의 문제를 이론적이고도 실제적으로 해석하는 것으로 평가할 수 있다.

① 이소크라테스의 주장에 따르면 플라톤의 이데아론은 과연 그것이 현실을 살아가는 이들에게 무슨 의미가 있는가에 대한 필연적인 물음에 맞닥뜨리게 된다.

② 소피스트들의 주장과 관점은 현대사회의 물질만능주의를 이해하기에 적절한 사례가 된다.

③ 소피스트와 이소크라테스는 영원불변하는 보편적 지식의 존재를 부정하며 구체적이고 실제적인 일상을 중요하게 여겼다.

④ 이소크라테스를 통해 절대적인 진리를 추구하지 않는 것이 반드시 비도덕적인 일로 환원된다고는 볼 수 없음을 확인할 수 있다.

⑤ 훌륭한 말과 미덕을 갖춘 지성인은 이소크라테스가 추구한 목표에 가장 가까운 존재라고 할 수 있다.

02 다음은 K공공기관의 청렴도 평가 현황이다. 내부청렴도가 가장 높은 해와 낮은 해를 순서대로 나열하면?

〈K공공기관 천렴도 평가 현황〉

(단위 : 점)

구분	2019년	2020년	2021년	2022년
종합청렴도	6.23	6.21	6.16	6.8
외부청렴도	8.0	8.0	8.0	8.1
내부청렴도				
정책고객평가	6.9	7.1	7.2	7.3
금품제공률	0.7	0.7	0.7	0.5
향응제공률	0.7	0.8	0.8	0.4
편의제공률	0.2	0.2	0.2	0.2

※ 종합청렴도, 외부청렴도, 내부청렴도, 정책고객평가는 10점 만점으로, 10점에 가까울수록 청렴도가 높다는 의미이다.
※ (종합청렴도)=[(외부청렴도)×0.6+(내부청렴도)×0.3+(정책고객평가)×0.1]−(감점요인)
※ 금품제공률, 향응제공률, 편의제공률은 감점요인이다.

	가장 높은 해	가장 낮은 해
①	2019년	2021년
②	2020년	2021년
③	2020년	2022년
④	2021년	2022년
⑤	2022년	2021년

03 신입사원인 수호, 민석, 종대는 임의의 순서로 검은색·갈색·흰색 책상에 이웃하여 앉아 있고, 커피·주스·콜라 중 한 가지씩 좋아한다. 또한 기획·편집·디자인의 서로 다른 업무를 하고 있다. 알려진 정보가 〈조건〉과 같을 때, 항상 참인 것을 〈보기〉에서 모두 고르면?

〈조건〉

- 종대는 갈색 책상에 앉아 있다.
- 기획 담당과 디자인 담당은 서로 이웃해 있지 않다.
- 수호는 편집 담당과 이웃해 있다.
- 검은색 책상에 앉은 사람은 편집 업무를 담당한다.
- 디자인을 하는 사람은 커피를 좋아한다.
- 수호는 주스를 좋아한다.

〈보기〉

ㄱ. 종대는 커피를 좋아한다.
ㄴ. 민석이와 종대는 이웃해 있다.
ㄷ. 수호는 편집을 하지 않고, 민석이는 콜라를 좋아하지 않는다.
ㄹ. 민석이는 흰색 책상에 앉아 있다.
ㅁ. 수호는 기획 담당이다.

---

① ㄱ, ㄴ
② ㄴ, ㄷ
③ ㄷ, ㄹ
④ ㄱ, ㄴ, ㅁ
⑤ ㄱ, ㄷ, ㅁ

04 다음은 제품별 핸드크림 성능에 대한 자료이다. 자료와 〈보기〉를 참고하여 민주, 호성, 유진의 선호 기준에 따라 이들이 선택할 제품을 바르게 짝지은 것은?

〈제품별 핸드크림 성능〉

제품＼항목	가격 (원/개)	용량 (mL/개)	발림성	보습력	향
반짝이	63,000	75	★★★	★★★★	★★★
섬섬옥수	40,000	85	★★	★★★	★★
수분톡톡	8,900	80	★★★	★★★★	★★★
보드란	6,900	30	★★	★★★	★
솜구름	30,000	120	★★★	★★	★★★

※ 제품의 크기는 용량에 비례하고, ★이 많을수록 해당 항목이 우수하다.

〈보기〉

민주 : 난 손이 워낙 건조해서 무엇보다 보습력이 뛰어난 제품이 필요해. 그 다음으로는 산뜻하게 잘 발리는 제품이 좋아! 나머지는 아무래도 상관없어.

호성 : 난 발림성, 보습력, 향 모두 우수할수록 좋아. 그 다음으로는 제품가격이 낮으면 좋겠지!

유진 : 무조건 향이 좋아야지! 손을 움직일 때마다 풍기는 향이 사람의 기분을 얼마나 좋게 만드는지 알아? 향이 좋은 것 중에서는 부드럽게 잘 발리는 게 좋아! 그 다음으로는 가방에 넣어 다니려면 제품 크기가 작은 게 좋겠어.

	민주	호성	유진		민주	호성	유진
①	수분톡톡	보드란	수분톡톡	②	반짝이	솜구름	반짝이
③	수분톡톡	수분톡톡	반짝이	④	반짝이	수분톡톡	보드란
⑤	수분톡톡	보드란	수분톡톡				

05 첨단도시육성사업의 시범도시로 A ~ C시가 후보로 고려되었다. 시범도시는 1개 도시만 선정될 수 있다. 시범도시 선정에 세 가지 조건(조건 1, 조건 2, 조건 3)이 적용되었는데, 이 중 조건 3은 알려지지 않았다. 다음 중 최종적으로 A시만 선정될 수 있는 조건 3으로 적절한 것은?

〈조건〉

조건 1. A시가 탈락하면 B시가 선정된다.
조건 2. B시가 선정되면 C시는 탈락한다.

① A시나 B시 중 하나가 선정된다.　　② A시나 C시 중 하나가 선정된다.
③ B시나 C시 중 하나가 탈락된다.　　④ C시가 탈락되면 A시도 탈락된다.
⑤ A시가 탈락되면 C시도 탈락된다.

06 갑은 키보드를 이용해 숫자를 계산하는 과정에서 키보드의 숫자 배열을 휴대폰의 숫자 배열로 착각하고 숫자를 입력하였다. 휴대폰과 키보드의 숫자 배열이 다음과 같다고 할 때, 〈보기〉에서 옳은 설명을 모두 고르면?

〈휴대폰의 숫자 배열〉

1	2	3
4	5	6
7	8	9
@	0	#

〈키보드의 숫자 배열〉

7	8	9
4	5	6
1	2	3
0		.

─── 〈보기〉 ───
ㄱ. '46×5'의 계산 결과는 바르게 산출되었다.
ㄴ. '789+123'의 계산 결과는 바르게 산출되었다.
ㄷ. '159+753'의 계산 결과는 바르게 산출되었다.
ㄹ. '753+951'의 계산 결과는 바르게 산출되었다.
ㅁ. '789−123'의 계산 결과는 바르게 산출되었다.

① ㄱ, ㄴ, ㄷ
② ㄱ, ㄴ, ㄹ
③ ㄱ, ㄷ, ㅁ
④ ㄴ, ㄷ, ㄹ
⑤ ㄴ, ㄹ, ㅁ

07 다음 중 A, B 두 국가 간의 시차와 비행시간이 옳은 것은?

〈A ↔ B 간의 운항 시간표〉

구간	출발시각	도착시각
A → B	09:00	15:00
B → A	18:00	08:00(다음날)

※ 1) 출발 및 도착시각은 모두 현지시각이다.
   2) 비행시간은 A → B구간, B → A구간 동일하다.
   3) A가 B보다 1시간 빠르다는 것은 A가 오전 5시일 때 B가 오전 4시임을 의미한다.

	시차	비행시간		시차	비행시간
①	A가 B보다 4시간 빠르다.	10시간	②	A가 B보다 4시간 느리다.	14시간
③	A가 B보다 2시간 빠르다.	8시간	④	A가 B보다 2시간 빠르다.	10시간
⑤	A가 B보다 3시간 느리다.	14시간			

08 다음은 K연구소에서 제습기 A ~ E의 습도별 연간소비전력량을 측정한 자료이다. 이에 대한 〈보기〉의 설명 중 옳은 것만을 모두 고르면?

〈제습기 A ~ E의 습도별 연간소비전력량〉

(단위 : kWh)

습도 제습기	40%	50%	60%	70%	80%
A	550	620	680	790	840
B	560	640	740	810	890
C	580	650	730	800	880
D	600	700	810	880	950
E	660	730	800	920	970

─────〈보기〉─────

ㄱ. 습도가 70%일 때 연간소비전력량이 가장 적은 제습기는 A이다.

ㄴ. 각 습도에서 연간소비전력량이 많은 제습기부터 순서대로 나열하면, 습도 60%일 때와 습도 70%일 때의 순서는 동일하다.

ㄷ. 습도가 40%일 때 제습기 E의 연간소비전력량은 습도가 50%일 때 제습기 B의 연간소비전력량보다 많다.

ㄹ. 제습기 각각에서 연간소비전력량은 습도가 80%일 때가 40%일 때의 1.5배 이상이다.

① ㄱ, ㄴ

② ㄱ, ㄷ

③ ㄴ, ㄹ

④ ㄱ, ㄷ, ㄹ

⑤ ㄴ, ㄷ, ㄹ

09 다음은 발전소별 수문 자료이다. 이날 온도가 27℃를 초과한 발전소의 수력발전을 이용해 변환된 전기에너지의 총 출력량은 15,206.08kW였다. 이때 춘천의 분당 유량은?(단, 결과 값은 소수점 첫째 자리에서 반올림한다)

발전소명	저수위(ELm)	유량(m³/sec)	온도(℃)	강우량(mm)
안흥	375.9	0.0	26.0	7.0
춘천	102.0		27.5	4.0
의암	70.0	282.2	26.0	2.0
화천	176.5	479.9	24.0	6.0
청평	49.5	447.8	27.0	5.0
섬진강	178.6	6.9	29.5	0.0
보성강	126.6	1.1	30.0	0.0
팔당	25.0	1,394.1	25.0	0.5
괴산	132.1	74.2	27.2	90.5

※ $P[\text{kW}]=9.8\times Q[\text{m}^3/\text{sec}]\times H[\text{m}]\times \zeta$ [P : 출력량, Q : 유량, H : 유효낙차, ζ : {종합효율(수차효율)×(발전기효율)}]

※ 모든 발전소의 유효낙차는 20m, 종합효율은 90%이다.

① 4m³/min   ② 56m³/min

③ 240m³/min   ④ 488m³/min

⑤ 987m³/min

10 다음 글과 상황을 근거로 판단할 때, X ~ Z의 자동차 번호 끝자리 숫자의 합으로 가능한 최댓값은?

- A사는 자동차 요일제를 시행하고 있으며, 각 요일별로 운행할 수 없는 자동차 번호 끝자리 숫자는 아래와 같다.

요일	월요일	화요일	수요일	목요일	금요일
숫자	1, 2	3, 4	5, 6	7, 8	9, 0

- 미세먼지 비상저감조치가 시행될 경우 A사는 자동차 요일제가 아닌 차량 홀짝제를 시행한다. 차량 홀짝제를 시행하는 날에는 시행일이 홀수이면 자동차 번호 끝자리 숫자가 홀수인 차량만 운행할 수 있고, 시행일이 짝수이면 자동차 번호 끝자리 숫자가 홀수가 아닌 차량만 운행할 수 있다.

A사의 직원인 X, Y, Z는 12일(월)부터 16일(금)까지 5일 모두 출근했고, 12일, 13일, 14일에는 미세먼지 비상저감조치가 시행되었다. 자동차 요일제와 차량 홀짝제로 인해 자동차를 운행할 수 없는 경우를 제외하면, 3명 모두 자신이 소유한 자동차로 출근을 했다. 다음은 X, Y, Z가 16일에 출근한 후 나눈 대화이다.

- X : 나는 12일에 내 자동차로 출근을 했어. 따져보니 이번 주에 총 4일이나 내 자동차로 출근했어.
- Y : 저는 이번 주에 이틀만 제 자동차로 출근했어요.
- Z : 나는 이번 주엔 13일, 15일, 16일만 내 자동차로 출근할 수 있었어.

※ X, Y, Z는 자동차를 각각 1대씩 소유하고 있다.

① 14
② 16
③ 18
④ 20
⑤ 22

11 다음 글과 필요 물품 목록을 근거로 판단할 때, 아동방과후교육 사업에서 허용되는 사업비 지출품목만을 모두 고르면?

> K부서는 아동방과후교육 사업을 운영하고 있다. 원칙적으로 사업비는 사용목적이 '사업 운영'인 경우에만 지출할 수 있다. 다만 다음 중 어느 하나에 해당하면 예외적으로 허용된다. 첫째, 품목당 단가가 10만 원 이하로 사용목적이 '서비스 제공'인 경우에 지출할 수 있다. 둘째, 사용연한이 1년 이내인 경우에 지출할 수 있다.

〈필요 물품 목록〉

품목	단가	사용목적	사용연한
인형탈	120,000원	사업 운영	2년
프로그램 대여	300,000원	보고서 작성	6개월
의자	110,000원	서비스 제공	5년
컴퓨터	950,000원	서비스 제공	3년
클리어파일	500원	상담일지 보관	2년
블라인드	99,000원	서비스 제공	5년

① 프로그램 대여, 의자
② 컴퓨터, 클리어파일
③ 클리어파일, 블라인드
④ 인형탈, 프로그램 대여, 블라인드
⑤ 인형탈, 의자, 컴퓨터

12 다음은 피트니스 클럽의 입장료 및 사우나 유무에 대한 선호도 조사 결과이다. 이를 바탕으로 이용객 선호도를 구할 때, 입장료와 사우나 유무의 조합 중 이용객 선호도가 세 번째로 큰 조합은?

〈표 1〉 입장료 선호도 조사 결과

입장료	선호도
5,000원	4.0점
10,000원	3.0점
20,000원	0.5점

〈표 2〉 사우나 유무 선호도 조사 결과

사우나	선호도
유	3.3점
무	1.7점

〈산식〉

(이용객 선호도)＝(입장료 선호도)＋(사우나 유무 선호도)

	입장료	사우나 유무
①	5,000원	유
②	5,000원	무
③	10,000원	유
④	10,000원	무
⑤	20,000원	유

13 다음 중 (가) ~ (라)의 관계를 바르게 파악한 사람을 〈보기〉에서 모두 고르면?

> (가) 도덕성의 기초는 이성이지 동정심이 아니다. 동정심은 타인의 고통을 공유하려는 선한 마음이지만, 그 것은 일관적이지 않으며 때로는 변덕스럽고 편협하다.
>
> (나) 인간의 동정심은 신뢰할 만하지 않다. 예컨대, 같은 종류의 불행을 당했다고 해도 내 가족에 대해서는 동정심이 일어나지만 모르는 사람에 대해서는 동정심이 생기지 않기도 한다.
>
> (다) 도덕성의 기초는 이성이 아니라 오히려 동정심이다. 즉 동정심은 타인의 곤경을 자신의 곤경처럼 느끼며 타인의 고난을 위로해 주고 싶은 욕구이다. 타인의 고통을 나의 고통처럼 느끼고, 그로부터 타인의 고통을 막으려는 행동이 나오게 된다. 이렇게 동정심은 도덕성의 원천이 된다.
>
> (라) 동정심과 도덕성의 관계에서 중요한 문제는 어떻게 동정심을 함양할 것인가의 문제이지, 그 자체로 도덕성의 기초가 될 수 있는지 없는지의 문제가 아니다. 동정심은 전적으로 신뢰할 만한 것은 아니며 때로는 왜곡될 수도 있다. 그렇다고 그 때문에 도덕성의 기반에서 동정심을 완전히 제거하는 것은 도덕의 풍부한 원천을 모두 내다버리는 것과 같다. 오히려 동정심이나 공감의 능력은 성숙하게 함양해야 하는 도덕적 소질에 가까운 것이다.

─────────────〈보기〉─────────────

갑 : (가)와 (다)는 양립할 수 없는 주장이다.
을 : (나)는 (가)를 지지하는 관계이다.
병 : (가)와 (라)는 동정심의 도덕적 역할을 전적으로 부정하고 있다.
정 : (나)와 (라)는 모순관계이다.

① 갑, 을   ② 을, 정
③ 갑, 을, 병   ④ 갑, 병, 정
⑤ 을, 병, 정

14 다음 중 ㉠에 대한 비판으로 가장 적절한 것은?

"프랑스 수도가 어디지?"라는 가영의 물음에 나정이 "프랑스 수도는 로마지."라고 대답했다고 하자. 나정이 가영에게 제공한 것을 정보라고 할 수 있을까? 정보의 일반적 정의는 '올바른 문법 형식을 갖추어 의미를 갖는 자료'이다. 이 정의에 따르면 나정의 대답은 정보를 담고 있다. 다음 진술은 이런 관점을 대변하는 진리 중립성 논제를 표현한다. "정보를 준다는 것이 반드시 그 내용이 참이라는 것을 의미하지는 않는다." 이 논제의 관점에서 보자면, 올바른 문법 형식을 갖추어 의미를 해석할 수 있는 자료는 모두 정보의 자격을 갖는다. 그 내용이 어떤 사태를 표상하든, 참을 말하든, 거짓을 말하든 상관없다.

그러나 이 조건만으로는 불충분하다는 지적이 있다. 철학자 플로리디는 전달된 자료를 정보라고 하려면 그 내용이 참이어야 한다고 주장한다. 즉, 정보란 올바른 문법 형식을 갖춘, 의미 있고 참인 자료라는 것이다. 이를 ㉠ 진리성 논제라고 한다. 그라이스는 이렇게 말한다. "거짓 '정보'는 저급한 종류의 정보가 아니다. 그것은 아예 정보가 아니기 때문이다." 이 점에서 그 역시 이 논제를 받아들이고 있다.

이런 논쟁은 용어법에 관한 시시한 언쟁처럼 보일 수도 있지만, 두 진영 간에는 정보 개념이 어떤 역할을 해야 하는가에 대한 근본적인 견해 차이가 있다. 진리성 논제를 비판하는 사람들은 틀린 '정보'도 정보로 인정되어야 한다고 말한다. 자료의 내용이 그것을 이해하는 주체의 인지 행위에서 분명한 역할을 수행한다는 이유에서다. '프랑스 수도가 로마'라는 말을 토대로 가영은 이런저런 행동을 할 수 있다. 가령, 프랑스어를 배우기 위해 로마로 떠날 수도 있고, 프랑스 수도를 묻는 퀴즈에서 오답을 낼 수도 있다. 거짓인 자료는 정보가 아니라고 볼 경우, '정보'라는 말이 적절하게 사용되는 사례들의 범위를 부당하게 제한하는 꼴이 된다.

① '정보'라는 표현이 일상적으로 사용되는 사례가 모두 적절한 것은 아니다.

② 올바른 문법 형식을 갖추지 못한 자료는 정보라는 지위에 도달할 수 없다.

③ 사실과 다른 내용의 자료를 숙지하고 있는 사람은 정보를 안다고 볼 수 없다.

④ 내용이 거짓인 자료를 토대로 행동을 하는 사람은 자신이 의도한 결과에 도달할 수 없다.

⑤ 거짓으로 밝혀질 자료도 그것을 믿는 사람의 인지 행위에서 분명한 역할을 한다면 정보라고 볼 수 있다.

15 다음은 V ~ Z면접관이 A ~ D응시자에게 부여한 면접 점수에 대한 자료이다. 이에 대한 〈보기〉의 설명으로 옳은 것만을 모두 고르면?

〈A ~ D응시자의 면접 점수〉

(단위 : 점)

면접관＼응시자	A	B	C	D	범위
V	7	8	8	6	2
W	4	6	8	10	( )
X	5	9	8	8	( )
Y	6	10	9	7	4
Z	9	7	6	5	4
중앙값	( )	( )	8	( )	–
교정점수	( )	8	( )	7	–

※ 1) 범위 : 해당 면접관이 각 응시자에게 부여한 면접 점수 중 최댓값에서 최솟값을 뺀 값
　2) 중앙값 : 해당 응시자가 V ~ Z면접관에게 받은 모든 면접 점수를 크기순으로 나열할 때 한가운데 값
　3) 교정점수 : 해당 응시자가 V ~ Z면접관에게 받은 모든 면접 점수 중 최댓값과 최솟값을 제외한 면접 점수의 산술평균값

───〈보기〉───

ㄱ. 면접관 중 범위가 가장 큰 면접관은 W이다.
ㄴ. 응시자 중 중앙값이 가장 작은 응시자는 D이다.
ㄷ. 교정점수는 C가 A보다 크다.

① ㄱ
② ㄴ
③ ㄱ, ㄷ
④ ㄴ, ㄷ
⑤ ㄱ, ㄴ, ㄷ

16 중소기업청은 우수 중소기업 지원자금을 5,000억 원 한도 내에서 아래와 같은 지침에 따라 A ~ D기업에 배분하고자 한다. 각 기업별 지원금액은?

〈지침〉

- 평가지표별 점수 부여 : 평가지표별로 1위 기업에게는 4점, 2위는 3점, 3위는 2점, 4위는 1점을 부여한다. 다만, 부채비율이 낮을수록 순위가 높으며, 나머지 지표는 클수록 순위가 높다.
- 기업 평가순위 부여 : 획득한 점수의 합이 큰 기업 순으로 평가순위(1 ~ 4위)를 부여한다.
- 지원한도 :
  (1) 평가 순위 1위 기업에는 2,000억 원, 2위는 1,500억 원, 3위는 1,000억 원, 4위는 500억 원까지 지원할 수 있다.
  (2) 각 기업에 대한 지원한도는 순자산의 2/3로 제한된다. 다만, 평가순위가 3위와 4위인 기업 중 부채비율이 400% 이상인 기업에게는 순자산의 1/2 만큼만 지원할 수 있다.
- 지원요구금액이 지원한도보다 적은 경우에는 지원요구금액 만큼만 배정한다.

〈평가지표와 각 기업의 순자산 및 지원요구금액〉

구분		A	B	C	D
평가 지표	경상이익률(%)	5	2	1.5	3
	영업이익률(%)	5	1	2	1.5
	부채비율(%)	500	350	450	300
	매출액증가율(%)	8	10	9	11
순자산(억 원)		2,100	600	900	3,000
지원요구금액(억 원)		2,000	500	1,000	1,800

	A기업	B기업	C기업	D기업
①	1,400	400	450	1,800
②	1,050	500	1,000	1,800
③	1,400	400	500	2,000
④	1,050	500	450	2,000
⑤	1,400	500	450	1,800

17 다음 글과 K기관 벌점 산정 기초자료를 근거로 판단할 때, 두 번째로 높은 벌점을 받게 될 사람은?

K기관은 업무처리 시 오류 발생을 줄이기 위해 2023년 1월부터 벌점을 부과하여 인사고과에 반영하려 한다. 이를 위해 매달 직원별로 오류 건수를 조사하여 다음과 같은 벌점 산정 방식에 따라 벌점을 부과한다. 2023년 1월 한 달 동안 직원들의 업무처리 건수는 1인당 100건으로 동일하다.

〈벌점 산정 방식〉

- 일반 오류는 1건당 10점, 중대 오류는 1건당 20점씩 오류 점수를 부과하여 이를 합산한다.
- 전월 우수사원으로 선정된 경우, 합산한 오류 점수에서 80점을 차감하여 월별 최종 오류 점수를 계산한다.
- 벌점 부과 대상은 월별 최종 오류 점수가 400점 이상인 동시에 월별 오류 발생 비율이 30% 이상인 직원이다.
- 월별 최종 오류 점수 1점당 벌점 10점을 부과한다.

$$ [\text{오류 발생 비율}(\%)] = \frac{(\text{오류 건수})}{(\text{업무처리 건수})} \times 100 $$

〈K기관 벌점 산정 기초자료〉

(2023. 1. 1. ~ 2023. 1. 31.)

직원	오류 건수(건)		전월 우수사원 선정 여부
	일반 오류	중대 오류	
B	5	20	미선정
C	10	20	미선정
D	15	15	선정
E	20	10	미선정
F	30	10	선정

① B
② C
③ D
④ E
⑤ F

18 다음 글을 근거로 판단할 때, 화장 단계 중 7개만을 선택하였을 경우 A의 최대 매력 지수는?

- 아침마다 화장을 하고 출근하는 A의 목표는 매력 지수의 합을 최대한 높이는 것이다.
- 화장 단계별 매력 지수와 소요 시간은 아래의 표와 같다.
- 20분 만에 화장을 하면 지각하지 않고 정시에 출근할 수 있다.
- 회사에 1분 지각할 때마다 매력 지수가 4점씩 깎인다.
- 화장은 반드시 '로션 바르기 → 수분크림 바르기 → 썬크림 바르기 → 피부화장 하기' 순서로 해야 하며, 이 4개의 단계는 생략할 수 없다.
- 피부화장을 한 후에 눈썹 그리기, 눈화장 하기, 립스틱 바르기, 속눈썹 붙이기를 할 수 있으며, 이 중에서는 어떤 것을 선택해도 상관없다.
- 화장 단계는 반복하지 않으며, 2개 이상의 화장 단계는 동시에 할 수 없다.

화장 단계	매력 지수(점)	소요 시간(분)
로션 바르기	2	1
수분크림 바르기	2	1
썬크림 바르기	6	1.5
피부화장 하기	20	7
눈썹 그리기	12	3
눈화장 하기	25	10
립스틱 바르기	10	0.5
속눈썹 붙이기	60	15

① 53점

② 61점

③ 76점

④ 129점

⑤ 137점

19 다음 글의 논지를 반박하는 진술로 가장 적절한 것은?

> 자신의 스마트폰 없이는 도무지 일과를 진행하지 못하는 K의 경우를 생각해 보자. 그의 일과표는 전부 그의 스마트폰에 저장되어 있어서 그의 스마트폰은 적절한 때가 되면 그가 해야 할 일을 알려줄 뿐만 아니라 약속 장소로 가기 위해 무엇을 타고 어떻게 움직여야 할지까지 알려 준다. K는 어릴 때 보통 사람보다 기억력이 매우 나쁘다는 진단을 받았지만 스마트폰 덕분에 어느 동료에게도 뒤지지 않는 업무 능력을 발휘하고 있다. 이와 같은 경우, K는 스마트폰 덕분에 인지 능력이 보강된 것으로 볼 수 있는데, 그 보강된 인지 능력을 K 자신의 것으로 볼 수 있는가? 이 물음에 대한 답은 긍정이다. 즉 우리는 K의 스마트폰이 그 자체로 K의 인지 능력 일부를 실현하고 있다고 보아야 한다. 그런 판단의 기준은 명료하다. 스마트폰의 메커니즘이 K의 손바닥 위나 책상 위가 아니라 그의 두뇌 속에서 작동하고 있다고 가정해 보면 된다. 물론 사실과 다른 가정이지만 만일 그렇게 가정한다면 우리는 필경 K 자신이 모든 일과를 정확하게 기억하고 있고 또 약속 장소를 잘 찾아간다고 평가할 것이다. 이처럼 '만일 K의 두뇌 속에서 일어난다면'이라는 상황을 가정했을 때 그것을 K 자신의 기억이나 판단이라고 인정할 수 있다면, 그런 과정은 K 자신의 인지 능력이라고 평가해야 한다.

① K가 자신이 미리 적어 놓은 메모를 참조해서 기억력 시험 문제에 답한다면 누구도 K가 그 문제의 답을 기억한다고 인정하지 않는다.

② K가 종이 위에 연필로 써가며 253×87 같은 곱셈을 할 경우 종이와 연필의 도움을 받은 연산 능력 역시 K 자신의 인지 능력으로 인정해야 한다.

③ K가 집에 두고 나온 스마트폰에 원격으로 접속하여 거기 담긴 모든 정보를 알아낼 수 있다면 그는 그 스마트폰을 손에 가지고 있는 것과 다름없다.

④ 스마트폰의 모든 기능을 두뇌 속에서 작동하게 하는 것이 두뇌 밖에서 작동하게 하는 경우보다 우리의 기억력과 인지 능력을 향상시키지 않는다.

⑤ 전화번호를 찾으려는 사람의 이름조차 기억이 나지 않을 때에도 스마트폰에 저장된 전화번호 목록을 보면서 그 사람의 이름을 상기하고 전화번호를 알아낼 수 있다.

20 다음 글을 근거로 판단할 때, 방에 출입한 사람의 순서는?

방에는 1부터 6까지의 번호가 각각 적힌 6개의 전구가 다음과 같이 놓여 있다.

왼쪽 ←　　　　　　　　　　　　　　　　　　　　　　　　　　　　　→ 오른쪽

전구 번호	1	2	3	4	5	6
상태	켜짐	켜짐	켜짐	꺼짐	꺼짐	꺼짐

A~C가 각각 한 번씩 홀로 방에 들어가 자신이 정한 규칙에 의해서만 전구를 켜거나 끄고 나왔다.
- A는 번호가 3의 배수인 전구가 켜진 상태라면 그 전구를 끄고, 꺼진 상태라면 그대로 둔다.
- B는 번호가 2의 배수인 전구가 켜진 상태라면 그 전구를 끄고, 꺼진 상태라면 그 전구를 켠다.
- C는 3번 전구는 그대로 두고, 3번 전구를 기준으로 왼쪽과 오른쪽 중 켜진 전구의 개수가 많은 쪽의 전구를 전부 끈다. 다만, 켜진 전구의 개수가 같다면 양쪽에 켜진 전구를 모두 끈다.
- 마지막 사람이 방에서 나왔을 때, 방의 전구는 모두 꺼져 있었다.

① A－B－C　　　　　　　　　　　② A－C－B
③ B－A－C　　　　　　　　　　　④ B－C－A
⑤ C－B－A

21 다음 글과 K시의 도로명 현황을 근거로 판단할 때, K시에서 발견될 수 있는 도로명으로 옳은 것은?

도로명의 구조는 일반적으로 두 개의 부분으로 나누어지는데 앞부분을 전부요소, 뒷부분을 후부요소라고 한다. 전부요소는 대상물의 특성을 반영하여 이름붙인 것이며 다른 곳과 구분하기 위해 명명된 부분이다. 즉, 명명의 배경이 반영되어 성립된 요소로 다양한 어휘가 사용된다. 후부요소로는 '로, 길, 골목'이 많이 쓰인다. 그런데 도로명은 전부요소와 후부요소만 결합한 기본형이 있고, 후부요소에 다른 요소가 첨가된 확장형이 있다. 확장형은 후부요소에 '1, 2, 3, 4…' 등이 첨가된 일련번호형과 '동, 서, 남, 북, 좌, 우, 윗, 아래, 앞, 뒷, 사이, 안, 중앙' 등의 어휘들이 첨가된 방위형이 있다.

〈K시의 도로명 현황〉

K시의 도로명을 모두 분류한 결과, 도로명의 전부요소로는 한글고유어보다 한자어가 더 많이 발견되었고, 기본형보다 확장형이 많이 발견되었다. 확장형의 후부요소로는 일련번호형이 많이 발견되었고, 일련번호는 '로'와만 결합되었다. 그리고 방위형은 '골목'과만 결합되었으며 사용된 어휘는 '동, 서, 남, 북'으로만 한정되었다.

① 행복1가　　　　　　　　　　　② 대학2로
③ 국민3길　　　　　　　　　　　④ 덕수궁뒷길
⑤ 꽃동네중앙골목

22 다음 중 C가 계획 수행에 성공하지 못한 이유로 적절하지 않은 것은?

> K공사 신입사원 C는 회사 일도 잘하고 싶고 업무 외의 자기개발에도 욕심이 많다. 그래서 업무와 관련한 자격증을 따기 위해서 3개의 인터넷 강의도 등록하였고, 체력관리를 위해 피트니스 센터에도 등록하였으며, 친목을 다지기 위해 본인이 동호회도 만들었다. 그러나 의욕에 비해 첫 주부터 자격증 강의도 반밖에 듣지 못했고, 피트니스 센터에는 2번밖에 가지 못했다. 동호회는 자신이 만들었기 때문에 빠질 수가 없어서 참석했지만 C는 수행하지 못한 다른 일 때문에 기분이 좋지 않다. 단순히 귀찮아서가 아니라 회사 회식도 빠지기 난감했고, 감기에 걸려 몸도 좋지 않기 때문인데 계획이 문제인지 본인이 문제인지 C는 고민이 많아졌다.

① 자기실현에 대한 욕구보다 다른 욕구가 더 강해서
② 자기합리화를 하려는 인간의 제한적인 사고 때문에
③ 자기개발에 대한 구체적인 방법을 몰라서
④ 내·외부 요인 때문에
⑤ 투자할 수 있는 시간에 비해 계획이 과해서

23 다음은 K항공사의 2022년 품질관련 문제에 대한 자료이다. 이에 대한 설명으로 옳은 것을 〈보기〉에서 모두 고르면?

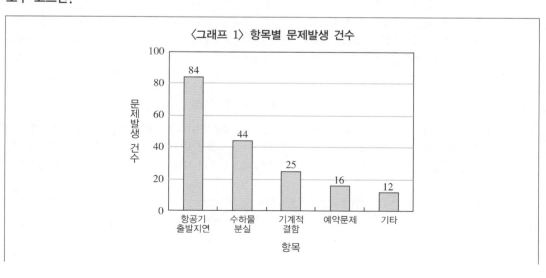

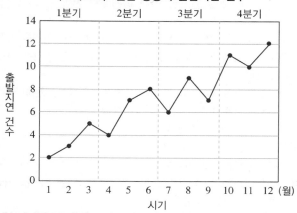

〈그래프 2〉 월별 항공기 출발지연 건수

※ 월별 편성횟수는 250회이고, 편성된 항공기는 모두 출발하였음

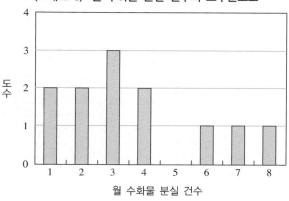

〈그래프 3〉 월 수하물 분실 건수의 도수분포도

─────〈보기〉─────

ㄱ. 분기별 항공기 출발지연 건수는 지속적으로 증가하였다.
ㄴ. 2022년 중 '수하물 분실'이 한 건도 발생하지 않은 달이 있다.
ㄷ. 2022년의 월별 편성횟수 대비 정시출발 비율은 항상 95% 이상을 유지하였다.
ㄹ. '항공기 출발지연', '수하물 분실', '기계적 결함' 항목이 전체 문제에서 차지하는 비율은 85% 이상이었다.

① ㄱ, ㄴ
② ㄱ, ㄷ
③ ㄴ, ㄷ
④ ㄴ, ㄹ
⑤ ㄷ, ㄹ

24 다음 글을 근거로 판단할 때, 2023년 1월 인사 파견에서 선발될 직원만을 모두 고르면?

- K회사에서는 소속 직원들의 역량 강화를 위해 정례적으로 인사 파견을 실시하고 있다.
- 인사 파견은 지원자 중 3명을 선발하여 1년간 이루어지고 파견 기간은 변경되지 않는다.
- 선발 조건은 다음과 같다.
  - 과장을 선발하는 경우 동일 부서에 근무하는 직원을 1명 이상 함께 선발한다.
  - 동일 부서에 근무하는 2명 이상의 팀장을 선발할 수 없다.
  - 과학기술과 직원을 1명 이상 선발한다.
  - 근무 평정이 70점 이상인 직원만을 선발한다.
  - 어학 능력이 '하'인 직원을 선발한다면 어학 능력이 '상'인 직원도 선발한다.
  - 직전 인사 파견 기간이 종료된 이후 2년 이상 경과하지 않은 직원을 선발할 수 없다.
- 2023년 1월 인사 파견의 지원자 현황은 다음과 같다.

직원	직위	근무 부서	근무 평정	어학 능력	직전 인사 파견 시작 시점
A	과장	과학기술과	65	중	2019년 1월
B	과장	자치행정과	75	하	2020년 1월
C	팀장	과학기술과	90	중	2021년 7월
D	팀장	문화정책과	70	상	2019년 7월
E	팀장	문화정책과	75	중	2020년 1월
F	–	과학기술과	75	중	2020년 1월
G	–	자치행정과	80	하	2019년 7월

① A, D, F
② B, D, G
③ B, E, F
④ C, D, G
⑤ D, F, G

25 다음 글의 내용을 포괄하는 진술로 가장 적절한 것은?

사람의 신체는 형체가 있으나 지각은 형체가 없습니다. 형체가 있는 것은 죽으면 썩어 없어지지만, 형체가 없는 것은 모이거나 흩어지는 일이 없으니, 죽은 뒤에 지각이 있을 법도 합니다. 죽은 뒤에도 지각이 있을 경우에만 불교의 윤회설이 맞고, 지각이 없다고 한다면 제사를 드리는 것에 실질적 근거는 없을 것입니다. 사람의 지각은 정기(精氣)에서 나옵니다. 눈과 귀가 지각하는 것은 넋의 영이며, 마음이 생각하는 것은 혼의 영입니다. 지각하고 생각하는 것은 기(氣)이며, 생각하도록 하는 것은 이(理)입니다. 이(理)는 지각이 없고 기는 지각이 있습니다. 따라서 귀가 있어야 듣고, 눈이 있어야 보며, 마음이 있어야 생각을 할 수 있으니, 정기가 흩어지고 나면 무슨 물체에 무슨 지각이 있겠습니까? 지각이 없다고 한다면 비록 천당과 지옥이 있다고 하더라도 즐거움과 괴로움을 지각할 수 없으니, 불가의 인과응보설(因果應報說)은 저절로 무너지게 됩니다. 죽은 뒤에는 지각이 없다 해도 제사를 지내는 것에는 이치[理]가 있습니다. 사람이 죽어도 오래되지 않으면 정기가 흩어졌다 해도 바로 소멸되는 것은 아니기 때문에 정성과 공경을 다하면 돌아가신 조상과 느껴서 통할 수 있습니다. 먼 조상의 경우 기운은 소멸했지만 이치는 소멸한 것이 아니니 또한 정성으로 느껴서 통할 수 있습니다. 감응할 수 있는 기운은 없지만 감응할 수 있는 이치가 있기 때문입니다. 조상이 돌아가신 지 오래되지 않았으면 기운으로써 감응하고, 돌아가신 지 오래되었으면 이치로써 감응하는 것입니다.

① 윤회설이 부정된다고 해서 제사가 부정되지는 않는다.
② 제사는 조상의 기를 느껴서 감응하는 것이다.
③ 죽은 사람과는 기운과 정성을 통해 감응할 수 있다.
④ 사람이 죽으면 지각이 없어지므로 인과응보설은 옳지 않다.
⑤ 사람이 죽으면 정기는 흩어지므로 지각은 존재하지 않는다.

26 다음 글의 빈칸에 들어갈 내용으로 가장 적절한 것은?

알레르기는 도시화와 산업화가 진행되는 지역에서 매우 빠르게 증가하고 있는데, 알레르기의 발병 원인에 대한 20세기의 지배적 이론은 알레르기는 병원균의 침입에 의해 발생하는 감염성 질병이라는 것이다. 하지만 1989년 영국 의사 S는 이 전통적인 이론에 맞서 다음 가설을 제시했다. _____ S는 1958년 3월 둘째 주에 태어난 17,000명 이상의 영국 어린이를 대상으로 그들이 23세가 될 때까지 수집한 개인 정보 데이터베이스를 분석하여, 이 가설을 뒷받침하는 증거를 찾았다. 이들의 가족 관계, 사회적 지위, 경제력, 거주 지역, 건강 등의 정보를 비교 분석한 결과, 두 개 항목이 꽃가루 알레르기와 상관관계를 가졌다. 첫째, 함께 자란 형제자매의 수이다. 외동으로 자란 아이의 경우 형제가 서넛인 아이에 비해 꽃가루 알레르기에 취약했다. 둘째, 가족 관계에서 차지하는 서열이다. 동생이 많은 아이보다 손위 형제가 많은 아이가 알레르기에 걸릴 확률이 낮았다.
S의 주장에 따르면 가족 구성원이 많은 집에 사는 아이들은 가족 구성원, 특히 손위 형제들이 집안으로 끌고 들어오는 온갖 병균에 의한 잦은 감염 덕분에 장기적으로는 알레르기 예방에 오히려 유리하다. S는 유년기에 겪은 이런 감염이 꽃가루 알레르기를 비롯한 알레르기성 질환으로부터 아이들을 보호해 왔다고 생각했다.

① 알레르기는 유년기에 병원균 노출의 기회가 적을수록 발생 확률이 높아진다.
② 알레르기는 가족 관계에서 서열이 높은 가족 구성원에게 더 많이 발생한다.
③ 알레르기는 성인보다 유년기의 아이들에게 더 많이 발생한다.
④ 알레르기는 도시화에 따른 전염병의 증가로 인해 유발된다.
⑤ 알레르기는 형제가 많을수록 발생 확률이 낮아진다.

27 다음은 A ~ C기업의 반기별 수익률에 관한 자료이다. 〈조건〉을 바탕으로 △와 □에 해당하는 숫자로 옳은 것은?

〈기업의 반기별 수익률〉

(단위 : %)

기업 \ 기간	상반기	하반기
A	☆△□	☆○△
B	□☆○	□△☆
C	○□☆	○△☆

──〈조건〉──

- 각 기호는 서로 다른 한 자리 자연수를 나타낸다.
- 수익률 중 가장 높은 값은 532이다.
- A의 수익률은 상반기보다 하반기에 높다.
- B의 수익률은 하반기보다 상반기에 높다.
- C의 수익률은 상반기보다 하반기에 높다.

	△	□			△	□
①	1	2		②	2	1
③	2	3		④	3	1
⑤	3	2				

28 전제가 참일 때 결론이 반드시 참인 논증을 펼친 사람만을 모두 고르면?

영희 : 갑이 A부처에 발령을 받으면, 을은 B부처에 발령을 받아. 그런데 을이 B부처에 발령을 받지 않았어. 그러므로 갑은 A부처에 발령을 받지 않았어.

철수 : 갑이 A부처에 발령을 받으면, 을도 A부처에 발령을 받아. 그런데 을이 B부처가 아닌 A부처에 발령을 받았어. 따라서 갑은 A부처에 발령을 받았어.

현주 : 갑이 A부처에 발령을 받지 않거나, 을과 병이 C부처에 발령을 받아. 그런데 갑이 A부처에 발령을 받았어. 그러므로 을과 병 모두 C부처에 발령을 받았어.

① 영희
② 철수
③ 영희, 철수
④ 영희, 현주
⑤ 철수, 현주

29 다음 글의 밑줄 친 주장을 강화하는 사례만을 〈보기〉에서 모두 고르면?

최근에 트랜스 지방은 그 건강상의 위해 효과 때문에 주목받고 있다. 우리가 즐겨 먹는 많은 식품에는 트랜스 지방이 숨어 있다. 그렇다면 트랜스 지방이란 무엇일까?

지방에는 불포화 지방과 포화 지방이 있다. 식물성 기름의 주성분인 불포화 지방은 포화 지방에 비하여 수소의 함유 비율이 낮고 녹는점도 낮아 상온에서 액체인 경우가 많다.

불포화 지방은 그 안에 존재하는 이중 결합에서 수소 원자들의 결합 형태에 따라 시스(Cis)형과 트랜스(Trans)형으로 나뉘는데 자연계에 존재하는 대부분의 불포화 지방은 시스형이다. 그런데 조리와 보존의 편의를 위해 액체 상태인 식물성 기름에 수소를 첨가하여 고체 혹은 반고체 상태로 만드는 과정에서 트랜스 지방이 만들어진다. 그래서 대두, 땅콩, 면실유를 경화시켜 얻은 마가린이나 쇼트닝은 트랜스 지방의 함량이 높다. 또한, 트랜스 지방은 식물성 기름을 고온으로 가열하여 음식을 튀길 때도 발생한다. 따라서 튀긴 음식이나 패스트푸드에는 트랜스 지방이 많이 들어 있다.

트랜스 지방은 포화 지방인 동물성 지방처럼 심혈관계에 해롭다. 트랜스 지방은 혈관에 나쁜 저밀도지방단백질(LDL)의 혈중 농도를 증가시키는 한편 혈관에 좋은 고밀도지방단백질(HDL)의 혈중 농도는 감소시켜 혈관벽을 딱딱하게 만들어 심장병이나 동맥경화를 유발하고 악화시킨다.

〈보기〉

ㄱ. 쥐의 먹이에 함유된 트랜스 지방 함량을 2% 증가시키자 쥐의 심장병 발병률이 25% 증가하였다.

ㄴ. 사람들이 마가린을 많이 먹는 지역에서 마가린의 트랜스 지방 함량을 낮추자 동맥경화의 발병률이 1년 사이에 10% 감소하였다.

ㄷ. 성인 1,000명에게 패스트푸드를 일정 기간 지속적으로 섭취하게 한 후 검사해 보니, HDL의 혈중 농도가 섭취 전에 비해 20% 감소하였다.

---

① ㄱ
② ㄴ
③ ㄱ, ㄷ
④ ㄴ, ㄷ
⑤ ㄱ, ㄴ, ㄷ

30 다음 중 ⊙ ~ ㉣에 대한 판단으로 가장 적절한 것은?

동물실험이란 교육, 시험, 연구 및 생물학적 제제의 생산 등 과학적 목적을 위해 동물을 대상으로 실시하는 실험 및 그 절차를 말한다. 동물실험은 오랜 역사를 가진 만큼 이에 대한 찬반 입장이 복잡하게 얽혀있다. 인간과 동물의 몸이 자동 기계라고 보았던 근대 철학자 ⊙ 데카르트는 동물은 인간과 달리 영혼이 없어 쾌락이나 고통을 경험할 수 없다고 믿었다. 데카르트는 살아있는 동물을 마취도 하지 않은 채 해부 실험을 했던 것으로 악명이 높다. 당시에는 마취술이 변변치 않았을 뿐더러 동물이 아파하는 행동도 진정한 고통의 반영이 아니라고 보았기 때문에, 그는 양심의 가책을 느끼지 않았을 것이다. ⓒ 칸트는 이성 능력과 도덕적 실천 능력을 가진 인간은 목적으로서 대우해야 하지만, 이성도 도덕도 가지지 않는 동물은 그렇지 않다고 보았다. 그는 동물을 학대하는 일은 옳지 않다고 생각했는데, 동물을 잔혹하게 대하는 일이 습관화되면 다른 사람과의 관계에도 문제가 생기고 인간의 품위가 손상된다고 보았기 때문이다.

동물실험을 옹호하는 여러 입장들은 인간은 동물이 가지지 않은 언어 능력, 도구 사용 능력, 이성 능력 등을 가진다는 점을 근거로 삼는 경우가 많지만, 동물들도 지능과 문화를 가진다는 점을 들어 인간과 동물의 근본적 차이를 부정하는 이들도 있다. 현대의 ⓒ 공리주의 생명윤리학자들은 이성이나 언어 능력에서 인간과 동물이 차이가 있더라도 동물실험이 정당화되는 것은 아니라고 본다. 이들에게 도덕적 차원에서 중요한 기준은 고통을 느낄 수 있는지 여부이다. 인종이나 성별과 무관하게 고통은 최소화되어야 하듯, 동물이 겪고 있는 고통도 마찬가지이다. 이들이 문제 삼는 것은 동물실험 자체라기보다는 그것이 초래하는 전체 복지의 감소에 있다. 따라서 동물에 대한 충분한 배려 속에서 전체적인 복지를 증대시킬 수 있다면, 일부 동물실험은 허용될 수 있다.

이와 달리, 현대 철학자 ㉣ 리건은 몇몇 포유류의 경우 각 동물 개체가 삶의 주체로서 갖는 가치가 있다고 주장하면서, 이 동물에게는 실험에 이용되지 않을 권리가 있다고 본다. 이러한 고유한 가치를 지닌 존재는 존중되어야 하며 결코 수단으로 취급되어서는 안 된다. 따라서 개체로서의 가치와 동물권을 지니는 대상은 그 어떤 실험에도 사용되지 않아야 한다.

① ⊙과 ⓒ은 이성과 도덕을 갖춘 인간의 이익을 우선시하기 때문에 동물실험에 찬성한다.
② ⊙과 ⓒ은 동물이 고통을 느낄 수 있는지 여부에 관해 견해가 서로 다르다.
③ ⓒ과 ㉣은 인간과 동물의 근본적 차이로 인해 동물을 인간과 다르게 대우해도 좋다고 본다.
④ ⓒ은 언어와 이성 능력에서 인간과 동물이 차이가 있음을 부정한다.
⑤ ㉣은 동물이 고통을 느낄 수 있는 존재이기 때문에 각 동물 개체가 삶의 주체로서 가치를 지닌다고 본다.

31 다음은 K프랜차이즈의 지역별 가맹점 수와 결제 실적에 관한 자료이다. 이에 대한 설명으로 옳지 않은 것은?

〈표 1〉 K프랜차이즈의 지역별 가맹점 수, 결제 건수 및 결제 금액

(단위 : 개, 건, 만 원)

지역	구분	가맹점 수	결제 건수	결제 금액
서울		1,269	142,248	241,442
6대 광역시	부산	34	3,082	7,639
	대구	8	291	2,431
	인천	20	1,317	2,548
	광주	8	306	793
	대전	13	874	1,811
	울산	11	205	635
전체		1,363	148,323	257,299

〈표 2〉 K프랜차이즈의 가맹점 규모별 결제 건수 및 결제 금액

(단위 : 건, 만 원)

가맹점 규모	구분	결제 건수	결제 금액
소규모		143,565	250,390
중규모		3,476	4,426
대규모		1,282	2,483
전체		148,323	257,299

① 서울 지역 소규모 가맹점의 결제 건수는 137,000건 이하이다.
② 6대 광역시 가맹점의 결제 건수 합은 6,000건 이상이다.
③ 결제 건수 대비 결제 금액을 가맹점 규모별로 비교할 때 가장 작은 가맹점 규모는 중규모이다.
④ 가맹점 수 대비 결제 금액이 가장 큰 지역은 대구이다.
⑤ 전체 가맹점 수에서 서울 지역 가맹점 수 비중은 90% 이상이다.

32 다음은 2020 ~ 2022년 방송사 A ~ D의 방송심의규정 위반에 따른 제재 현황을 나타낸 자료이다. 이를 참고하여 작성한 그래프로 옳지 않은 것은?

〈방송사별 제재 건수〉

(단위 : 건)

연도 제재 방송사	2020년		2021년		2022년	
	법정제재	권고	법정제재	권고	법정제재	권고
A	21	1	12	36	5	15
B	25	3	13	29	20	20
C	12	1	8	25	14	20
D	32	1	14	30	24	34
전체	90	6	47	120	63	89

※ 제재는 법정제재와 권고로 구분된다.

① 방송사별 법정제재 건수 변화

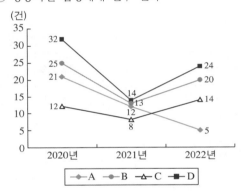

② 연도별 방송사 전체의 법정제재 및 권고 건수

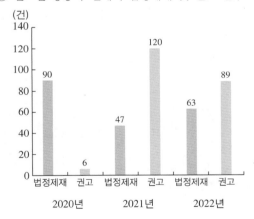

③ 2020년 법정제재 건수의 방송사별 구성비

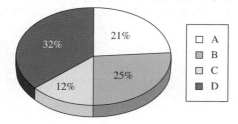

④ 2021년 방송사별 법정제재 및 권고 건수

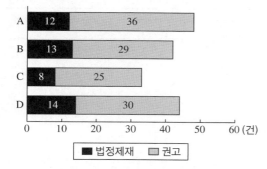

⑤ 2021년과 2022년 방송사별 권고 건수

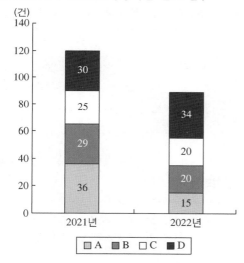

제3회 모의고사

33 다음은 A대리의 3월 출장내역을 나타낸 자료이다. 〈조건〉을 근거로 판단할 때, A대리가 3월 출장여비로 받을 수 있는 총액은?

<표>
		〈A대리의 3월 출장내역〉		
구분	출장지	출장 시작 및 종료 시각	비고
출장 1	세종시	14 ~ 16시	법인차량 사용
출장 2	인천시	14 ~ 18시	–
출장 3	서울시	9 ~ 16시	업무추진비 사용

〈조건〉

- 출장여비 기준
  - 출장여비는 출장수당과 교통비의 합이다.
  1) 세종시 출장
     - 출장수당 : 1만 원
     - 교통비 : 2만 원
  2) 세종시 이외 출장
     - 출장수당 : 2만 원(13시 이후 출장 시작 또는 15시 이전 출장 종료 시 1만 원 차감)
     - 교통비 : 3만 원
- 출장수당의 경우 업무추진비 사용 시 1만 원이 차감되며, 교통비의 경우 법인차량 사용 시 1만 원이 차감된다.

① 6만 원
② 7만 원
③ 8만 원
④ 9만 원
⑤ 10만 원

34 다음 내용을 근거로 판단할 때, A시에서 B시까지의 거리는?

갑은 을이 운전하는 자동차를 타고 A시에서 B시를 거쳐 C시로 가는 중이었다. A, B, C는 일직선 상에 순서대로 있으며, 을은 자동차를 일정한 속력으로 운전하여 도시 간 최단 경로로 이동했다. A시를 출발한지 20분 후 갑은 을에게 지금까지 얼마나 왔는지 물어보았다.

"여기서부터 B시까지 거리의 딱 절반만큼 왔어."라고 을이 대답하였다.

그로부터 75km를 더 간 후에 갑은 다시 물어보았다.

"C시까지는 얼마나 남았지?"

을은 다음과 같이 대답했다.

"여기서부터 B시까지 거리의 딱 절반만큼 남았어."

그로부터 30분 뒤에 갑과 을은 C시에 도착하였다.

① 35km
② 40km
③ 45km
④ 50km
⑤ 55km

35 다음 〈조건〉을 근거로 판단할 때, 〈보기〉에서 옳은 설명을 모두 고르면?

─〈조건〉─

- 한글 단어의 '단어점수'는 그 단어를 구성하는 자음으로만 결정된다.
- '단어점수'는 각기 다른 자음의 '자음점수'를 모두 더한 값을 그 단어를 구성하는 자음 종류의 개수로 나눈 값이다.
- '자음점수'는 그 자음이 단어에 사용된 횟수만큼 2를 거듭제곱한 값이다. 단, 사용되지 않는 자음의 '자음점수'는 0이다.

  예 글자 수가 4개인 '셋방살이'는 ㅅ 3개, ㅇ 2개, ㅂ 1개, ㄹ 1개의 자음으로 구성되므로 '단어점수'는 $\dfrac{2^3+2^2+2^1+2^1}{4}$ 의 값인 4점이다.

※ 의미가 없는 글자의 나열도 단어로 인정한다.

─〈보기〉─

ㄱ. '각기'는 '논리'보다 단어점수가 더 높다.
ㄴ. 단어의 글자 수가 달라도 단어점수가 같을 수 있다.
ㄷ. 글자 수가 4개인 단어의 단어점수는 250점을 넘을 수 없다.

① ㄴ
② ㄷ
③ ㄱ, ㄴ
④ ㄱ, ㄷ
⑤ ㄱ, ㄴ, ㄷ

36 다음 〈조건〉에 따라 A ~ G도시를 인구 순위대로 빠짐없이 배열하려고 한다. 추가로 필요한 정보는?

─〈조건〉─

- 인구가 같은 도시는 없다.
- C시의 인구는 D시의 인구보다 적다.
- F시의 인구는 G시의 인구보다 적다.
- C시와 F시는 인구 순위에서 바로 인접해 있다.
- B시의 인구가 가장 많고, E시의 인구가 가장 적다.
- C시의 인구는 A시의 인구와 F시의 인구를 합친 것보다 많다.

① A시의 인구가 F시의 인구보다 많다.
② C시와 D시는 인구 순위에서 바로 인접해 있다.
③ C시의 인구는 G시의 인구보다 적다.
④ D시의 인구는 F시의 인구보다 많고 B시의 인구보다 적다.
⑤ G시의 인구가 A시의 인구보다 많다.

37 다음 글을 근거로 판단할 때, 〈보기〉에서 옳은 것만을 모두 고르면?

방사선은 원자핵이 분열하면서 방출되는 것으로 우리의 몸속을 비집고 들어오면 인체를 구성하는 분자들에 피해를 준다. 인체에 미치는 방사선 피해 정도는 'rem'이라는 단위로 표현된다. 1rem은 몸무게 1g당 감마선 입자 5천만 개가 흡수된 양으로 사람의 몸무게를 80kg으로 가정하면 4조 개의 감마선 입자에 해당한다. 감마선은 방사선 중에 관통력이 가장 강하다. 체르노빌 사고 현장에서 소방대원의 몸에 흡수된 감마선 입자는 각종 보호 장구에도 불구하고 400조 개 이상이었다.

만일 우리 몸이 방사선에 100rem 미만으로 피해를 입는다면 별다른 증상이 없다. 이처럼 가벼운 손상은 몸이 스스로 짧은 시간에 회복할 뿐만 아니라, 정상적인 신체 기능에 거의 영향을 미치지 않는다. 이 경우 '문턱효과'가 있다고 한다. 일정량 이하 바이러스가 체내에 들어오는 경우 우리 몸이 스스로 바이러스를 제거하여 질병에 걸리지 않는 것도 문턱효과의 예라 할 수 있다. 방사선에 200rem 정도로 피해를 입는다면 머리카락이 빠지기 시작하고, 몸에 기운이 없어지고 구역질이 난다. 항암 치료로 방사선 치료를 받는 사람에게 이런 증상이 나타나는 것을 본 적이 있을 것이다. 300rem 정도라면 수혈이나 집중적인 치료를 받지 않는 한 방사선 피폭에 의한 사망 확률이 50%에 달하고, 1,000rem 정도면 한 시간 내에 행동불능 상태가 되어 어떤 치료를 받아도 살 수 없다.

※ 모든 감마선 입자의 에너지는 동일하다.

───────〈보기〉───────

ㄱ. 몸무게 120kg 이상인 사람은 방사선에 300rem 정도로 피해를 입은 경우 수혈이나 치료를 받지 않아도 사망할 확률이 거의 없다.

ㄴ. 몸무게 50kg인 사람이 500조 개의 감마선 입자에 해당하는 방사선을 흡수한 경우 머리카락이 빠지기 시작하고 구역질을 할 것이다.

ㄷ. 인체에 유입된 일정량 이하의 유해 물질이 정상적인 신체 기능에 거의 영향을 주지 않으면서 우리 몸에 의해 자연스럽게 제거되는 경우 문턱효과가 있다고 할 수 있다.

ㄹ. 체르노빌 사고 현장에 투입된 몸무게 80kg의 소방대원 A씨가 입은 방사선 피해는 100rem 이상이었다.

① ㄱ, ㄴ
② ㄴ, ㄷ
③ ㄱ, ㄴ, ㄹ
④ ㄱ, ㄷ, ㄹ
⑤ ㄴ, ㄷ, ㄹ

38 다음 중 (가) ~ (라)를 논리적 순서대로 바르게 나열한 것은?

> (가) 회전문의 축은 중심에 있다. 축을 중심으로 통상 네 짝의 문이 계속 돌게 되어 있다. 마치 계속 열려 있는 듯한 착각을 일으키지만, 사실은 네 짝의 문이 계속 안 또는 밖을 차단하도록 만든 것이다. 실질적으로는 열려 있는 순간 없이 계속 닫혀 있는 셈이다.
>
> (나) 문은 열림과 닫힘을 위해 존재한다. 이 본연의 기능을 하지 못한다는 점에서 계속 닫혀 있는 문이 무의미하듯이, 계속 열려 있는 문 또한 그 존재 가치와 의미가 없다. 그런데 현대 사회의 문은 대부분의 경우 닫힌 구조로 사람들을 맞고 있다. 따라서 사람들을 환대하는 것이 아니라 박대하고 있다고 할 수 있다. 그 대표적인 예가 회전문이다. 가만히 회전문의 구조와 그 기능을 머릿속에 그려보라. 그것이 어떤 식으로 열리고 닫히는지 알고는 놀랄 것이다.
>
> (다) 회전문은 인간이 만들고 실용화한 문 가운데 가장 문명적이고 가장 발전된 형태로 보일지 모르지만, 사실상 열림을 가장한 닫힘의 연속이기 때문에 오히려 가장 야만적이며 가장 미개한 형태의 문이다.
>
> (라) 또한, 회전문을 이용하는 사람들은 회전문의 구조와 운동 메커니즘에 맞추어야 실수 없이 문을 통과해 안으로 들어가거나 밖으로 나올 수 있다. 어린아이, 허약한 사람, 또는 민첩하지 못한 노인은 쉽게 그것에 맞출 수 없다. 더구나 휠체어를 탄 사람이라면 더 말할 나위도 없다. 이들에게 회전문은 문이 아니다. 실질적으로 닫혀 있는 기능만 하는 문은 문이 아니기 때문이다.

① (가) - (나) - (라) - (다)　　　　② (가) - (라) - (나) - (다)
③ (나) - (가) - (라) - (다)　　　　④ (나) - (다) - (라) - (가)
⑤ (다) - (가) - (라) - (나)

39 K공사 A연구원은 하반기 성과조사를 위해 특수사업소를 방문하고자 한다. 시간상 A연구원은 7개의 특수사업소 중 일부만 방문가능하다. 〈조건〉에 따라 방문할 특수사업소를 결정할 때, A연구원이 방문할 특수사업소에 대한 설명으로 옳은 것은?

〈조건〉
- 인재개발원은 반드시 방문해야 한다.
- 생활연구원을 방문하면 설비진단처는 방문하지 않는다.
- 전력기반센터와 인재개발원 중 한 곳만 방문한다.
- 인재개발원을 방문하면 경영지원처는 방문하지 않는다.
- ICT인프라처를 방문하면 자재검사처는 방문하지 않는다.
- 설비진단처, 경영지원처, ICT인프라처 중에 최소한 두 곳은 반드시 방문한다.
---

① ICT인프라처를 방문하지 않는다.
② 생활연구원을 방문한다.
③ 경영지원처와 전력기반센터를 모두 방문한다.
④ ICT인프라처는 방문하지만, 생활연구원은 방문하지 않는다.
⑤ 자재검사처는 방문하고, 설비진단처는 방문하지 않는다.

40 K공사에 다니는 W사원은 이번 달 영국에서 5일 동안 일을 마치고 한국에 돌아와 일주일 후 스페인으로 다시 4일간의 출장을 간다고 한다. 자료를 참고하여 W사원이 영국과 스페인 출장에 들어갈 총비용을 A~C은행에서 환전할 때 필요한 원화의 최댓값과 최솟값의 차이는 얼마인가?(단, 출장비는 해외여비와 교통비의 합이다)

<표>

〈국가별 1일 여비〉

구분	영국	스페인
1일 해외여비	50파운드	60유로

〈국가별 교통비 및 추가 지급비용〉

구분	영국	스페인
교통비(비행시간)	380파운드(12시간)	870유로(14시간)
초과 시간당 추가 지급비용	20파운드	15유로

※ 교통비는 편도 항공권 비용이며, 비행시간도 편도에 해당한다.
※ 편도 비행시간이 10시간을 초과하면 시간당 추가 비용이 지급된다.

〈은행별 환율 현황〉

구분	매매기준율(KRW)	
	원/파운드	원/유로
A은행	1,470	1,320
B은행	1,450	1,330
C은행	1,460	1,310

① 31,900원
② 32,700원
③ 33,500원
④ 34,800원
⑤ 35,200원

41 다음 대화와 K여행사 해외여행 상품을 근거로 판단할 때, 세훈이 선택할 여행지는?

> 인희 : 다음 달 셋째 주에 연휴던데, 그때 여행갈 계획 있어?
>
> 세훈 : 응, 이번에는 꼭 가야지. 월요일, 수요일, 금요일이 공휴일이잖아. 그래서 우리 회사에서는 화요일과 목요일에만 연가를 쓰면 앞뒤 주말 포함해서 최대 9일 연휴가 되더라고. 그런데 난 연가가 하루밖에 남지 않아서 그렇게 길게는 안 돼. 그래도 이번엔 꼭 해외여행을 갈 거야.
>
> 인희 : 어디로 갈 생각이야?
>
> 세훈 : 나는 어디로 가든 상관없는데 여행지에 도착할 때까지 비행기를 오래 타면 너무 힘들더라고. 그래서 편도로 총 비행시간이 9시간을 넘지 않으면서 직항 노선이 있는 곳으로 가려고.
>
> 인희 : 여행기간은 어느 정도로 할 거야?
>
> 세훈 : 남은 연가를 잘 활용해서 주어진 기간 내에서 최대한 길게 다녀오려고 해. A여행사 해외여행 상품 중에 하나를 정해서 다녀올 거야.

〈K여행사 해외여행 상품〉

여행지	여행기간(한국시각 기준)	총 비행시간(편도)	비행기 환승 여부
두바이	4박 5일	8시간	직항
모스크바	6박 8일	8시간	직항
방콕	4박 5일	7시간	1회 환승
홍콩	3박 4일	5시간	직항
뉴욕	4박 5일	14시간	직항

① 두바이   ② 모스크바

③ 방콕   ④ 홍콩

⑤ 뉴욕

42 다음은 A지역의 기상관측 자료이다. 이에 대한 〈보기〉의 설명으로 옳은 것을 모두 고르면?

〈표 1〉 월별 기상관측 결과

월 \ 구분	평균습도(%)	평균기온(℃)	강수일수(일)	강수량(mm)
1	67	( )	8	4.5
2	64	-3	7	19.0
3	62	3	6	27.0
4	64	11	14	141.2
5	68	16	9	27.4
6	71	21	10	65.1
7	79	24	14	210.2
8	( )	25	22	668.8
9	73	20	15	252.4
10	71	13	5	10.7
11	70	( )	12	44.5
12	68	-2	9	67.8

〈표 2〉 평균습도와 평균기온의 월수 분포

평균기온(℃) \ 평균습도(%)	65 미만	65 이상 70 미만	70 이상 75 미만	75 이상 80 미만	80 이상	합계
-5 미만	0	1	0	0	0	1
-5 이상 0 미만	1	1	0	0	0	2
0 이상 5 미만	1	0	0	0	0	1
5 이상 10 미만	0	0	1	0	0	1
10 이상 15 미만	1	0	1	0	0	2
15 이상 20 미만	0	1	0	0	0	1
20 이상	0	0	2	1	1	4
합계	3	3	4	1	1	12

※ 월수는 해당 조건에 부합하는 월 빈도를 의미함

〈보기〉
ㄱ. 평균습도가 가장 높은 월에 강수일수와 강수량도 가장 많다.
ㄴ. 평균기온이 가장 낮은 월에 강수량도 가장 적다.
ㄷ. 11월의 평균기온은 3월보다 높다.
ㄹ. 평균기온이 높은 월일수록 강수일수당 강수량이 많다.
ㅁ. 평균기온이 0℃ 미만인 월의 강수일수의 합은 8월의 강수일수보다 적다.

① ㄱ, ㄴ, ㄷ ② ㄱ, ㄴ, ㄹ
③ ㄱ, ㄷ, ㄹ ④ ㄴ, ㄹ, ㅁ
⑤ ㄷ, ㄹ, ㅁ

43 다음은 A지역 2022년 주요 버섯의 도·소매가와 주요 버섯 소매가의 전년 동분기 대비 등락액을 나타낸 자료이다. 이에 대한 설명으로 옳은 것을 〈보기〉에서 모두 고르면?

〈2022년 주요 버섯의 도·소매가〉

(단위 : 원/kg)

버섯종류 구분	분기	1분기	2분기	3분기	4분기
느타리	도매	5,779	6,752	7,505	7,088
	소매	9,393	9,237	10,007	10,027
새송이	도매	4,235	4,201	4,231	4,423
	소매	5,233	5,267	5,357	5,363
팽이	도매	1,886	1,727	1,798	2,116
	소매	3,136	3,080	3,080	3,516

〈2022년 주요 버섯 소매가의 전년 동분기 대비 등락액〉

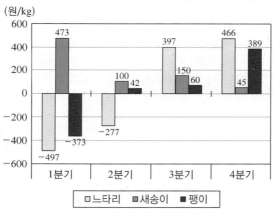

〈보기〉

ㄱ. 2022년 매분기 느타리 1kg의 도매가는 팽이 3kg의 도매가보다 높다.
ㄴ. 2021년 매분기 팽이의 소매가는 3,000원/kg 이상이다.
ㄷ. 2022년 1분기 새송이의 소매가는 2021년 4분기에 비해 상승했다.
ㄹ. 2022년 매분기 느타리의 소매가는 도매가의 1.5배 미만이다.

① ㄱ, ㄴ ② ㄱ, ㄷ
③ ㄴ, ㄷ ④ ㄴ, ㄹ
⑤ ㄷ, ㄹ

44 다음 글을 근거로 판단할 때, 〈보기〉에서 인공임신중절수술이 허용되는 경우만을 모두 고르면?

제1조(인공임신중절수술의 허용한계)

① 의사는 다음 각 호의 어느 하나에 해당되는 경우에만 본인과 배우자(사실상의 혼인관계에 있는 사람을 포함한다. 이하 같다)의 동의를 받아 인공임신중절수술을 할 수 있다.

  1. 본인이나 배우자가 대통령령으로 정하는 우생학적(優生學的) 또는 유전학적 정신장애나 신체질환이 있는 경우

  2. 본인이나 배우자가 대통령령으로 정하는 전염성 질환이 있는 경우

  3. 강간 또는 준강간(準强姦)에 의하여 임신된 경우

  4. 법률상 혼인할 수 없는 혈족 또는 인척 간에 임신된 경우

  5. 임신의 지속이 보건의학적 이유로 모체의 건강을 심각하게 해치고 있거나 해칠 우려가 있는 경우

② 제1항의 경우에 배우자의 사망·실종·행방불명, 그 밖에 부득이한 사유로 동의를 받을 수 없으면 본인의 동의만으로 그 수술을 할 수 있다.

③ 제1항의 경우 본인이나 배우자가 심신장애로 의사표시를 할 수 없을 때에는 그 친권자나 후견인의 동의로, 친권자나 후견인이 없을 때에는 부양의무자의 동의로 각각 그 동의를 갈음할 수 있다.

〈시행령〉

제1조(인공임신중절수술의 허용한계)

① 법 제1조에 따른 인공임신중절수술은 임신 24주일 이내인 사람만 할 수 있다.

② 법 제1조 제1항 제1호에 따라 인공임신중절수술을 할 수 있는 우생학적 또는 유전학적 정신장애나 신체질환은 연골무형성증, 낭성섬유증 및 그 밖의 유전성 질환으로서 그 질환이 태아에 미치는 위험성이 높은 질환으로 한다.

③ 법 제1조 제1항 제2호에 따라 인공임신중절수술을 할 수 있는 전염성 질환은 풍진, 톡소플라즈마증 및 그 밖에 의학적으로 태아에 미치는 위험성이 높은 전염성 질환으로 한다.

〈보기〉

ㄱ. 태아에 미치는 위험성이 높은 연골무형성증의 질환이 있는 임신 20주일 임산부와 그 남편이 동의한 경우

ㄴ. 풍진을 앓고 있는 임신 28주일 임산부가 동의한 경우

ㄷ. 남편이 실종 중인 상황에서 임신중독증으로 생명이 위험한 임신 20주일 임산부가 동의한 경우

ㄹ. 남편이 실업자가 되어 도저히 아이를 키울 수 없다고 판단한 임신 16주일 임산부와 그 남편이 동의한 경우

---

① ㄱ, ㄴ

② ㄱ, ㄷ

③ ㄴ, ㄹ

④ ㄱ, ㄷ, ㄹ

⑤ ㄴ, ㄷ, ㄹ

45 다음 글에서 추론할 수 있는 내용으로 옳은 것은?

어떤 시점에 당신만이 느끼는 어떤 감각을 지시하여 'W'라는 용어의 의미로 삼는다고 해 보자. 그 이후에 가끔 그 감각을 느끼게 되면, "W'라고 불리는 그 감각이 나타났다."고 당신은 말할 것이다. 그렇지만 그 경우에 당신이 그 용어를 올바로 사용했는지 그렇지 않은지를 어떻게 결정할 수 있는가? 만에 하나 첫 번째 감각을 잘못 기억할 수도 있는 것이고, 혹은 실제로는 단지 희미하고 어렴풋한 유사성밖에 없는데도 첫 번째 감각과 두 번째 감각 사이에 밀접한 유사성이 있는 것으로 착각할 수도 있다. 더구나 그것이 착각인지 아닌지를 판단할 근거가 없다. 만약 'W'라는 용어의 의미가 당신만이 느끼는 그 감각에만 해당한다면, 'W'라는 용어의 올바른 사용과 잘못된 사용을 구분할 방법은 어디에도 없게 될 것이다. 올바른 적용에 관해 결정을 내릴 수 없는 용어는 아무런 의미도 갖지 않는다.

① 본인만이 느끼는 감각을 지시하는 용어는 아무 의미도 없다.
② 어떤 용어도 구체적 사례를 통해서 의미를 얻게 될 수 없다.
③ 감각을 지시하는 용어는 사용하는 사람에 따라 상대적인 의미를 갖는다.
④ 감각을 지시하는 용어의 의미는 그것이 무엇을 지시하는가와 아무 상관이 없다.
⑤ 감각을 지시하는 용어의 의미는 다른 사람들과 공유하는 의미로 확장될 수 있다.

46 다음 〈조건〉을 근거로 판단할 때, 초록 모자를 쓰고 있는 사람과 A의 입장에서 왼쪽에 앉은 사람을 바르게 짝지은 것은?

───────〈조건〉───────
• A ~ D가 정사각형 테이블의 각 면에 한 명씩 둘러앉아 있다.
• 빨강, 파랑, 노랑, 초록 색깔의 모자 4개가 있다. A ~ D는 이 중 서로 다른 색깔의 모자 하나씩을 쓰고 있다.
• A와 B는 여자이고 C와 D는 남자이다.
• A 입장에서 왼쪽에 앉은 사람은 파란 모자를 쓰고 있다.
• B 입장에서 왼쪽에 앉은 사람은 초록 모자를 쓰고 있지 않다.
• C 맞은편에 앉은 사람은 빨간 모자를 쓰고 있다.
• D 맞은편에 앉은 사람은 노란 모자를 쓰고 있지 않다.
• 노란 모자를 쓴 사람과 초록 모자를 쓴 사람 중 한 명은 남자이고 한 명은 여자이다.

	초록 모자를 쓰고 있는 사람	A의 입장에서 왼쪽에 앉은 사람
①	A	B
②	A	D
③	B	C
④	B	D
⑤	C	B

47 다음은 K사의 여비규정과 국외여비정액표이다. A이사가 아래 여행일정에 따라 국외출장을 가는 경우, 총 일비, 총 숙박비, 총 식비는 각각 얼마인가?(다만 국가 간 이동은 모두 항공편으로 한다)

〈여비규정〉

제1조(여비의 종류)
여비는 운임·일비·숙박비·식비·이전비·가족여비 및 준비금 등으로 구분한다.

제2조(여행일수의 계산)
여행일수는 여행에 실제로 소요되는 일수에 의한다. 국외여행의 경우에는 국내 출발일은 목적지를, 국내 도착일은 출발지를 여행하는 것으로 본다.

제3조(여비의 구분계산)
① 여비 각 항목은 구분하여 계산한다.
② 같은 날에 여비액을 달리하여야 할 경우에는 많은 액을 기준으로 지급한다. 다만 숙박비는 숙박지를 기준으로 한다.

제4조(일비·숙박비·식비의 지급)
① 국외여행자의 경우는 국외여비정액표에서 정하는 바에 따라 지급한다.
② 일비는 여행일수에 따라 지급한다.
③ 숙박비는 숙박하는 밤의 수에 따라 지급한다. 다만 항공편 이동 중에는 따로 숙박비를 지급하지 아니한다.
④ 식비는 여행일수에 따라 이를 지급한다. 다만 항공편 이동 중 당일의 식사 기준시간이 모두 포함되어 있는 경우는 식비를 제공하지 않는다.
⑤ 식사 시간은 현지 시각 8시(조식), 12시(중식), 18시(석식)를 기준으로 한다.

〈국외여비정액표〉

(단위 : 달러)

구분	국가등급	일비	숙박비	식비(1일 기준)
이사	다	80	233	102
	라	70	164	85

〈A이사의 여행일정〉

• 1일째 : (06:00) 출국
• 2일째 : (07:00) 갑국(다 등급지역) 도착
　　　　　(18:00) 만찬
• 3일째 : (09:00) 회의
　　　　　(15:00) 갑국 출국
　　　　　(17:00) 을국(라 등급지역) 도착
• 4일째 : (09:00) 회의
　　　　　(18:00) 만찬
• 5일째 : (22:00) 을국 출국
• 6일째 : (20:00) 귀국
※ 시각은 현지 기준이고, 날짜변경선의 영향은 없는 것으로 가정한다.

	총 일비(달러)	총 숙박비(달러)	총 식비(달러)
①	440	561	374
②	440	725	561
③	450	561	374
④	450	561	561
⑤	450	725	561

48 다음 글을 근거로 판단할 때, K연구소 신입직원 7명(A ~ G)의 부서배치 결과로 옳지 않은 것은?

K연구소에서는 신입직원 7명을 선발하였으며, 신입직원들을 각 부서에 배치하고자 한다. 각 부서에서 요구한 인원은 다음과 같다.

정책팀	재정팀	국제팀
2명	4명	1명

신입직원들은 각자 원하는 부서를 2지망까지 지원하며, 1·2지망을 고려하여 이들을 부서에 배치한다. 먼저 1지망 지원부서에 배치하는데, 요구인원보다 지원인원이 많은 경우에는 입사성적이 높은 신입직원을 우선적으로 배치한다. 1지망 지원부서에 배치되지 못한 신입직원은 2지망 지원부서에 배치되는데, 이때 역시 1지망에 따른 배치 후 남은 요구인원보다 지원인원이 많은 경우 입사성적이 높은 신입직원을 우선적으로 배치한다. 1·2지망 지원부서 모두에 배치되지 못한 신입직원은 요구인원을 채우지 못한 부서에 배치된다.

신입직원 7명의 입사성적 및 1·2지망 지원부서는 아래와 같다. A의 입사성적만 전산에 아직 입력되지 않았는데, 82점 이상이라는 것만 확인되었다. 단, 입사성적의 동점자는 없다.

신입직원	A	B	C	D	E	F	G
입사성적	?	81	84	78	96	80	93
1지망	국제	국제	재정	국제	재정	정책	국제
2지망	정책	재정	정책	정책	국제	재정	정책

① A의 입사성적이 90점이라면, A는 정책팀에 배치된다.

② A의 입사성적이 95점이라면, A는 국제팀에 배치된다.

③ B는 재정팀에 배치된다.

④ C는 재정팀에 배치된다.

⑤ D는 정책팀에 배치된다.

49 다음은 OECD 주요 국가별 삶의 만족도 및 관련 지표를 나타낸 것이다. 이에 대한 설명으로 옳지 않은 것은?

〈OECD 주요 국가별 삶의 만족도 및 관련 지표〉

(단위 : 점, %, 시간)

국가＼구분	삶의 만족도	장시간근로자비율	여가·개인 돌봄시간
덴마크	7.6	2.1	16.1
아이슬란드	7.5	13.7	14.6
호주	7.4	14.2	14.4
멕시코	7.4	28.8	13.9
미국	7.0	11.4	14.3
영국	6.9	12.3	14.8
프랑스	6.7	8.7	15.3
이탈리아	6.0	5.4	15.0
일본	6.0	22.6	14.9
한국	6.0	28.1	14.6
에스토니아	5.4	3.6	15.1
포르투갈	5.2	9.3	15.0
헝가리	4.9	2.7	15.0

※ 장시간근로자비율은 전체 근로자 중 주 50시간 이상 근무한 근로자의 비율임

① 삶의 만족도가 가장 높은 국가는 장시간근로자비율도 가장 낮다.
② 한국의 장시간근로자비율은 삶의 만족도가 가장 낮은 국가의 장시간근로자비율의 10배 이상이다.
③ 삶의 만족도가 한국보다 낮은 국가들의 장시간근로자비율의 산술평균은 이탈리아의 장시간근로자비율보다 높다.
④ 여가·개인 돌봄시간이 가장 긴 국가와 가장 짧은 국가의 삶의 만족도 차이는 0.3점 이하이다.
⑤ 장시간근로자비율이 미국보다 낮은 국가의 여가·개인 돌봄시간은 모두 미국의 여가·개인 돌봄시간보다 길다.

50 다음은 성인 500명이 응답한 온라인 도박과 오프라인 도박 관련 조사결과에 대한 자료이다. 이에 대한 설명으로 옳은 것을 〈보기〉에서 모두 고르면?

〈온라인 도박과 오프라인 도박 관련 조사결과〉

(단위 : 명)

온라인＼오프라인	×	△	○	합계
×	250	21	2	( )
△	113	25	6	144
○	59	16	8	( )
합계	422	( )	( )	500

※ 1) × : 경험이 없고 충동을 느낀 적도 없음
　2) △ : 경험은 없으나 충동을 느낀 적이 있음
　3) ○ : 경험이 있음

─〈보기〉─

ㄱ. 온라인 도박 경험이 있다고 응답한 사람은 83명이다.

ㄴ. 오프라인 도박에 대해, '경험은 없으나 충동을 느낀 적이 있음'으로 응답한 사람은 전체 응답자의 10% 미만이다.

ㄷ. 온라인 도박 경험이 있다고 응답한 사람 중 오프라인 도박 경험이 있다고 응답한 사람의 비중은 전체 응답자 중 오프라인 도박 경험이 있다고 응답한 사람의 비중보다 크다.

ㄹ. 온라인 도박에 대해, '경험이 없고 충동을 느낀 적도 없음'으로 응답한 사람은 전체 응답자의 50% 이하이다.

① ㄱ, ㄴ
② ㄱ, ㄷ
③ ㄷ, ㄹ
④ ㄱ, ㄴ, ㄷ
⑤ ㄱ, ㄷ, ㄹ

51 다음 글의 문맥상 (가) ~ (라)에 가장 적절한 말을 〈보기〉에서 골라 바르게 나열한 것은?

심각한 수준의 멸종 위기에 처한 생태계를 보호하기 위해 생물다양성 관련 정책이 시행되고 있다. 먼저 보호지역 지정은 생물다양성을 보존하는 데 반드시 필요한 정책 수단이다. 이 정책 수단은 각국에 의해 빈번히 사용되었다. 그러나 보호지역의 숫자는 생물다양성의 보존과 지속가능한 이용 정책의 성공 여부를 피상적으로 알려주는 지표에 지나지 않으며, _____(가)_____ 없이는 생물다양성의 감소를 막을 수 없다. 세계자연보전연맹에 따르면, 보호지역으로 지정되었음에도 실제로는 최소한의 것도 실시되지 않는 곳이 많다. 보호지역 관리에 충분한 인력을 투입하는 것은 보호지역 수를 늘리는 것만큼이나 필요하다.

_____(나)_____ 은/는 민간시장에서 '생물다양성 관련 제품과 서비스'가 갖는 가치와 사회 전체 내에서 그것이 갖는 가치 간의 격차를 해소하기 위해 도입된다. 이를 통해 생태계 훼손에 대한 비용 부담은 높이고 생물다양성의 보존, 강화, 복구 노력에 대해서는 보상을 한다. 상품으로서의 가치와 공공재로서의 가치 간의 격차를 좁히는 데에 원칙적으로 이 제도만큼 적합한 것이 없다.

생물다양성을 증가시키는 유인책 중에서 _____(다)_____ 의 효과가 큰 편이다. 시장 형성이 마땅치 않아 이전에는 무료로 이용할 수 있었던 것에 대해 요금을 부과함으로써 생태계의 무분별한 이용을 억제하는 것이 이 제도의 골자이다. 최근 이 제도의 도입 사례가 증가하고 있으며 앞으로도 늘어날 전망이다.

생물다양성 친화적 제품 시장에 대한 전망에는 관련 정보를 지닌 소비자들이 _____(라)_____ 을/를 선택할 것이라는 가정이 전제되어야 한다. 친환경 농산물, 무공해 비누, 생태 관광 등에 대한 인기가 증대되고 있는 현상은 소비자들이 친환경 제품이나 서비스에 더 비싼 값을 지불할 수도 있다는 사실을 보여주는 사례이다.

─────〈보기〉─────

ㄱ. 생태계 사용료
ㄴ. 경제 유인책
ㄷ. 생물다양성 보호 제품
ㄹ. 보호조치

	(가)	(나)	(다)	(라)
①	ㄱ	ㄴ	ㄹ	ㄷ
②	ㄴ	ㄱ	ㄷ	ㄹ
③	ㄴ	ㄹ	ㄷ	ㄱ
④	ㄹ	ㄱ	ㄷ	ㄴ
⑤	ㄹ	ㄴ	ㄱ	ㄷ

52 다음 상황에 대하여 K부장에게 조언할 수 있는 말로 가장 적절한 것은?

> K부장은 얼마 전에 자신의 부서에 들어온 두 명의 신입사원 때문에 고민 중이다. 신입사원 A씨는 꼼꼼하고 차분하지만 대인관계가 서투르며, 신입사원 B씨는 사람들과 금방 친해지는 친화력을 가졌으나, 업무에 세심하지 못한 모습을 보여주고 있다. 이러한 성격으로 인해 A씨는 현재 영업 업무를 맡아 자신에게 어려운 대인관계로 인해 스트레스를 받고 있으며, B씨는 재고 관리 업무에 대해 재고 기록을 누락시키는 등의 실수를 반복하고 있다.

① 조직 구조를 이해시켜야 한다.   ② 의견의 불일치를 해결해야 한다.
③ 개인의 강점을 활용해야 한다.   ④ 주관적인 결정을 내려야 한다.
⑤ 팀의 풍토를 발전시켜야 한다.

53 다음은 K회사 인트라넷에 올라온 컴퓨터의 비프음과 관련된 문제 해결 방법에 대한 공지사항이다. 부팅 시 비프음 소리와 해결방법에 대한 설명으로 적절하지 않은 것은?

> 안녕하십니까.
> 최근 사용하시는 컴퓨터를 켤 때 비프음 소리가 평소와 다르게 들리는 경우가 종종 있습니다.
> 해당 비프음 소리별 발생 원인과 해결 방법을 공지하오니 참고해주시기 바랍니다.
>
> 〈비프음으로 진단하는 컴퓨터 상태〉
>
> – 짧게 1번 : 정상
> – 짧게 2번 : 바이오스 설정이 올바르지 않은 경우, 모니터에 오류 메시지가 나타나게 되므로 참고하여 문제 해결
> – 짧게 3번 : 키보드가 불량이거나 올바르게 꽂혀 있지 않은 경우
> – 길게 1번+짧게 1번 : 메인보드 오류
> – 길게 1번+짧게 2번 : 그래픽 카드의 접촉 점검
> – 길게 1번+짧게 3번 : 쿨러의 고장 등 그래픽 카드 접촉 점검
> – 길게 1번+짧게 9번 : 바이오스의 초기화, A/S 점검
> – 아무 경고음도 없이 모니터가 켜지지 않을 때 : 전원 공급 불량 또는 합선, 파워서플라이의 퓨즈 점검, CPU나 메모리의 불량
> – 연속으로 울리는 경고음 : 시스템 오류, 메인보드 점검 또는 각 부품의 접촉 여부와 고장 확인

① 짧게 2번 울릴 때는 모니터에 오류 메시지가 뜨니 원인을 참고해 해결할 수 있다.
② 비프음이 길게 1번, 짧게 1번 울렸을 때 CPU를 교체해야 한다.
③ 길게 1번, 짧게 9번 울리면 바이오스 ROM 오류로 바이오스의 초기화 또는 A/S가 필요하다.
④ 키보드가 올바르게 꽂혀 있지 않은 경우 짧게 3번 울린다.
⑤ 연속으로 울리는 경고음은 시스템 오류일 수 있다.

54 K회사에는 직원들의 편의를 위해 휴게실에 전자레인지가 구비되어 있다. E사원은 회사의 기기를 관리하는 업무를 맡고 있다. 어느 날, 동료 사원들로부터 전자레인지를 사용할 때 가끔씩 불꽃이 튀고 음식이 잘 데워지지 않는다는 이야기를 들었다. 제품 설명서를 토대로 서비스를 접수하기 전에 점검할 사항이 아닌 것은?

증상	원인	조치 방법
전자레인지가 작동하지 않는다.	• 전원 플러그가 콘센트에 바르게 꽂혀 있습니까? • 문이 확실히 닫혀 있습니까? • 배전판 퓨즈나 차단기가 끊어지지 않았습니까? • 조리방법을 제대로 선택하셨습니까? • 혹시 정전은 아닙니까?	• 전원 플러그를 바로 꽂아 주십시오. • 문을 다시 닫아 주십시오. • 끊어졌으면 교체하고 연결시켜 주십시오. • 취소를 누르고 다시 시작하십시오.
동작 시 불꽃이 튄다.	• 조리실 내벽에 금속 제품 등이 닿지 않았습니까? • 금선이나 은선으로 장식된 그릇을 사용하고 계십니까? • 조리실 내에 찌꺼기가 있습니까?	• 벽에 닿지 않도록 하십시오. • 금선이나 은선으로 장식된 그릇은 사용하지 마십시오. • 깨끗이 청소해 주십시오.
조리 상태가 나쁘다.	• 조리 순서, 시간 등 사용 방법을 잘 선택하셨습니까?	• 요리책을 다시 확인하고 사용해 주십시오.
회전 접시가 불균일하게 돌거나 돌지 않는다.	• 회전 접시와 회전 링이 바르게 놓여 있습니까?	• 각각을 정확한 위치에 놓아 주십시오.
불의 밝기나 동작 소리가 불균일하다.	• 출력의 변화에 따라 일어난 현상이니 안심하고 사용하셔도 됩니다.	

① 조리실 내 위생 상태 점검
② 사용 가능 용기 확인
③ 사무실, 전자레인지 전압 확인
④ 조리실 내벽 확인
⑤ 조리 순서와 시간 확인

※ 다음에 제시된 업무추진절차를 보고 이어지는 질문에 답하시오. [55~56]

자료송부	해외주재관으로부터 주간 국제동향 송부, 매주 화요일까지
⇩	
자료취합	주재국별 핵심사항 등 자료 정리
⇩	
자료보고	• 작성된 국제동향을 온 나라 시스템에 메모보고(사무관급 이상) • 보고사항 중 우리부 관련 사항은 해당업무에 전달
⇩	
자료송부	총괄된 국제동향을 각 해외주재관에게 재송부

55 P씨는 상사에게 해당 업무추진절차를 한눈에 파악하기 쉽게 추진체계도로 정리하라는 지시를 받았다. 다음 중 P씨가 정리해야 할 추진체계도로 가장 적절한 것은?

①

| 해외주재관 | 국제동향 송부 → ← 총괄 국제동향 송부 | 국제협력담당관실 | 처리사항 전달 → ← 총괄자료 메모 보고 | 관련 부서 사무관 이상 전 직원 |

②

| 해외주재관 | 국제동향 송부 → ← 총괄 국제동향 송부 | 국제협력담당관실 | 총괄자료 메모 보고 → → 처리사항 전달 | 관련 부서 사무관 이하 전 직원 |

③

| 해외주재관 | 총괄 국제동향 송부 → 국제동향 송부 | 국제협력담당관실 | 처리사항 전달 → ← 총괄자료 메모 보고 | 관련 부서 사무관 이하 전 직원 |

④

| 해외주재관 | 국제동향 송부 → 총괄 국제동향 송부 | 국제협력담당관실 | 처리사항 전달 → 총괄자료 메모 보고 | 관련 부서 사무관 이상 전 직원 |

⑤

| 해외주재관 | 총괄 국제동향 송부 → ← 국제동향 송부 | 국제협력담당관실 | 처리사항 전달 → 총괄자료 메모 보고 | 관련 부서 사무관 이상 전 직원 |

56 업무추진절차를 바탕으로 각 부서의 담당 역할에 대해 구분한 내용으로 적절하지 않은 것은?

① 국제협력담당관실 : 우리부 관련 사항 해당부서에 전달
② 해외주재관 : 각국의 우리부 관련 사항 및 정치·경제사항 등 동향 송부
③ 우리부 관련 부서 : 주재관에게 총괄 취합된 자료의 재전송
④ 국제협력담당관실 : 해외주재관으로부터 자료 취합 및 보고
⑤ 우리부 관련 부서 : 주재국 관련 우리부에서 조치할 사항 처리

57 다음 대화 내용을 토대로 〈보기〉에서 B선임이 취했어야 할 적절한 행동을 순서대로 바르게 나열한 것은?

A팀장 : 자네 정신이 있는 겐가? 임원회의에서 PT를 맡은 사람이 지각하면 어떡하나? 그러고도 프로젝트 관리자야?

B선임 : 죄송합니다. 하지만 어쩔 수 없는 사정이 있었습니다.

A팀장 : 무슨 큰일이라도 있었나?

B선임 : 출근길에 앞서 가던 할머니께서 계단을 오르다 심하게 넘어지셔서 병원에 모셔다 드릴 수밖에 없었습니다.

─────〈보기〉─────

㉠ 구급대원의 도착을 확인하고 회사로 이동한다.
㉡ 가장 가까운 병원을 검색한다.
㉢ 상사에게 상황을 보고하고 조치한다.
㉣ 할머니를 최대한 빨리 병원으로 모시고 간다.
㉤ 119에 신고한다.

① ㉡ - ㉢ - ㉣
② ㉡ - ㉢ - ㉤
③ ㉤ - ㉡ - ㉠
④ ㉤ - ㉢ - ㉠
⑤ ㉢ - ㉡ - ㉣

58 다음 글에서 밑줄 친 결론을 이끌어내기 위해 추가해야 할 전제만을 〈보기〉에서 모두 고르면?

이미지란 우리가 세계에 대해 시각을 통해 얻는 표상을 가리킨다. 상형문자나 그림문자를 통해서 얻은 표상도 여기에 포함된다. 이미지는 세계의 실제 모습을 아주 많이 닮았으며 그러한 모습을 우리 뇌 속에 복제한 결과이다. 그런데 우리의 뇌는 시각적 신호를 받아들일 때 시야에 들어온 세계를 한꺼번에 하나의 전체로 받아들이게 된다. 즉 대다수의 이미지는 한꺼번에 지각된다. 예를 들어 우리는 새의 전체 모습을 한꺼번에 지각하지 머리, 날개, 꼬리 등을 개별적으로 지각한 후 이를 머릿속에서 조합하는 것이 아니다.

표음문자로 이루어진 글을 읽는 것은 이와는 다른 과정이다. 표음문자로 구성된 문장에 대한 이해는 그 문장의 개별적인 문법적 구성요소들로 이루어진 특정한 수평적 연속에 의존한다. 문장을 구성하는 개별 단어들, 혹은 각 단어를 구성하는 개별 문자들이 하나로 결합되어 비로소 의미 전체가 이해되는 것이다. 비록 이 과정이 너무도 신속하고 무의식적으로 이루어지기는 하지만 말이다. 알파벳을 구성하는 기호들은 개별적으로는 아무런 의미도 가지지 않으며 어떠한 이미지도 나타내지 않는다. 일련의 단어군은 한꺼번에 파악될 수도 있겠지만, 표음문자의 경우 대부분 언어는 개별 구성 요소들이 하나의 전체로 결합되는 과정을 통해 이해된다. 남성적인 사고는, 사고 대상 전체를 구성요소 부분으로 분해한 후 그들 각각을 개별화시키고 이를 다시 재조합하는 과정으로 진행된다. 그에 비해 여성적인 사고는, 분해되지 않은 전체 이미지를 통해서 의미를 이해하는 특징을 지닌다. 그림문자로 구성된 글의 이해는 여성적인 사고 과정을, 표음문자로 구성된 글의 이해는 남성적인 사고 과정을 거친다. 여성은 대체로 여성적 사고를, 남성은 대체로 남성적 사고를 한다는 점을 고려할 때 표음문자 체계의 보편화는 여성의 사회적 권력을 약화시키는 결과를 낳게 된다.

─────〈보기〉─────
ㄱ. 그림문자를 쓰는 사회에서는 남성의 사회적 권력이 여성의 그것보다 우월하였다.
ㄴ. 표음문자 체계는 기능적으로 분화된 복잡한 의사소통을 가능하도록 하였다.
ㄷ. 글을 읽고 이해하는 능력은 사회적 권력에 영향을 미친다.

① ㄱ
② ㄴ
③ ㄷ
④ ㄱ, ㄴ
⑤ ㄴ, ㄷ

59 다음은 2021년과 2022년 A대학 학생들의 10개 소셜미디어 이용률에 관한 설문조사 자료이다. 이에 대한 설명으로 옳은 것을 〈보기〉에서 모두 고르면?

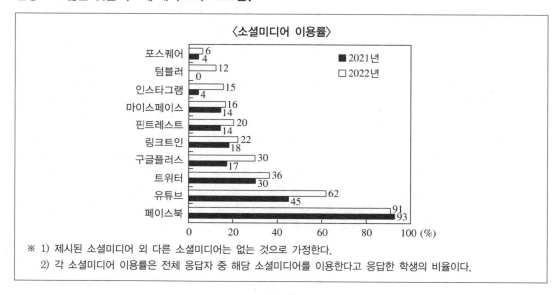

※ 1) 제시된 소셜미디어 외 다른 소셜미디어는 없는 것으로 가정한다.
　2) 각 소셜미디어 이용률은 전체 응답자 중 해당 소셜미디어를 이용한다고 응답한 학생의 비율이다.

―――――〈보기〉―――――

ㄱ. 2021년과 2022년 모두 이용률이 가장 높은 소셜미디어는 페이스북이다.
ㄴ. 2022년 소셜미디어 이용률 상위 5개 순위는 2021년과 다르다.
ㄷ. 2022년 이용률이 2021년에 비해 가장 큰 폭으로 증가한 소셜미디어는 구글플러스이다.
ㄹ. 2022년 이용률이 2021년에 비해 감소한 소셜미디어는 1개이다.
ㅁ. 2021년 이용률이 50% 이상인 소셜미디어는 유튜브와 페이스북이다.

① ㄱ, ㄴ, ㄹ　　　　　　　② ㄱ, ㄴ, ㅁ
③ ㄱ, ㄷ, ㄹ　　　　　　　④ ㄴ, ㄷ, ㅁ
⑤ ㄷ, ㄹ, ㅁ

60 A~D 4개의 밭이 나란히 있다. 첫 해에 A에는 장미, B에는 진달래, C에는 튤립을 심었고, D에는 아무 것도 심지 않았다. 그리고 2년 차에는 C에 아무 것도 심지 않기로 하였다. 〈조건〉이 다음과 같을 때, 3년 차에 가능한 것은?

─────────────〈조건〉─────────────

- 한 밭에는 한 가지 꽃만 심는다.
- 심을 수 있는 꽃은 장미, 튤립, 진달래, 백합, 나팔꽃이다.
- 한 가지 꽃을 두 군데 이상 심으면 안 된다.
- 장미와 튤립을 인접해서 심으면 안 된다.
- 전 해에 장미를 심었던 밭에는 아무 것도 심지 않거나 진달래를 심고, 진달래를 심었던 밭에는 아무 것도 심지 않거나 장미를 심어야 한다(단, 아무 것도 심지 않았던 밭에는 그 전 해에 장미를 심었으면 진달래를, 진달래를 심었으면 장미를 심어야 한다).
- 매년 한 군데 밭에만 아무 것도 심지 않아야 한다.
- 각각의 밭은 4년에 한 번만 아무 것도 심지 않아야 한다.
- 전 해에 심지 않은 꽃 중 적어도 한 가지는 심어야 한다.
- 튤립은 2년에 1번씩 심어야 한다.

	A	B	C	D
①	장미	진달래	튤립	심지 않음
②	심지 않음	진달래	나팔꽃	백합
③	장미	심지 않음	나팔꽃	튤립
④	심지 않음	진달래	백합	나팔꽃
⑤	장미	진달래	심지 않음	튤립

www.sdedu.co.kr

5권

제4회
NCS 전 유형 원큐

PSAT형 모의고사

〈문항 및 시험시간〉

평가영역	문항 수	시험시간	모바일 OMR 답안채점 / 성적분석 서비스
의사소통능력＋수리능력＋문제해결능력＋ 자기개발능력＋자원관리능력＋대인관계능력＋ 정보능력＋기술능력＋조직이해능력＋직업윤리	60문항	60분	

제4회 PSAT형 모의고사

| 문항 수 : 60문항 |
| 시험시간 : 60분 |

┃ 의사소통능력

01 다음 글에서 알 수 있는 것은?

> 탁주는 혼탁한 술이다. 탁주는 알코올 농도가 낮고, 맑지 않아 맛이 텁텁하다. 반면 청주는 탁주에 비해 알코올 농도가 높고 맑은 술이다. 그러나 얼마만큼 맑아야 청주이고 얼마나 흐려야 탁주인가 하는 질문에는 명쾌하게 답을 내리기가 쉽지 않다. 탁주의 정의 자체에 혼탁이라는 다소 불분명한 용어가 쓰이기 때문이다. 과학적이라고 볼 수는 없지만, 투명한 병에 술을 담고 그 병 뒤에 작은 물체를 두었을 경우 그 물체가 희미하게 보이거나 아예 보이지 않으면 탁주라고 부른다. 술을 담은 병 뒤에 둔 작은 물체가 희미하게 보일 때 이 술의 탁도는 350ebc 정도이다. 청주의 탁도는 18ebc 이하이며, 탁주 중에 막걸리는 탁도가 1,500ebc 이상인 술이다.
>
> 막걸리를 만들기 위해서는 찹쌀, 보리, 밀가루 등을 시루에 쪄서 만든 지에밥이 필요하다. 적당히 말린 지에밥에 누룩, 효모와 물을 섞어 술독에 넣고 나서 며칠 지나면 막걸리가 만들어진다. 술독에서는 미생물에 의한 당화과정과 발효과정이 거의 동시에 일어나며, 이 두 과정을 통해 지에밥의 녹말이 알코올로 바뀌게 된다. 효모가 녹말을 바로 분해하지 못하므로, 지에밥에 들어 있는 녹말을 엿당이나 포도당으로 분해하는 당화과정에서는 누룩곰팡이가 중요한 역할을 한다. 누룩곰팡이가 갖고 있는 아밀라아제는 녹말을 잘게 잘라 엿당이나 포도당으로 분해한다. 이 당화과정에서 만들어진 엿당이나 포도당을 효모가 알코올로 분해하는 과정을 발효과정이라 한다. 당화과정과 발효과정 중에 나오는 에너지로 인하여 열이 발생하게 되며, 이 열로 술독 내부의 온도인 품온(品溫)이 높아진다. 품온은 막걸리의 질과 풍미를 결정하기에 적정 품온이 유지되도록 술독을 관리해야 하는데, 일반적인 적정 품온은 23 ~ 28℃이다.
>
> ※ ebc : 유럽양조협회에서 정한 탁도의 단위

① 청주와 막걸리의 탁도는 다르지만 알코올 농도는 같다.

② 지에밥의 녹말이 알코올로 변하면서 발생하는 열이 품온을 높인다.

③ 누룩곰팡이가 지닌 아밀라아제는 엿당이나 포도당을 알코올로 분해한다.

④ 술독에 넣는 효모의 양을 조절하면 청주와 막걸리를 구분하여 만들 수 있다.

⑤ 막걸리를 만들 때, 술독 안의 당화과정은 발효과정이 완료된 이후에 시작된다.

02 다음 중 (가)와 (나)에 들어갈 값을 바르게 연결한 것은?

〈팀별 인원 수 및 평균점수〉

(단위 : 명, 점)

구분	A	B	C
인원수	( )	( )	( )
평균점수	40.0	60.0	90.0

※ 각 참가자는 A, B, C팀 중 하나의 팀에만 속하고, 개인별로 점수를 획득함

※ (팀 평균점수)= $\dfrac{(\text{해당 팀 참가자 개인별 점수의 합})}{(\text{해당 팀 참가자 인원수})}$

〈팀 연합 인원수 및 평균점수〉

(단위 : 명, 점)

구분	A+B	B+C	C+A
인원수	30	120	(가)
평균점수	52.5	77.5	(나)

※ A+B는 A팀과 B팀, B+C는 B팀과 C팀, C+A는 C팀과 A팀의 인원을 합친 팀 연합임

※ (팀 연합 평균점수)= $\dfrac{(\text{해당 팀 연합 참가자 개인별 점수의 합})}{(\text{해당 팀 연합 참가자 인원수})}$

	(가)	(나)
①	90	72.5
②	90	75.0
③	100	72.5
④	100	75.0
⑤	120	72.5

03 다음은 2022년 K시 5개 구 주민의 돼지고기 소비량에 관한 자료이다. 주어진 〈조건〉을 참고할 때, 변동계수가 3번째로 큰 구는?

〈5개 구 주민의 돼지고기 소비량 통계〉

(단위 : kg)

구분	평균(1인당 소비량)	표준편차
A구	( )	5.0
B구	( )	4.0
C구	30.0	6.0
D구	12.0	4.0
E구	( )	8.0

※ (변동계수)＝$\dfrac{(표준편차)}{(평균)}$×100

〈조건〉
- A구의 1인당 소비량과 B구의 1인당 소비량을 합하면 C구의 1인당 소비량과 같다.
- A구의 1인당 소비량과 D구의 1인당 소비량을 합하면 E구 1인당 소비량의 2배와 같다.
- E구의 1인당 소비량은 B구의 1인당 소비량보다 6.0kg 더 많다.

① A구
② B구
③ C구
④ D구
⑤ E구

04 다음은 J기술원 소속 인턴들의 직업선호 유형 및 책임자의 관찰 사항에 대한 자료이다. 이를 참고할 때, 소비자들의 불만을 접수해서 처리하는 업무를 맡기기에 가장 적합한 인턴은 누구인가?

〈직업선호 유형 및 책임자의 관찰 사항〉

구분	유형	유관 직종	책임자의 관찰 사항
A인턴	RI	DB개발, 요리사, 철도기관사, 항공기 조종사, 직업군인, 운동선수, 자동차 정비원	부서 내 기기 사용에 문제가 생겼을 때 해결방법을 잘 찾아냄
B인턴	AS	배우, 메이크업 아티스트, 레크리에이션 강사, 광고기획자, 디자이너, 미술교사, 사회복지사	자기주장이 강하고 아이디어가 참신한 경우가 종종 있었음
C인턴	CR	회계사, 세무사, 공무원, 비서, 통역가, 영양사, 사서, 물류전문가	무뚝뚝하나 잘 흥분하지 않으며, 일처리가 신속하고 정확함
D인턴	SE	사회사업가, 여행안내원, 교사, 한의사, 응급구조요원, 스튜어디스, 헤드헌터, 국회의원	부서 내 사원들에게 인기 있으나 일처리는 조금 늦은 편임
E인턴	IA	건축설계, 게임기획, 번역, 연구원, 프로그래머, 의사, 네트워크엔지니어	분석적이나 부서 내에서 잘 융합되지 못하고, 겉도는 것처럼 보임

① A인턴
② B인턴
③ C인턴
④ D인턴
⑤ E인턴

05 다음 글에 근거할 때, 갑이 내년 1월 1일부터 12월 31일까지 아래 작물(A ~ D)만을 재배하여 최대로 얻을 수 있는 소득은?

갑은 각 작물별 재배 기간과 재배 가능 시기를 고려하여 작물 재배 계획을 세우고자 한다. 아래 표의 네 가지 작물 중 어느 작물이든 재배할 수 있으나, 동시에 두 가지 작물을 재배할 수는 없다. 또한, 하나의 작물을 같은 해에 두 번 재배할 수도 없다.

〈작물 재배 조건〉

작물	1회 재배 기간	재배 가능 시기	1회 재배로 얻을 수 있는 소득
A	4개월	3월 1일 ~ 11월 30일	800만 원
B	5개월	2월 1일 ~ 11월 30일	1,000만 원
C	3개월	3월 1일 ~ 11월 30일	500만 원
D	3개월	2월 1일 ~ 12월 31일	350만 원

① 1,500만 원
② 1,650만 원
③ 1,800만 원
④ 1,850만 원
⑤ 2,150만 원

06 K회사는 새롭게 개발한 립스틱을 대대적으로 홍보하고 있다. 다음 글을 읽고 대안으로 가장 적절한 것은?

> K회사 립스틱의 특징은 지속력과 선명한 색상, 그리고 20대 여성을 타깃으로 한 아기자기한 디자인이다. 하지만 립스틱의 홍보가 안 되고 있어 매출이 좋지 않다. 조사결과 저가 화장품이라는 브랜드 이미지 때문인 것으로 드러났다.

① 블라인드 테스트를 통해 제품의 질을 인정받는다.
② 홍보비를 두 배로 늘려 더 많이 광고한다.
③ 브랜드 이름을 최대한 감추고 홍보한다.
④ 무료 증정 이벤트를 연다.
⑤ 타깃을 30대 여성으로 바꾼다.

07 S사원은 컴퓨터 구매조건에 따라 컴퓨터를 구입하려고 한다. 〈조건〉이 다음과 같을 때, 구입할 컴퓨터로 적절한 것은?

〈컴퓨터 구매조건〉

항목 컴퓨터	램 메모리 용량 (Giga Bytes)	하드 디스크 용량 (Tera Bytes)	가격 (천 원)
A	4	2	500
B	16	1	1,500
C	4	3	2,500
D	16	2	2,500
E	8	1	1,500

─〈조건〉─
• 컴퓨터를 구입할 때, 램 메모리 용량, 하드 디스크 용량, 가격을 모두 고려한다.
• 램 메모리와 하드 디스크 용량이 크면 클수록, 가격은 저렴하면 저렴할수록 선호한다.
• 각 항목별로 가장 선호하는 경우 100점, 가장 선호하지 않는 경우 0점, 그 외의 경우 50점을 각각 부여한다. 선호도가 같을 경우에는 동일한 점수를 부여한다.
• 가격은 다른 항목보다 중요하다고 생각하여 2배의 점수를 부여한다.
• 각 항목별 점수의 합이 가장 큰 컴퓨터를 구입한다.

① A컴퓨터 　　　　　　　　　　② B컴퓨터
③ C컴퓨터 　　　　　　　　　　④ D컴퓨터
⑤ E컴퓨터

08 자동차 회사에 근무하고 있는 P씨는 중국 공장에 점검차 방문하기 위해 교통편을 알아보고 있다. 내일 새벽 비행기를 타기 위한 여러 가지 방법 중 가장 적은 비용으로 공항에 도착하는 방법은?

〈숙박요금〉

구분	공항 근처 모텔	공항 픽업 호텔	회사 근처 모텔
요금	80,000원	100,000원	40,000원

〈대중교통 요금 및 소요시간〉

구분	버스	택시
회사 → 공항 근처 모텔	20,000원 / 3시간	40,000원 / 1시간 30분
회사 → 공항 픽업 호텔	10,000원 / 1시간	20,000원 / 30분
회사 → 회사 근처 모텔	근거리이므로 무료	
공항 픽업 호텔 → 공항	픽업으로 무료	
공항 근처 모텔 → 공항		
회사 근처 모텔 → 공항	20,000원 / 3시간	40,000원 / 1시간 30분

※ 소요시간도 금액으로 계산한다(30분당 5,000원).

① 공항 근처 모텔로 버스 타고 이동 후 숙박
② 공항 픽업 호텔로 버스 타고 이동 후 숙박
③ 공항 픽업 호텔로 택시 타고 이동 후 숙박
④ 회사 근처 모텔에서 숙박 후 버스 타고 공항 이동
⑤ 회사 근처 모텔에서 숙박 후 택시 타고 공항 이동

09 식음료 제조회사에 근무하는 사원 L씨는 울산에 있는 공장에 업무차 방문하기 위해 교통편을 알아보고 있는 중이다. L씨는 목요일 오전 업무를 마치고 오후 12시에 출발이 가능하며, 당일 오후 3시까지 공장에 도착해야 한다. 다음의 자료를 보고 L씨가 선택할 교통편으로 가장 적절한 것은?(단, 도보이동 시간은 고려하지 않는다)

〈울산 공장 위치 및 전화번호〉

울산광역시 울주군 기성면 망양리 00-0(전화번호 : 052-123-4567)

〈회사에서 이동수단 장소까지의 소요시간〉

출발지	도착지	소요시간
회사	김포공항	40분
	고속버스터미널	15분
	서울역	30분

〈이동수단별 소요시간〉

구분	운행 요일	출발지	출발시각	소요시간
비행기	매일	김포공항	(정각기준)30분 간격	1시간
고속버스	월 / 수 / 금	고속버스터미널	매 시 정각	4시간 20분
KTX	매일	서울역	매 시 정각	2시간 15분

〈공장까지의 소요시간〉

교통편	출발지	소요시간
버스	울산터미널	1시간 30분
	울산공항	1시간 50분
	울산역	1시간 20분
택시	울산터미널	50분
	울산공항	30분
	울산역	15분
공항 리무진 버스	울산공항	1시간 5분

① KTX – 택시
② KTX – 버스
③ 비행기 – 택시
④ 비행기 – 공항 리무진 버스
⑤ 고속버스 – 택시

10 다음 글의 내용이 참일 때, 외부 인사의 이름이 될 수 있는 것은?

A공사 인사팀 직원들은 지난 회의에서 만났던 외부 인사 세 사람에 대해 얘기하고 있다. 직원들은 외부 인사들의 이름은 모두 정확하게 기억하고 있다. 하지만 그들의 성(姓)에 대해서는 그렇지 않다.

혜민 : 김지후와 최준수와는 많은 대화를 나눴는데, 이진서와는 거의 함께 할 시간이 없었어.
민준 : 나도 이진서와 최준수와는 시간을 함께 보낼 수 없었어. 그런데 지후는 최씨였어.
서현 : 진서가 최씨였고, 다른 두 사람은 김준수와 이지후였지.

세 명의 직원들은 외부 인사에 대하여 각각 단 한 명씩의 성명만을 올바르게 기억하고 있으며, 외부 인사들의 성씨는 각각 김씨, 이씨, 최씨이다.

① 김진서, 이준수, 최지후
② 최진서, 김준수, 이지후
③ 이진서, 김준수, 최지후
④ 최진서, 이준수, 김지후
⑤ 김진서, 최준수, 이지후

※ 다음 글을 읽고 이어지는 질문에 답하시오. [11~12]

입사 1년 차인 박사원은 얼마 전 경력개발에 대한 사내교육에 참여하게 되었다. 경력개발이라는 말을 들어 본 적은 있는데 막연하기도 했고 사내에서 이야기해 주는 선배들도 없어서 '나도 그런 게 필요한가?'라는 생각을 하고 있던 찰나에 회사에서 진행하는 강의에 참여하게 된 것이다.

강의에서는 4차 산업혁명과 일자리 변화에 따라 경력개발은 누구에게나 중요하다는 것을 강조했다. 원격근무 등 사회 환경의 변화, 급변하는 경제 상황에 따른 기업의 전략 변경 주기의 단축, 업무 성과평가 구체화로 인한 능력주의 문화의 확대에 따라 조직 내 요구, 개인의 요구에 따라 경력개발 계획을 세우고 이를 관리해 나가야 한다고 이야기했다. 오랜 시간을 일하면 일에 대한 전문성도 생기고 승진도 어느 정도까지는 하게 될 것이라는 막연한 생각을 가지고 있었는데 강연을 계기로 내가 일을 하는 경력에도 계획을 세워서 실천해 나가야 한다는 것을 느꼈다. 또한, 생애주기 관점에서 직업과 현실의 여러 측면을 고려해 경력관리를 해야 한다는 생각도 갖게 되었다.

▮ 자기개발능력

11 다음 중 박사원이 강연을 듣고 경력개발에 대해 생각한 것으로 적절하지 않은 것은?

① 경력은 직위, 직무와 관련된 역할이나 활동뿐만 아니라 여기에 영향을 주고받는 환경적 요소도 포함한다.
② 누구든지 일과 관련된 활동을 하고 있으면 경력을 추구하는 것이다.
③ 경력은 전문적인 일이나 특정 직업에만 한정된 개념이며, 승진을 추구하는 것이다.
④ 모든 사람은 각자 독특한 직무, 지위, 경험을 쌓기 때문에 각자 나름대로 독특한 경력을 추구하게 된다.
⑤ 사회적, 경제적 환경의 변화에 따라 개인의 경력개발 관리가 더욱 중요시되고 있다.

▮ 자기개발능력

12 다음 중 박사원이 경력개발 계획을 세울 때 반영해야 할 조직 요구사항에 해당하지 않는 것은?

① 직무환경의 변화
② 중견사원의 이직 증가
③ 경영전략의 변화
④ 능력주의 문화의 확대
⑤ 사회 환경의 변화

13 상담원인 귀하는 전자파와 관련된 고객의 문의전화를 받았다. 가전제품 전자파 절감 가이드라인을 참고했을 때, 상담내용 중 옳지 않은 것을 모두 고르면?

〈가전제품 전자파 절감 가이드라인〉

오늘날 전자파는 우리 생활을 풍요롭고 편리하게 해주는 떼려야 뗄 수 없는 존재가 되었습니다. 일상생활에서 사용하는 가전제품의 전자파 세기는 매우 미약하고 안전하지만 여전히 걱정이 된다구요? 그렇다면 일상생활에서 전자파를 줄이는 가전제품 사용 가이드라인에 대해 알려드리겠습니다.

1. 생활가전제품 사용 시에는 가급적 30cm 이상 거리를 유지하세요
   - 가전제품의 전자파는 30cm 거리를 유지하면 밀착하여 사용할 때보다 1/10로 줄어듭니다.
2. 전기장판은 담요를 깔고, 온도는 낮게, 온도조절기는 멀리 하세요.
   - 전기장판의 자기장은 3～5cm 두께의 담요나 이불을 깔고 사용하면 밀착 시에 비해 50% 정도 줄어듭니다.
   - 전기장판의 자기장은 저온(취침모드)으로 낮춰 사용하면 고온으로 사용할 때에 비해 50% 줄어듭니다.
   - 온도조절기와 전원접속부는 전기장판보다 전자파가 많이 발생하니 가급적 멀리 두고 사용하세요.
3. 전자레인지 동작 중에는 가까운 거리에서 들여다보지 마세요.
   - 사람의 눈은 민감하고 약한 부위에 해당되므로 전자레인지 동작 중에는 가까운 거리에서 내부를 들여다보는 것을 삼가는 것이 좋습니다.
4. 헤어드라이기를 사용할 때에는 커버를 분리하지 마세요.
   - 커버가 없을 경우 사용부위(머리)와 가까워져 전자파에 2배 정도 더 노출 됩니다.
5. 가전제품은 필요한 시간만 사용하고 사용 후에는 항상 전원콘센트를 뽑아 두세요.
   - 가전제품을 사용한 후 전원콘센트를 뽑아 두면 불필요한 전자파를 줄일 수 있습니다.
6. 시중에서 판매되고 있는 전자파 차단 필터는 효과가 없습니다.
7. 숯, 선인장 등은 전자파를 줄이거나 차단하는 효과가 없습니다.

상담원 : 안녕하십니까, 고객상담팀 김○○입니다.

고객 : 안녕하세요, 문의할 게 있어서 전화했습니다. 이번에 전기장판을 사용하는데 윙윙거리는 전자파 소리가 들려서 도저히 불안해서 사용할 수가 없네요. 전기장판에서 발생하는 전자파는 어느 정도인가요?

상담원 : ㉠ 일상생활에서 사용하는 모든 가전제품에서는 전자파가 나오지만 그 세기는 매우 미약하고 안전하니 걱정하지 않으셔도 됩니다.

고객 : 하지만 괜히 몸도 피곤하고 전기장판에서 자면 개운하지 않은 것 같아서요.

상담원 : ㉡ 혹시 온도조절기가 몸과 가까이 있지 않나요? 온도조절기와 전원접속부는 전기장판보다 전자파가 더 많이 발생하니 멀리 두고 사용하면 전자파를 줄일 수 있습니다.

고객 : 네, 온도조절기가 머리 가까이 있었는데 위치를 바꿔야겠네요.

상담원 : ㉢ 또한 전기장판은 저온으로 장시간 이용하는 것보다 고온으로 온도를 올리고 있다가 저온으로 낮춰 사용하는 것이 전자파 절감에 더 효과가 있습니다.

고객 : 그럼 혹시 핸드폰에서 발생하는 전자파를 절감할 수 있는 방법도 있나요?

상담원 : ㉣ 핸드폰의 경우 시중에 판매하는 전자파 차단 필터를 사용하시면 50% 이상의 차단 효과를 보실 수 있습니다.

---

① ㉠, ㉡
② ㉠, ㉢
③ ㉡, ㉢
④ ㉡, ㉣
⑤ ㉢, ㉣

14 다음은 LPG 차량의 동절기 관리 요령에 대한 자료이다. 이를 읽고 이해한 내용으로 적절하지 않은 것은?

〈LPG 차량의 동절기 관리 요령〉

LPG 차량은 가솔린이나 경유에 비해 비등점이 낮은 특징을 갖고 있기 때문에 대기온도가 낮은 겨울철에 시동성이 용이하지 못한 결점이 있습니다. 동절기 시동성 향상을 위해 다음 사항을 준수하시기 바랍니다.

▶ **LPG 충전**
  – 동절기에 상시 운행지역을 벗어나 추운지방을 이동할 경우에는 도착지 LPG 충전소에서 연료를 완전 충전하시면 다음날 시동이 보다 용이합니다. 이는 지역별로 외기온도에 따라 시동성 향상을 위해 LPG 내에 포함된 프로판 비율이 다르며, 추운 지역의 LPG는 프로판 비율이 높습니다(동절기에는 반드시 프로판 비율이 15 ~ 35%를 유지하도록 관련 법규에 명문화되어 있습니다).

▶ **주차시 요령**
  – 가급적 건물 내 또는 주차장에 주차하는 것이 좋으나, 부득이 옥외에 주차할 경우에는 엔진 위치가 건물벽 쪽을 향하도록 주차하거나, 차량 앞쪽을 해가 뜨는 방향으로 주차함으로써 태양열의 도움을 받을 수 있도록 하는 것이 좋습니다.

▶ **시동 요령**
  – 엔진 시동 전에 반드시 안전벨트를 착용하여 주십시오.
  – 주차 브레이크 레버를 당겨 주십시오.
  – 모든 전기장치는 OFF하여 주십시오.
  – 점화스위치를 'ON' 위치로 하여 주십시오.
  – 저온(혹한기) 조건에서는 계기판에 PTC 작동 지시등이 점등됩니다.
    • PTC 작동 지시등의 점등은 차량 시동성 향상을 위한 것으로 부품의 성능에는 영향이 없습니다.
    • 주행 후 단시간 시동 시에는 점등되지 않을 수 있습니다.
  – PTC 작동 지시등이 소등되었는지 확인 후, 엔진 시동을 걸어 주십시오.

▶ **시동 시 주의 사항**
  – 시동이 잘 안 걸리면 엔진 시동을 1회에 10초 이내로만 실시하십시오. 계속해서 엔진 시동을 걸면 배터리가 방전될 수 있습니다.

▶ **시동직후 주의 사항**
  – 저온시 엔진 시동 후 계기판에 가속방지 지시등이 점등됩니다.
  – 가속방지 지시등의 점등은 주행성 향상을 위한 것으로 부품의 성능에는 영향이 없습니다.
  – 가속방지 지시등 점등 시 고속 주행을 삼가십시오.
  – 가속방지 지시등 점등 시 급가속, 고속주행은 연비 및 엔진꺼짐 등의 문제가 발생할 수 있습니다.
  – 가급적 가속방지 지시등 소등 후에 주행하여 주시길 바랍니다.

---

① 옥외에 주차할 경우 차량 앞쪽을 해가 뜨는 방향에 주차하는 것이 좋다.
② 동절기에 LPG 충전소에서 연료를 완전 충전하면 다음날 시동이 용이하다.
③ 추운 지역의 LPG는 따뜻한 지역보다 프로판 비율이 낮다.
④ 가속방지 지시등 점등 시 고속 주행을 삼가도록 한다.
⑤ 시동이 잘 안 걸릴 경우에는 엔진 시동을 1회에 10초 이내로 하는 것이 좋다.

15 다음 글에서 추론할 수 있는 것만을 〈보기〉에서 모두 고르면?

20세기 초만 해도 전체 사망자 중 폐암으로 인한 사망자의 비율은 극히 낮았다. 그러나 20세기 중반에 들어서면서, 이 병으로 인한 사망률은 크게 높아졌다. 이러한 변화를 우리는 어떻게 설명할 수 있을까? 여러 가지 가설이 가능한 것으로 보인다. 예를 들어 자동차를 이용하면서 운동 부족으로 사람들의 폐가 약해졌을지도 모른다. 또는 산업화 과정에서 증가한 대기 중의 독성 물질이 도시 거주자들의 폐에 영향을 주었을지도 모른다. 하지만 담배가 그 자체로 독인 니코틴을 함유하고 있다는 것이 사실로 판명되면서, 흡연이 폐암으로 인한 사망의 주요 요인이라는 가설은 다른 가설들보다 더 그럴듯해 보이기 시작한다. 담배 두 갑에 들어 있는 니코틴이 화학적으로 정제되어 혈류 속으로 주입된다면, 그것은 치사량이 된다. 이러한 가설을 지지하는 또 다른 근거는 담배 연기로부터 추출된 타르를 쥐의 피부에 바르면 쥐가 피부암에 걸린다는 사실에 기초해 있다. 이미 18세기 이후 영국에서는 타르를 함유한 그을음 속에서 일하는 굴뚝 청소부들이 다른 사람들보다 피부암에 더 잘 걸린다는 것이 정설이었다.

이러한 증거들은 흡연이 폐암의 주요 원인이라는 가설을 뒷받침해 주지만, 그것들만으로 이 가설을 증명하기에는 충분하지 않다. 의학자들은 흡연과 폐암을 인과적으로 연관시키기 위해서는 훨씬 더 많은 증거가 필요하다는 점을 깨닫고, 수십 가지 연구를 수행하고 있다.

─────〈보기〉─────

ㄱ. 화학적으로 정제된 니코틴은 폐암을 유발한다.
ㄴ. 19세기에 타르와 암의 관련성이 이미 보고되어 있었다.
ㄷ. 니코틴이 타르와 동시에 신체에 흡입될 경우 폐암 발생률은 급격히 증가한다.

① ㄱ
② ㄴ
③ ㄱ, ㄴ
④ ㄴ, ㄷ
⑤ ㄱ, ㄴ, ㄷ

16 다음은 2019 ~ 2022년 K국 기업의 남성육아휴직제 시행 현황에 관한 자료이다. 이에 대한 설명으로 옳은 것은?

① 2020년 이후 전년보다 참여직원 수가 가장 많이 증가한 해와 시행기업 수가 가장 많이 증가한 해는 동일하다.

② 2022년 남성육아휴직제 참여직원 수는 2019년의 7배 이상이다.

③ 시행기업당 참여직원 수가 가장 많은 해는 2022년이다.

④ 2022년 시행기업 수의 2020년 대비 증가율은 참여직원 수의 증가율보다 높다.

⑤ 2019 ~ 2022년 참여직원 수 연간 증가인원의 평균은 6,000명 이하이다.

※ 다음 글을 읽고 이어지는 질문에 답하시오. [17~18]

매장 매니저 : 어서 오십시오. 무엇을 도와드릴까요?
고객 : 제가 엊그제 여기서 이 스마트폰을 사가지고 갔는데 액정에 잔상이 생겨서요.
매장 매니저 : 잠시만 기다리십시오. 담당 직원을 불러드리겠습니다.
(당시 스마트폰을 판매한 판매사원 A를 부른다.)
판매사원 A : 네, 고객님. 무슨 문제가 있으신가요?
고객 : 네, 지난번 여기서 나간 스마트폰을 며칠 사용하다 보니 화면에 계속 잔상이 생겨서요.
판매사원 A : 판매 시에 확인을 다 해드렸던 것으로 기억하는데요. 제가 한 번 확인해 보겠습니다. (스마트폰을 확인한 후) 이전에 이 C사 스마트폰을 사용해 보신 적이 있으신가요?
고객 : 아니요. D사 제품을 계속 쓰다가 이번에 처음 C사 제품을 샀어요.
판매사원 A : 네, 그러시군요. 고객님이 처음이시고 잘 모르셔서 그런데 이런 현상은 별 문제는 없습니다. 쓰시다 보면 괜찮을 겁니다.
고객 : 네? 무슨 말씀이신지… 제가 쓰다가 불편을 느껴서 교환이나 환불을 받으려고 온 건데 원래 그렇다니요.
판매사원 A : 그건 고객님이 모르셔서 하시는 말씀이에요. 쓰시다 보면 자연스럽게 없어집니다.
고객 : 전 이해가 안 가는데요. 원인을 설명해 주시거나 새 제품으로 교환을 해 주시든지 환불해 주세요.
매장 매니저 : (고객에게 양해를 구한 후) A씨 잠시 저 좀 볼까요?

┃ 직업윤리

17 윗글의 내용과 관련된 고객응대 상황에서 판매사원 A가 고객서비스에 문제를 일으킨 부분으로 적절하지 않은 것은?

① 고객에게 잔상이 생기는 원인을 친절하고 명확하게 설명해 주지 않았다.
② 고객이 가져온 제품의 상태를 먼저 살펴보았다.
③ 고객의 지식과 경험을 무시하는 어투로 응대했다.
④ 고객의 요구나 요청사항에 대해 묻고 경청하지 않았다.
⑤ 고객의 요구를 존중하지 않았다.

┃ 직업윤리

18 다음 중 매장 매니저가 판매사원 A를 불러서 이야기해야 하는 내용으로 적절하지 않은 것은?

① A씨, 적당히 이야기해서 돌려보내시고 C사에 제품에 대해 문의해 주세요.
② A씨, 잔상이 발생한 원인에 대해서 먼저 고객이 이해할 수 있도록 설명해 주는 게 좋지 않겠어요?
③ A씨, 고객님이 말씀하시는 내용에 대해 좀 더 귀를 기울여 듣는 게 좋겠습니다.
④ A씨, 고객님이 교환이나 환불을 원하시면 절차를 해 주세요.
⑤ A씨, 고객님이 요청하는 사항을 먼저 경청하는 자세를 가지는 게 좋겠습니다.

19 다음은 4개 국가의 여성과 남성의 흡연율과 기대수명에 대한 자료이다. 이를 바탕으로 작성한 그래프로 옳지 않은 것은?

〈표 1〉 여성과 남성의 흡연율

(단위 : %)

국가＼성별＼연도	1990년		2000년		2010년		2020년	
	여성	남성	여성	남성	여성	남성	여성	남성
덴마크	44.0	57.0	42.0	47.0	29.0	33.5	20.0	20.0
일본	14.4	54.3	9.7	53.1	11.5	47.4	8.4	32.2
영국	37.0	42.0	30.0	31.0	26.0	28.0	20.7	22.3
미국	29.3	37.4	22.8	28.4	17.3	21.2	13.6	16.7

〈표 2〉 여성과 남성의 기대수명

(단위 : 세)

국가＼성별＼연도	1990년		2000년		2010년		2020년	
	여성	남성	여성	남성	여성	남성	여성	남성
덴마크	77.3	71.2	77.8	72.0	79.2	74.5	81.4	77.2
일본	78.8	73.3	81.9	75.9	84.6	77.7	86.4	79.6
영국	76.2	70.2	78.5	72.9	80.3	75.5	82.6	78.6
미국	77.4	70.0	78.8	71.8	79.3	74.1	81.1	76.2

① 국가별 여성의 흡연율

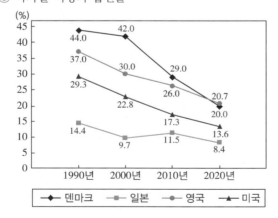

② 국가별 여성과 남성의 흡연율 차이

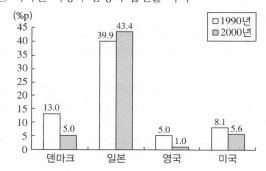

③ 국가별 흡연율

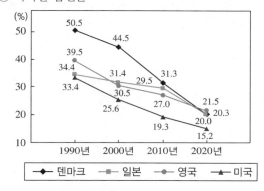

④ 국가별 여성과 남성의 기대수명 차이

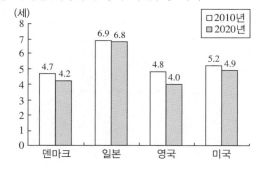

⑤ 일본 남성과 미국 남성의 흡연율과 기대수명

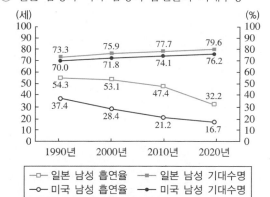

17 / 48

※ 다음 글을 읽고 이어지는 질문에 답하시오. [20~22]

오토바이용 헬멧 제조업체인 K사는 국내 시장의 한계를 느끼고 미국 시장에 진출해 안전과 가격, 디자인 면에서 호평을 받으며 시장의 최강자가 되었다. 외환위기와 키코사태로 위기 상황에 놓인 적도 있었지만 비상장 및 내실 있는 경영으로 은행에 출자 전환하도록 설득하여 오히려 기사회생하였다.

미국시장 진출 시 OEM 방식을 활용할 수 있었지만 자기 브랜드를 고집한 대표이사의 선택으로 해외에서 개별 도매 상들을 상대로 직접 물건을 판매했다. 또한, 평판이 좋은 중소규모 도매상을 선정해 유대관계를 강화했다. 한번 계약을 맺은 도매상과는 의리를 지켰고 그 결과 단단한 유통망을 갖출 수 있었다.

유럽 진출 시에는 미국과는 다른 소비자의 특성에 맞춰 고급스런 디자인의 고가 제품을 포지셔닝하여 모토그랑프리를 후원하고 우승자와 광고 전속 계약을 맺었다. 여기에 신제품인 스피드와 레저를 동시에 즐길 수 있는 실용적인 변신 헬멧으로 유럽 소비자들을 공략해 시장점유율을 높였다.

※ 키코사태(KIKO; Knock In Knock Out) : 환율 변동으로 인한 위험을 줄이기 위해 만들어진 파생상품에 가입한 수출 중소기 업들이 2008년 미국발 글로벌 금융위기 여파로 환율이 급등하자 막대한 손실을 보게 된 사건이다.

| 조직이해능력

20 다음 중 K사가 미국시장에 성공적으로 진출할 수 있었던 요인이 아닌 것은?

① OEM 방식을 효율적으로 활용했다.
② 자사 브랜드를 알리는 데 주력했다.
③ 평판이 좋은 유통망을 찾아 계약을 맺었다.
④ 안전과 가격, 디자인 모두에 심혈을 기울였다.
⑤ 한번 계약을 맺은 도매상과는 의리를 지켰다.

21 다음 중 K사가 유럽시장 진출에서 성공을 거둔 요인으로 볼 수 없는 것은?

① 소비자 특성에 맞춘 고가 제품 포지셔닝
② 모토그랑프리 후원 등 전략적 마케팅 실행
③ 중소규모 도매상과 유대관계 강화
④ 하이브리드가 가능한 실용적 제품 개발
⑤ 고급스런 디자인 제품으로 소비자들을 공략

22 다음 중 K사가 해외 진출 시 분석을 위해 활용한 요소를 〈보기〉에서 모두 고르면?

─────────〈보기〉─────────
㉠ 현지 시장의 경쟁상황   ㉡ 경쟁업체
㉢ 시장점유율   ㉣ 제품 가격 및 품질
㉤ 공급능력

① ㉠, ㉡, ㉢   ② ㉡, ㉢, ㉣
③ ㉠, ㉡, ㉢, ㉣   ④ ㉠, ㉡, ㉢, ㉣, ㉤
⑤ ㉢, ㉣, ㉤

23 다음은 화학경시대회 응시생 A ~ J의 성적 관련 자료이다. 이에 대한 설명으로 옳은 것을 〈보기〉에서 모두 고르면?

〈화학경시대회 성적 자료〉

구분 응시생	정답 문항 수	오답 문항 수	풀지 않은 문항 수	점수(점)
A	19	1	0	93
B	18	2	0	86
C	17	1	2	83
D	( )	2	1	( )
E	( )	3	0	( )
F	16	1	3	78
G	16	( )	( )	76
H	( )	( )	( )	75
I	15	( )	( )	71
J	( )	( )	( )	64

※ 1) 총 20문항으로 100점 만점임
   2) 정답인 문항에 대해서는 각 5점의 득점, 오답인 문항에 대해서는 각 2점의 감점이 있고, 풀지 않은 문항에 대해서는 득점과 감점이 없음

〈보기〉

ㄱ. 응시생 I의 '풀지 않은 문항 수'는 3이다.
ㄴ. '풀지 않은 문항 수'의 합은 20이다.
ㄷ. 80점 이상인 응시생은 5명이다.
ㄹ. 응시생 J의 '오답 문항 수'와 '풀지 않은 문항 수'는 동일하다.

① ㄱ, ㄴ   ② ㄱ, ㄷ
③ ㄱ, ㄹ   ④ ㄴ, ㄷ
⑤ ㄴ, ㄹ

24 다음 글의 내용이 참일 때, 가해자인 것이 확실한 사람과 가해자가 아닌 것이 확실한 사람으로 바르게 짝지어진 것은?

> 폭력 사건의 용의자로 A, B, C가 지목되었다. 조사 과정에서 A, B, C가 각각 아래와 같이 진술하였는데, 이들 가운데 가해자는 거짓만을 진술하고 가해자가 아닌 사람은 참만을 진술한 것으로 드러났다.

〈조건〉

A : 우리 셋 중 정확히 한 명이 거짓말을 하고 있다.
B : 우리 셋 중 정확히 두 명이 거짓말을 하고 있다.
C : A, B 중 정확히 한 명이 거짓말을 하고 있다.

	가해자인 것이 확실	가해자가 아닌 것이 확실
①	A	C
②	B	없음
③	B	A, C
④	A, C	B
⑤	A, B, C	없음

25 다음 대화를 근거로 판단할 때, 〈보기〉에서 옳은 설명을 모두 고르면?

> 지구와 거대한 운석이 충돌할 것으로 예상되자, K국 정부는 인류의 멸망을 막기 위해 A~C 세 사람을 각각 냉동캡슐에 넣어 보존하기로 했다. 운석 충돌 후 시간이 흘러 지구에 다시 사람이 살 수 있는 환경이 조성되자, 3개의 냉동캡슐은 각각 다른 시점에 해동이 시작되어 하루 만에 완료되었다. 그 후 A~C 세 사람은 2120년 9월 7일 한 자리에 모여 다음과 같은 대화를 나누었다.
>
> A : 나는 2086년에 태어났습니다. 19살에 냉동캡슐에 들어갔고, 캡슐에서 해동된 지는 정확히 7년이 되었어요.
> B : 나는 2075년생입니다. 26살에 냉동캡슐에 들어갔고, 캡슐에서 해동된 것은 지금으로부터 1년 5개월 전입니다.
> C : 난 2083년 5월 17일에 태어났어요. 21살이 되기 두 달 전에 냉동캡슐에 들어갔고, 해동된 건 일주일 전이에요.
> ※ 이들이 밝히는 나이는 만 나이이며, 냉동되어 있는 기간은 나이에 산입되지 않는다.

〈보기〉

ㄱ. A~C가 냉동되어 있던 기간은 모두 다르다.
ㄴ. 대화를 나눈 시점에 A가 C보다 나이가 어리다.
ㄷ. 가장 이른 연도에 냉동캡슐에 들어간 사람은 A이다.

① ㄱ ② ㄱ, ㄴ
③ ㄱ, ㄷ ④ ㄴ, ㄷ
⑤ ㄱ, ㄴ, ㄷ

26 다음 중 (가) ~ (마)의 사례에 대하여 효과적인 동기부여 방법을 제시한다고 할 때, 옳지 않은 방법은?

(가) K사원은 부서에서 최고의 성과를 올리는 영업사원으로 명성이 자자하지만, 서류 작업을 정시에 마친 적이 한 번도 없다. 그가 서류 작업을 지체하기 때문에 팀 전체의 생산성에 차질이 빚어지고 있다.

(나) 팀의 프로젝트 진행에 문제가 생겨서 일정이 지연되고 있다. S사원은 프로젝트를 일정 안에 끝내기 위해 밤늦게까지 일에 매진하고 있다. 그는 조금도 불평하지 않은 채, 최선을 다해 프로젝트를 수행하고 있다. 그의 노력에 힘입어 프로젝트는 예정된 일정대로 무사히 마무리되었고, 기대 이상의 좋은 결과도 얻었다.

(다) A사원의 업무 속도가 점점 나빠지고 있다. 그는 업무에 눈곱만큼도 관심이 없는 것 같고, 업무 자체를 지겨워하는 것처럼 보인다.

(라) B사원은 2년간 당신의 부하직원으로 일했는데, 업무능력이 대단히 뛰어났다. 최근 들어 당신은 그에게 회사 뉴스레터를 새로 디자인하라고 지시했는데, 결과물은 의외로 좋지 않았다. B사원이 레이아웃 프로그램을 익숙하게 다루지 못해 뉴스레터에서 아마추어 분위기가 심하게 난 것이다.

(마) D사원은 업무에 있어 성실하고 잘 해내는 편이지만, 업무에 대한 자신감이 없고 소심한 성격으로 인해 점차 업무에 대한 능률이 떨어져 가고 있다.

---

① (가) : K사원에게 서류 작업을 지체함으로써 팀 전체의 생산성에 어떠한 차질을 빚고 있는지를 자세히 설명하고, 이 문제와 관련해 최소한 두 가지 정도의 해결책을 스스로 찾아내도록 격려한다.

② (나) : S사원에게 프로젝트를 뛰어나게 수행했다는 점과 그에 대해 높이 평가하고 있다는 점을 알려, 그의 태도를 훌륭한 본보기로 삼아 팀원들에게 동기부여를 하도록 한다.

③ (다) : A사원에게 현재의 행동이 징계의 원인이 될 수 있다는 점과 새로운 직원이 채용될 수 있다는 점을 알려, 업무 속도를 스스로 변화시킬 수 있도록 유도한다.

④ (라) : B사원이 레이아웃 프로그램을 익숙하게 다루지 못해 일어난 일이므로 프로그램을 능숙하게 다루는 직원을 B사원과 함께 일하게 하거나, B사원이 프로그램을 능숙하게 다룰 수 있도록 지원한다.

⑤ (마) : D사원으로 하여금 새로 입사한 직원을 직접 교육할 수 있는 기회를 부여하거나, 그에게 다른 팀의 직원들과 함께 일하도록 해서 자신감을 불어넣을 수 있는 업무를 맡겨보도록 한다.

※ 다음은 K기업의 자체 데이터베이스에 관한 내용이다. 이어지는 질문에 답하시오. [27~28]

K기업은 사회 이슈에 대해 보고서를 발간하며, 모든 자료는 사내 데이터베이스에 보관하고 있다. 데이터베이스를 구축한지 오랜 시간이 흐르고, 축적한 자료도 많아 원하는 자료를 일일이 찾기엔 어려워 K기업에서는 데이터베이스 이용 시 검색 명령을 활용하라고 권장하고 있다. K기업의 데이터베이스에서 사용할 수 있는 검색 명령어는 아래와 같다.

구분	내용
*	두 단어가 모두 포함된 문서를 검색
OR	두 단어가 모두 포함되거나, 두 단어 중에서 하나만 포함된 문서를 검색
|	OR 대신 사용할 수 있는 명령어
!	! 기호 뒤에 오는 단어는 포함하지 않는 문서를 검색
~	앞 / 뒤에 단어가 가깝게 인접해 있는 문서를 검색

┃정보능력

27 K기업의 최윤오 사원은 기업의 성과관리에 대한 보고서를 작성하려고 한다. 이전에도 성과관리를 주제로 보고서를 작성한 적이 있어, 자신이 작성한 보고서는 제외하고 관련 자료를 데이터베이스에서 검색하려고 한다. 다음 중 최윤오 사원이 입력할 검색어로 가장 적절한 것은?

① 성과관리 * 최윤오
② 성과관리 OR 최윤오
③ 성과관리 ! 최윤오
④ 성과관리 ~ 최윤오
⑤ 성과관리 | 최윤오

┃정보능력

28 K기업의 최윤오 사원은 기업의 성과관리에 대한 보고서를 작성하던 중, 임금체계와 성과급에 대한 자료가 필요해 이를 데이터베이스에서 찾으려고 한다. 임금체계와 성과관리가 모두 언급된 자료를 검색하기 위한 검색 키워드로 '임금체계'와 '성과급'을 입력했을 때, 최윤오 사원이 활용할 수 있는 검색 명령어를 〈보기〉에서 모두 고르면?

─────〈보기〉─────
㉠ *
㉡ OR
㉢ !
㉣ ~

① ㉠
② ㉠, ㉡
③ ㉠, ㉡, ㉢
④ ㉠, ㉡, ㉣
⑤ ㉠, ㉢

제4회 모의고사

※ 다음 글을 읽고 물음에 답하시오. [29~31]

저명한 철학자 화이트헤드는 철학을 '관념들의 모험'이라고 하였다. 실로 그렇다. 그러나 어떠한 모험도 위험이 뒤따르며 철학의 모험도 예외가 아니다. 여기서는 철학의 모험을 처음으로 시도하려고 할 때에 겪을 수 있는 몇 가지 위험을 지적해 보겠다.

일반적으로 적은 지식은 위험하다고 말하곤 한다. 그러나 커다란 지식을 얻기 위해서는 적은 양에서 시작하지 않으면 안 된다. 또한, 커다란 지식을 갖추었다고 하더라도 위험이 완전히 배제되는 것은 아니다. 예를 들면, 원자 에너지의 파괴적인 위력에 대해 지대한 관심을 가진 사람들이 원자의 비밀을 꿰뚫어 보려고 막대한 노력을 기울였다. 그러나 원자에 대한 지식의 획득에도 불구하고 사람들이 느끼는 위험은 줄어들지 않고 오히려 늘어났다. 이와 같이 증대하는 지식이 새로운 난점들을 발생시킨다는 사실을 알게 된 것은 최근의 일이 아니다. 서양 철학자 플라톤의 '동굴의 비유'는 지식의 획득과 그에 따른 대가 지불을 불가분의 관계로 이해하고 있음을 보여준다.

㉠ '동굴의 비유'에 의하면, 사람들은 태어나면서부터 앞만 보도록 된 곳에 앉은 쇠사슬에 묶인 죄수와 같다는 것이다. 사람들의 등 뒤로는 불이 타오르고, 그 불로 인해 모든 사물은 동굴의 벽에 그림자로 나타날 뿐이다. 혹 동굴 밖의 환한 세상으로 나온 이가 있다면, 자신이 그동안 기만과 구속의 흐리멍덩한 삶을 살아왔음을 깨닫게 될 것이다. 그리하여 그가 동굴로 돌아가 사람들을 계몽하고자 한다면, 그는 오히려 무지의 장막에 휩싸인 자들에게 불신과 박해를 받게 될 것이다. 여기에서 박해를 받는 것은 깨달음에 가해진 '선물'이라고 할 수 있다.

철학 입문자들은 실제로 지적(知的)으로 도전을 받기를 원하는 사람들이다. 그들은 정신의 모험에 참여하겠다는 서명을 한 셈이다. 또한 그들은 자신들을 위해 계획된 새로운 내용과 높은 평가 기준이 자신에게 적용되기를 바란다. 그들은 앞으로 무슨 일이 일어날지 거의 모르고 있지만, 그들 자신은 자발적으로 상당한 정도의 개인적인 위험을 기꺼이 감수하려 든다. 이러한 위험을 구체적으로 말하면, 자기를 인식하는 데 따르는 위험이며, 이전부터 갖고 있던 사고와 행위 방식을 혼란시킬지도 모르는 모험이며, 학습하는 도중에 발생할 수 있는 미묘하고도 중대한 위험이다. 한 번 문이 열리면 다시 그 문을 닫기란 매우 어렵다. 일반 사람들은 더 큰 방, 더 넓은 인생 공간에 나아가면 대부분 두려움을 느끼며 용기를 잃게 된다. 그러나 몇몇의 뛰어난 입문자들은 사활(死活)을 걸어야 하는 도전에 맞서, 위험을 감싸 안으며 흥미로운 작업을 진전시키기 위해 지성적 도구들을 예리하게 간다.

철학의 모험은 자주 거칠고 무한한 혼돈의 바다에 표류하는 작은 뗏목에 비유된다. 어떤 철학적 조난자들은 뗏목과 파도와 날씨 등의 직접적인 환경을 더욱 깊이 알게 될 것이다. 또한 어떤 조난자들은 조류의 속도나 현재의 풍향을 알게 될 것이다. 또 어떤 조난자들은 진리의 섬을 얼핏 보고 믿음이라는 항구를 향해 힘차게 배를 저어 나아갈 것이다. 또 다른 조난자들은 막막함과 절망의 중심에서 완전히 좌초해 버릴 수도 있다. 뗏목과 그 위에 탄 사람들은 '보험'에 들어 있지 않다. 거기에는 보증인이 없다. 그러나 뗏목은 늘 거기에 있으며, 이미 뗏목을 타고 있는 사람들은 더 많은 사람이 자신이 있는 곳으로 올 수 있도록 자리를 마련할 것이다.

| 의사소통능력

29 윗글의 서술상의 특징으로 적절한 것은?

① 비유적인 표현으로 대상의 특성을 밝히고 있다.
② 여러 가지를 비교하면서 우월성을 논하고 있다.
③ 상반된 이론을 대비하여 독자의 관심을 유도하고 있다.
④ 용어의 개념을 제시하여 대상의 범위를 한정하고 있다.
⑤ 대상의 문제점을 파악하고 나름의 해결책을 모색하고 있다.

30 윗글의 글쓴이가 밑줄 친 ㉠을 인용한 이유를 바르게 추리한 것은?

① 자신의 운명은 스스로 개척해야 한다는 것을 주지시키기 위해

② 인간의 호기심은 불행한 결과를 초래한다는 것을 알려 주기 위해

③ 인간이 지켜야 할 공동의 규범은 반드시 따라야 함을 강조하기 위해

④ 새로운 지식을 획득하려면 대가를 치러야 한다는 것을 주지시키기 위해

⑤ 커다란 지식을 갖추는 것이 중요함을 알리기 위해

31 윗글을 바탕으로 철학 동아리를 홍보하는 글을 작성하려고 할 때, 〈보기〉의 빈칸에 들어갈 문구로 가장 적절한 것은?

─〈보기〉─

지금 당신은 어디를 향하고 있습니까?

이상의 바다입니까, 아니면 좌절의 늪입니까?

지적 갈증에 허덕이는 자,

진리를 얻고자 갈망하는 자,

저희 '가리사니' 철학 동아리로 오십시오.

우리 동아리에 오면

(   )으로

진리의 세계에 다가갈 수 있습니다.

① 학문과 실질을 숭상하는 지혜로움

② 위험과 절망이 따르는 지적 대탐험

③ 상식과 편견을 뒤엎는 발상의 전환

④ 무지와 몽매에서 벗어나려는 탐구심

⑤ 선과 악을 식별하는 사고 능력

32 다음 글을 근거로 판단할 때, 2023학년도 K대학교 P학과 입학 전형 합격자는?

- K대학교 P학과 입학 전형
  - 2023학년도 대학수학능력시험의 국어, 수학, 영어 3개 과목을 반영하여 지원자 중 1명을 선발한다.
  - 3개 과목 평균등급이 2등급(3개 과목 등급의 합이 6) 이내인 자를 선발한다. 이 조건을 만족하는 지원자가 여러 명일 경우, 3개 과목 원점수의 합산 점수가 가장 높은 자를 선발한다.

〈2023학년도 대학수학능력시험 과목별 등급 – 원점수 커트라인〉

(단위 : 점)

과목＼등급	1	2	3	4	5	6	7	8
국어	96	93	88	79	67	51	40	26
수학	89	80	71	54	42	33	22	14
영어	94	89	85	77	69	54	41	28

※ 예를 들어, 국어 1등급은 100 ~ 96점, 국어 2등급은 95 ~ 93점

〈2023학년도 K대학교 P학과 지원자 원점수 성적〉

(단위 : 점)

지원자	국어	수학	영어
A	90	96	88
B	89	89	89
C	93	84	89
D	79	93	92
E	98	60	100

① A
② B
③ C
④ D
⑤ E

33 A부처에서 B~E직원으로부터 국외연수 신청을 받아 선발 가능성이 가장 높은 한 명을 추천하려는 가운데, 정부가 선발 기준 개정안을 내놓았다. 현행 기준과 개정안 기준을 적용할 때, 각각 선발 가능성이 가장 높은 사람을 바르게 나열한 것은?

〈선발 기준안 비교〉

구분	현행	개정안
외국어 성적	30점	50점
근무 경력	40점	20점
근무 성적	20점	10점
포상	10점	20점
합계	100점	100점

※ 근무 경력은 15년 이상이 만점 대비 100%, 10년 이상 15년 미만 70%, 10년 미만 50%이다. 다만 근무 경력이 최소 5년 이상인 자만 선발 자격이 있다.

※ 포상은 3회 이상이 만점 대비 100%, 1~2회 50%, 0회 0%이다.

〈A부처의 국외연수 신청자 현황〉

구분	B	C	D	E
근무 경력	30년	20년	10년	3년
포상	2회	4회	0회	5회

※ 외국어 성적은 B와 C가 만점 대비 50%이고, D가 80%, E가 100%이다.

※ 근무 성적은 C만 만점이고, B·D·E 셋은 서로 동점이라는 사실만 알려져 있다.

	현행	개정안		현행	개정안
①	B	C	②	B	D
③	C	B	④	C	C
⑤	C	E			

34 B사원은 최근 K전자제품회사의 빔프로젝터를 구입하였으며, 빔프로젝터 고장 신고 전 확인사항 자료를 확인하였다. 이를 참고할 때, 빔프로젝터의 증상과 그에 따른 확인 및 조치사항으로 옳은 것은?

〈빔프로젝터 고장 신고 전 확인사항〉

분류	증상	확인 및 조치사항
설치 및 연결	전원이 들어오지 않음	• 제품 배터리의 충전 상태를 확인해 주세요. • 만약 그래도 제품이 전혀 동작하지 않는다면 제품 옆면의 'Reset' 버튼을 1초간 누르시기 바랍니다.
	전원이 자동으로 꺼짐	• 본 제품은 약 20시간 지속 사용 시 제품의 시스템 보호를 위해 전원이 자동 차단될 수 있습니다.
	외부기기가 선택되지 않음	• 외부기기 연결선이 신호 단자에 맞게 연결되었는지 확인하고, 연결 상태를 점검해 주시기 바랍니다.
메뉴 및 리모컨	리모컨이 동작하지 않음	• 리모컨의 건전지 상태 및 건전지가 권장 사이즈에 부합하는지 확인해 주세요. • 리모컨 각도와 거리가(10m 이하) 적당한지, 제품과 리모컨 사이에 장애물이 없는지 확인해 주세요.
	메뉴가 선택되지 않음	• 메뉴의 글자가 회색으로 나와 있지 않은지 확인해 주세요. 회색의 글자 메뉴는 선택되지 않습니다.
화면 및 소리	영상이 희미함	• 리모컨 메뉴창의 초점 조절 기능을 이용하여 초점을 조절해 주세요. • 투사거리가 초점에서 너무 가깝거나 멀리 떨어져 있지 않은지 확인해 주세요 (권장거리 1 ~ 3m).
	제품에서 이상한 소리가 남	• 이상한 소리가 계속해서 발생할 경우 사용을 중지하고 서비스센터로 문의해 주시기 바랍니다.
	화면이 안 나옴	• 제품 배터리의 충전 상태를 확인해 주세요. • 본체의 발열이 심할 경우 화면이 나오지 않을 수 있습니다.
	화면에 줄, 잔상, 경계선 등이 나타남	• 일정시간 정지된 영상을 지속적으로 표시하면 부분적으로 잔상이 발생합니다. • 영상의 상·하·좌·우의 경계선이 고정되어 있거나 빛의 투과량이 서로 상이한 영상을 장시간 시청 시 경계선에 자국이 발생할 수 있습니다.

① 영화를 보는 중에 갑자기 전원이 꺼진 것은 본체의 발열이 심해서 그런 것이므로 약 20시간 동안 사용을 중지하였다.

② 메뉴가 선택되지 않아 외부기기와 연결선이 제대로 연결되었는지 확인하였다.

③ 일주일째 이상한 소리가 나 제품 배터리가 충분히 충전된 상태인지 살펴보았다.

④ 영상이 너무 희미해 초점과 투사거리를 확인하여 조절하였다.

⑤ 언젠가부터 화면에 잔상이 나타나 제품과 리모콘 배터리의 충전 상태를 확인하였다.

35 다음 글의 대화 내용이 참일 때, 갑수보다 반드시 나이가 적은 사람만을 모두 고르면?

> 갑수, 을수, 병수, 철희, 정희 다섯 사람은 어느 외국어 학습 모임에서 서로 처음 만났다. 이후 모임을 여러 차례 갖게 되었지만 그들의 관계는 형식적인 관계 이상으로는 발전하지 않았다. 이 모임에서 주도적인 역할을 하고 있는 갑수는 서로 더 친하게 지냈으면 좋겠다는 생각에 뒤풀이를 갖자고 제안했다. 갑수의 제안에 모두 동의했다. 그들은 인근 맥줏집을 찾아갔다. 그 자리에서 그들이 제일 먼저 한 일은 서로의 나이를 묻는 것이었다.
>
> 먼저 갑수가 정희에게 말했다. "정희 씨, 나이가 몇 살이에요?" 정희는 잠시 머뭇거리더니 다음과 같이 말했다. "나이 묻는 것은 실례인 거 아시죠? 저는요, 갑수 씨 나이는 알고 있거든요. 어쨌든 갑수 씨보다는 나이가 적어요." 그리고는 "그럼 을수 씨 나이는 어떻게 되세요?"라고 을수에게 물었다. 을수는 "정희 씨, 저는 정희 씨와 철희 씨보다는 나이가 많지 않아요."라고 했다.
>
> 그때 병수가 대뜸 갑수에게 말했다. "그런데 저는 정작 갑수 씨 나이가 궁금해요. 우리들 중에서 리더 역할을 하고 있잖아요. 진짜 나이가 어떻게 되세요?" 갑수가 "저요? 음, 많아야 병수 씨 나이죠."라고 하자, "아, 그렇군요. 그럼 제가 대장해도 될까요? 하하……."라고 병수가 너털웃음을 웃으며 대꾸했다.
>
> 이때, "그럼 그렇게 하세요. 오늘 술값은 리더가 내시는 거 아시죠?"라고 정희가 끼어들었다. 그리고 "그런데 철희 씨는 좀 어려 보이는데, 몇 살이에요?"라고 물었다. 철희는 다소 수줍은 듯이 고개를 숙였다. 그리고는 "저는 병수 씨와 한 살 차이밖에 나지 않아요. 보기보다 나이가 많죠?"라고 대답했다.

① 정희

② 철희, 을수

③ 정희, 을수

④ 철희, 정희

⑤ 철희, 정희, 을수

※ 다음 자료를 바탕으로 이어지는 질문에 답하시오. **[36~38]**

K기업은 매년 연말마다 팀장이 각 팀원에 대해서 업무수행능력을 평가한다. 평가항목은 업무성과, 업무역량, 조직역량, 구성원 평가 4개의 영역으로 나눠 각각 40%, 20%, 30%, 10%의 가중치를 적용하여 최종점수를 산출한다.

K기업 마케팅 부서 팀원 A ~ E의 영역별 평가점수는 다음과 같다.

구분	업무성과	업무역량	조직역량	구성원 평가	해외 프로젝트 참여
A	60	50	80	80	○
B	80	90	70	80	×
C	60	70	70	70	×
D	95	90	80	90	○
E	90	80	90	60	○

36 다음 자료를 바탕으로 최종 업무수행능력 점수를 계산했을 때, 최고점자를 고르면?

① A
② B
③ C
④ D
⑤ E

37 마케팅 부서 팀장은 팀 내 최저점자를 선별하려 했으나, 최종점수가 동일하여 선별에 난항을 겪고 있다. 동점자인 경우의 평가 방법에 대해 인사팀에 문의하자 아래와 같은 답변을 받았다. 인사팀의 답변에 근거하였을 때, 마케팅 부서 내 최저점자를 고르면?

> 사내 인사시행규칙 제9조 제3항에 근거, 부서 내 업무수행능력 평가 점수가 동일한 경우에는 다음과 같이 평가합니다.
> • 최종 점수가 동일한 경우, 업무성과 점수가 높은 자가 상위득점자가 됨
> • 업무성과 점수도 동일한 경우, 해당연도 해외 출장 참여나 담당 프로젝트 건 수 등 명확한 우열을 가릴 수 있는 기준에 근거하여 상위득점자를 산출함

① A   ② B
③ C   ④ D
⑤ E

38 마케팅 부서 팀장은 자신의 부서 팀원들의 최종 업무수행능력 점수를 가지고 평균, 분산, 표준편차를 구하려고 한다. 가장 바르게 나열된 것은?

	평균	분산	표준편차
①	70	92.5	$\sqrt{92.5}$
②	75	93.5	$\sqrt{93.5}$
③	76	90.5	$\sqrt{90.5}$
④	77	90.5	$\sqrt{90.5}$
⑤	77	90.8	$\sqrt{90.8}$

39 귀하는 최근 회사 내 업무용 개인 컴퓨터의 보안을 강화하기 위하여 다음과 같은 메일을 받았다. 메일 내용을 토대로 귀하가 취해야 할 행동으로 적절하지 않은 것은?

발신 : 전산보안팀

수신 : 전 임직원

제목 : 업무용 개인 컴퓨터 보안대책 공유

내용 :
안녕하십니까. 전산팀 ○○○ 팀장입니다.
최근 개인정보 유출 등 전산보안 사고가 자주 발생하고 있어 각별한 주의가 필요한 상황입니다. 이에 따라 자사에서도 업무상 주요 정보가 유출되지 않도록 보안프로그램을 업그레이드하는 등 전산보안을 더욱 강화하고 있습니다.
무엇보다 업무용 개인 컴퓨터를 사용하는 분들이 특히 신경을 많이 써주셔야 철저한 보안이 실천됩니다. 번거로우시더라도 아래와 같은 사항을 따라주시길 바랍니다.

• 인터넷 익스플로러를 종료할 때마다 검색기록이 삭제되도록 설정해주세요.
• 외출 또는 외근으로 장시간 컴퓨터를 켜두어야 하는 경우에는 인터넷 검색기록을 직접 삭제해주세요.
• 인터넷 검색기록 삭제 시, 기본 설정되어 있는 항목 외에도 '다운로드 기록', '양식 데이터', '암호', '추적방지, ActiveX 필터링 및 Do Not Track 데이터'를 모두 체크하여 삭제해주세요(단, 즐겨찾기 웹 사이트 데이터 보존 부분은 체크 해제할 것).
• 인터넷 익스플로러에서 방문한 웹 사이트 목록을 저장하는 기간을 5일로 변경해주세요.
• 자사에서 제공 중인 보안프로그램은 항시 업데이트하여 최신 상태로 유지해주세요.

위 사항을 적용하는 데 어려움이 있을 경우에는 아래 첨부파일에 이미지와 함께 친절하게 설명되어 있으니 참고하시기 바랍니다.

〈첨부〉 업무용 개인 컴퓨터 보안대책 적용 방법 설명(이미지).zip

---

① 인터넷 익스플로러에서 [도구(또는 톱니바퀴 모양)]를 클릭하여 [인터넷 옵션]의 '일반' 카테고리에 있는 [종료할 때 검색기록 삭제]를 체크한다.
② 장시간 외출할 경우에는 [인터넷 옵션]의 '일반' 카테고리에 있는 [삭제]를 클릭해 직접 삭제한다.
③ 검색기록 삭제 시 [인터넷 옵션]의 '일반' 카테고리에 있는 [삭제]를 클릭하여 기존에 설정되어 있는 항목을 포함한 모든 항목을 체크하여 삭제한다.
④ [인터넷 옵션]의 '일반' 카테고리 중 검색기록 부분에서 [설정]을 클릭하고, '기록' 카테고리의 [페이지 보관 일수]를 5일로 설정한다.
⑤ 자사의 보안프로그램을 실행하고 [설정]에서 업데이트를 실행한다.

40 최근 K은행 영업점 내 PB센터가 리모델링을 통해 PB라운지라는 명칭으로 변경되었다. 라운지 내에는 편의를 위한 고객대기실이 있으며, 고객이 개인업무를 볼 수 있도록 PC가 설치되어 있다. 며칠 후 PC가 작동하지 않는다는 고객의 신고에 귀하는 관리팀에 문의하여 문제를 해결하였다. 다음 중 귀하가 취한 행동으로 옳지 않은 것은?

귀하	: 안녕하세요. ○○지점의 ◇◇◇행원입니다. PB라운지 내에 고객용 PC가 있는데, 하드디스크가 인식되지 않는다는 경고가 떴네요. 어떻게 조치하면 됩니까?
관리팀 사원	: 네, 우선 ( )을/를 해보세요.
귀하	: 알려주신 방법으로 조치하니 제대로 작동합니다. 감사합니다.

① 메인보드와 연결하는 케이블의 접촉이 불량인지 확인
② 디스크 정리 프로그램을 실행시켜 불필요한 프로그램을 제거
③ 외부의 충격으로 하드디스크가 고장이 나지 않았는지 확인
④ CMOS Setup에서 하드디스크 설정이 올바르게 되어 있는지 확인
⑤ 컴퓨터를 재부팅 하여 확인

박민수는 한국건설 비서실에서 사장 비서로 근무하고 있으며, 비서실에서 하진우 비서실장, 정선아 대리와 함께 사장을 보좌하고 있다. 군대를 제대하고 입사한 박민수와 정선아 대리는 동갑이나 정 대리가 입사 선배이므로 비서실에서 선후배로 지내고 있다.

| 대인관계능력

41 다음 중 비서실 내에서의 바람직한 인간관계를 유지하기 위한 설명으로 적절하지 않은 것은?

① 선배 비서의 업무처리 방식이 자신의 방식과 다르더라도 선배의 업무스타일을 존중하고 맞추도록 노력하는 것이 좋다.

② 사장을 보좌하는 비서이지만, 비서실장의 지휘하에 업무를 수행하도록 한다.

③ 사장에게 보고할 내용이 있으면 비서실장에게 먼저 보인 후 사장에게 보고한다.

④ 비서실장과 선배 비서가 갈등 관계에 있다면, 사장에게 조언을 구한 후 지시에 따른다.

⑤ 업무를 모르는 일이 있다면, 독단적으로 처리하지 말고 선배 비서 등에게 조언을 구한다.

| 대인관계능력

42 박민수 비서는 최근 정선아 선배가 다른 임원 비서에게 자신의 험담을 하는 것을 듣게 되어 선배 비서에게 약간의 실망감을 느꼈다. 박 비서와 선배 비서와의 갈등을 해결하는 방법으로 가장 적절한 것은?

① 선배가 나에 대해 부정적이라는 것을 알았으므로 되도록 공동의 업무를 줄여나간다.

② 다른 임원 비서에게 오해를 적극적으로 해명하고 정 대리와의 관계를 설명해 준다.

③ 업무시간이 끝난 후 회식 등의 모임에서 정선아 선배에게 다가가려고 노력하여 친구로 지낸다.

④ 정선아 선배가 가입한 사내 등산모임에 가입하여 자연스럽게 오해를 풀도록 노력한다.

⑤ 업무이외의 사적인 이야기는 아예 꺼내지 않도록 한다.

| 자기개발능력

43 다음 사례에서 K씨가 자신의 목표를 달성하지 못한 이유로 적절한 것은?

극장에서 미소지기로 근무하는 K씨는 친절 사원으로 선발된 다른 직원들을 보면서 자신도 이달의 친절왕이 되겠다는 목표를 설정하고, 여러 정보들을 수집하여 구체적인 계획을 세웠다. 그러나 K씨의 무뚝뚝한 표정과 말투로 인해 친절왕은커녕 고객들의 불평·불만만 쌓여갔다. 사실 K씨는 오래전부터 사람을 대하는 서비스업이 자신에게 적합하지 않다고 생각하고 있었다.

① 자신감이 부족하여 자기개발과 관련된 결정을 제대로 하지 못하였다.

② 회사 내의 경력기회 및 직무 가능성 등에 대해 충분히 알아보지 않았다.

③ 다른 직업이나 회사 밖의 기회에 대해 충분히 알아보지 않았다.

④ 자신의 흥미, 적성 등을 제대로 파악하지 못하였다.

⑤ 자신을 둘러싼 주변상황의 제약으로 인해 어려움을 겪었다.

44 A회사의 기획홍보부에 근무하는 B대리는 자신이 해야 할 일들을 다음과 같이 메모하였고, 일이 차질 없이 진행되도록 업무를 나누어 적어보려고 한다. 다음 중 업무에 해당하는 순위가 바르게 연결된 것은?

〈해야 할 일(1월 1일 기준)〉

㉠ 기획홍보부 신입사원 사내 기본교육 및 업무 인수인계 진행(다음 주까지)

㉡ 경쟁업체 신규 매장 오픈(4월 1일)으로 인한 경영전략 수립(3월 중 유통부와 공조하여 진행)

㉢ 3월 1일에 시작하는 봄맞이 프로모션 준비 : 할인 품목 및 할인율 재점검, 프로모션 전략 자료 준비(2월 1일까지 제출)

㉣ 어학학원 수강신청 및 등록

중요한 것

긴급하지 않은 것

[2순위]
계획하고 준비해야 할 문제

[1순위]
제일 먼저 해결해야 할
긴급하고 중요한 문제

긴급한 것

[4순위]
상대적으로 하찮은 일

[3순위]
신속히 해결해야 할 문제

중요하지 않은 것

	1순위	2순위	3순위	4순위
①	㉠	㉡	㉢	㉣
②	㉡	㉢	㉠	㉣
③	㉢	㉠	㉡	㉣
④	㉢	㉡	㉠	㉣
⑤	㉣	㉢	㉠	㉡

45 다음 중 SWOT 분석에 대한 설명을 참고하여 추론한 내용으로 적절한 것은?

SWOT 분석에서 강점(S)은 경쟁기업과 비교하여 소비자로부터 강점으로 인식되는 것이 무엇인지, 약점(W)은 경쟁기업과 비교하여 소비자로부터 약점으로 인식되는 것이 무엇인지, 기회(O)는 외부환경에서 유리한 기회요인은 무엇인지, 위협(T)은 외부환경에서 불리한 위협요인은 무엇인지를 찾아내는 것이다. SWOT 분석의 가장 큰 장점은 기업의 내부 및 외부 환경의 변화를 동시에 파악할 수 있다는 것이다.

---

① 제품의 우수한 품질은 SWOT 분석의 기회 요인으로 볼 수 있다.

② 초고령화 사회는 실버산업에 있어 기회 요인으로 볼 수 있다.

③ 기업의 비효율적인 업무 프로세스는 SWOT 분석의 위협 요인으로 볼 수 있다.

④ 살균제 달걀 논란은 빵집에게 있어 약점 요인으로 볼 수 있다.

⑤ 근육운동 열풍은 헬스장에게 있어 강점 요인으로 볼 수 있다.

46 다음 글의 연구결과에 대한 평가로 적절한 것만을 〈보기〉에서 모두 고르면?

콩 속에는 식물성 단백질과 불포화 지방산 등 건강에 이로운 물질들이 풍부하다. 약콩, 서리태 등으로 불리는 검은 콩 껍질에는 황색 콩 껍질에서 발견되지 않는 특수한 항암물질이 들어 있다. 검은 콩은 항암 효과는 물론 항산화 작용 및 신장 기능과 시력 강화에도 좋은 것으로 알려져 있다. A ~ C팀은 콩의 효능을 다음과 같이 연구했다.

〈연구결과〉

• A팀 연구진 : 콩 속 제니스틴의 성인병 예방 효능을 실험을 통해 세계 최초로 입증했다. 또한 제니스틴은 발암 물질에 노출된 비정상 세포가 악성 종양 세포로 진행되지 않도록 억제하는 효능을 갖고 있다는 사실을 흰쥐 실험을 통해 밝혔다. 암이 발생하는 과정은 세포 내의 유전자가 손상되는 개시 단계와 손상된 세포의 분열이 빨라지는 촉진 단계로 나뉘는데 제니스틴은 촉진 단계에서 억제효과가 있다는 것이다.
• B팀 연구진 : 200명의 여성을 조사해 본 결과, 매일 흰 콩 식품을 섭취한 사람은 한 달에 세 번 이하로 섭취한 사람에 비해 폐암에 걸릴 위험이 절반으로 줄었다.
• C팀 연구진 : 식이요법으로 원형탈모증을 완치할 수 있을 것으로 보고 원형탈모증을 가지고 있는 쥐에게 콩기름에서 추출된 화합물을 투여해 효과를 관찰하는 실험을 했다. 실험 결과 콩기름에서 추출된 화합물을 각각 0.1ml, 0.5ml, 2.0ml씩 투여한 쥐에서 원형탈모증 완치율은 각각 18%, 39%, 86%를 기록했다.

〈보기〉

ㄱ. A팀의 연구결과는 콩이 암의 발생을 억제하는 효과가 있다는 것을 뒷받침한다.
ㄴ. C팀의 연구결과는 콩기름 함유가 높은 음식을 섭취할수록 원형탈모증 발생률이 높게 나타난다는 것을 뒷받침한다.
ㄷ. 세 팀의 연구결과는 검은 콩이 성인병, 폐암의 예방과 원형탈모증 치료에 효과가 있다는 것을 뒷받침한다.

① ㄱ
② ㄴ
③ ㄱ, ㄷ
④ ㄴ, ㄷ
⑤ ㄱ, ㄴ, ㄷ

47 다음 글에 대한 분석으로 적절하지 않은 것은?

> 공포영화에 자주 등장하는 좀비는 철학에서도 자주 논의된다. 철학적 논의에서 좀비는 '의식을 갖지는 않지만 겉으로 드러나는 행동에서는 인간과 구별되지 않는 존재'로 정의된다. 이를 '철학적 좀비'라고 하자. ⊙ <u>인간은 고통을 느끼지만, 철학적 좀비는 고통을 느끼지 못한다.</u> 즉 고통에 대한 의식을 가질 수 없는 존재라는 것이다. 그러나 ⓛ <u>철학적 좀비도 압정을 밟으면 인간과 마찬가지로 비명을 지르며 상처 부위를 부여잡을 것이다.</u> 즉 행동 성향에서는 인간과 차이가 없다. 그렇기 때문에 겉으로 드러나는 모습만으로는 철학적 좀비와 인간을 구별할 수 없다. 그러나 ⓒ <u>인간과 철학적 좀비는 동일한 존재가 아니다.</u> ⓔ <u>인간이 철학적 좀비와 동일한 존재라면, 인간도 고통을 느끼지 못하는 존재여야 한다.</u>
>
> 물론 철학적 좀비는 상상의 산물이다. 그러나 우리가 철학적 좀비를 모순 없이 상상할 수 있다는 사실은 마음에 관한 이론인 행동주의에 문제가 있다는 점을 보여준다. 행동주의는 마음을 행동 성향과 동일시하는 입장이다. 이에 따르면, ⓜ <u>마음은 특정 자극에 따라 이러저러한 행동을 하려는 성향이다.</u> ⓗ <u>행동주의가 옳다면, 인간이 철학적 좀비와 동일한 존재라는 점을 인정할 수밖에 없다.</u> 그러나 인간과 달리 철학적 좀비는 마음이 없어서 어떤 의식도 가질 수 없는 존재다. 따라서 ⓢ <u>행동주의는 옳지 않다.</u>

① ⊙과 ⓛ은 동시에 참일 수 있다.
② ⊙과 ⓔ이 모두 참이면, ⓒ도 반드시 참이다.
③ ⓛ과 ⓗ이 모두 참이면, ⓜ도 반드시 참이다.
④ ⓒ과 ⓗ이 모두 참이면, ⓢ도 반드시 참이다.
⑤ ⓜ과 ⓢ은 동시에 거짓일 수 없다.

48 월요일부터 금요일까지 진료를 하는 의사는 〈조건〉에 따라 진료일을 정한다. 의사가 목요일에 진료를 하지 않았다면, 월요일부터 금요일 중 진료한 날은 총 며칠인가?

> ───────〈조건〉───────
> • 월요일에 진료를 하면 수요일에는 진료를 하지 않는다.
> • 월요일에 진료를 하지 않으면 화요일이나 목요일에 진료를 한다.
> • 화요일에 진료를 하면 금요일에는 진료를 하지 않는다.
> • 수요일에 진료를 하지 않으면 목요일 또는 금요일에 진료를 한다.

① 0일   ② 1일
③ 2일   ④ 3일
⑤ 4일

49 K병원은 현재 영양제 할인행사를 진행하고 있다. K병원에서 근무하는 D씨가 할인행사에 대한 고객들의 문의내용에 다음과 같이 답변했을 때, 답변내용으로 적절한 것은?

<K병원 영양제 할인행사 안내>

▶ 대상 : K병원 모든 외래 · 입원환자
▶ 기간 : 8월 1일 ~ 8월 31일까지 한 달간

구분	웰빙코스	케어코스	헬스코스	종합코스	폼스티엔에이페리주 치료
대상	• 만성피로 직장인 • 간 질환자	• 노인성 질환자 • 수험생 • 비만인	• 집중력 · 기억력 감퇴자 • 급성 · 만성 간염 환자 • 운동선수	• 당뇨병 환자 • 심혈관 환자 • 만성피로 증후군 • 노인, 직장인 • 비만인, 수험생 • 운동선수	• 경구 또는 위장관 영양공급이 불가능 · 불충분하거나 제한되어 경정맥에 영양공급을 해야 하는 환자
효능	• 간 해독효과 • 피로회복 • 식욕부진 호전 • 피부질환 예방	• 손발 저림 개선 • 어깨통증 • 피로회복 • 집중력 증대 • 다이어트	• 간세포 괴사 억제 • 전신 권태감 개선 • 인식력 저하 개선 • 학습능력 향상	• 피로회복 • 간 기능 개선 • 집중력 증대 • 손발 저림 개선 • 어깨통증 완화 • 다이어트 • 피부질환 예방	• 칼로리, 아미노산 공급 • 필수지방, 오메가-3 지방산 공급
가격	85,000원 → 59,500원	70,000원 → 49,000원	75,000원 → 52,500원	100,000원 → 70,000원	120,000원 → 84,000원

① 문의 : A병원에서 영양제 할인행사를 한다고 들었는데 얼마나 할인되는 건가요?
　　답변 : 폼스티엔에이페리주 치료를 제외한 전체 코스에서 모두 30% 할인됩니다.

② 문의 : 제가 요새 식욕부진으로 고생 중인데 어떤 영양제 코스를 받는게 좋을까요?
　　답변 : 할인을 통해 52,500원인 헬스코스를 추천드립니다.

③ 문의 : 손발 저림에 효과있는 영양제 코스가 있을까요?
　　답변 : 케어코스가 있습니다. 혹시 피부질환도 치료를 원하실 경우 종합코스를 추천 드립니다.

④ 문의 : 제가 좀 비만이라 그런데 비만에 도움되는 코스도 있을까요?
　　답변 : 다이어트에 도움을 주는 케어코스 어떠실까요? 9월까지 할인행사 진행 중입니다.

⑤ 문의 : 폼스티엔에이페리주 치료를 받아볼까 하는데 어떤 효능이 있죠?
　　답변 : 비타민 A와 D, 칼슘과 나트륨을 충분히 공급받으실 수 있습니다.

50 다음은 K기관의 10개 정책(가 ~ 차)에 대한 평가결과이다. K기관은 정책별로 심사위원 A ~ D의 점수를 합산하여 총점이 낮은 정책부터 순서대로 4개 정책을 폐기할 계획이다. 다음 중 폐기할 정책만을 모두 고르면?

〈정책에 대한 평가결과〉

정책＼심사위원	A	B	C	D
가	●	●	◑	○
나	●	●	◑	●
다	◑	○	●	◑
라	( )	●	◑	( )
마	●	( )	●	◑
바	◑	◑	◑	●
사	◑	◑	◑	◑
아	◑	◑	●	( )
자	◑	◑	( )	●
차	( )	●	◑	○
평균(점)	0.55	0.70	0.70	0.50

※ 정책은 ○(0점), ◑(0.5점), ●(1.0점)으로만 평가됨

① 가, 다, 바, 사   ② 나, 마, 아, 자

③ 다, 라, 바, 사   ④ 다, 라, 아, 차

⑤ 라, 아, 자, 차

51 K공단에서 외국국적동포를 대상으로 외국인 취업교육을 실시하기 위한 지역을 조사하고 있다. 다음은 공단에서 조사한 A ~ E후보지역에 대한 평가점수와 적합점수 가중치이다. 자료를 참고할 때, 가장 적합한 지역은 어디인가?

〈지역별 조사 현황〉

구분	외국인 인구	지역 지원예산	선호도
A지역	20명	200만 원	48점
B지역	35명	220만 원	40점
C지역	16명	190만 원	45점
D지역	29명	300만 원	50점
E지역	44명	280만 원	32점

〈외국인 인구 범위별 점수〉

구분	10명 미만	20명 미만	30명 미만	30명 이상
점수	20점	30점	40점	50점

〈지역 지원예산 금액별 점수〉

구분	150만 원 이하	200만 원 이하	250만 원 이하	250만 원 초과
점수	20점	30점	40점	50점

〈항목별 가중치〉

구분	외국인 인구	지역 지원예산	선호도
가중치	50%	30%	20%

※ 가중치를 적용한 총점이 가장 높은 지역을 선정한다.

① A지역
② B지역
③ C지역
④ D지역
⑤ E지역

52 다음 글을 읽고 노와이(Know-why)의 사례로 적절한 것은?

기술은 노하우(Know-how)와 노와이(Know-why)로 구분할 수 있다. 노하우는 특허권을 수반하지 않는 과학자, 엔지니어 등이 가지고 있는 체화된 기술을 의미하며, 노와이는 어떻게 기술이 성립하고 작용하는가에 관한 원리적 측면에 중심을 둔 개념이다.

이 두 가지는 획득과 전수방법에 차이가 있다. 노하우는 경험적이고 반복적인 행위에 의해 얻어지는 것이며, 이러한 성격의 지식을 흔히 Technique, 혹은 Art라고 부른다. 반면, 노와이는 이론적인 지식으로서 과학적인 탐구에 의해 얻어진다.

오늘날 모든 기술과 경험이 공유되는 시대에서 노하우는 점점 경쟁력을 잃어가고 있으며, 노와이가 점차 각광받고 있다. 즉, 노하우가 구성하고 있는 환경, 행동, 능력을 벗어나 신념과 정체성, 영성 부분도 관심받기 시작한 것이다. 과거에는 기술에 대한 공급이 부족하고 공유가 잘 되지 않았기 때문에 노하우가 각광받았지만, 현재는 기술에 대한 원인과 결과에 대한 관계를 파악하고, 그것을 통해 목적과 동기를 새로 설정하는 노와이의 가치가 높아졌다. 노와이가 말하고자 하는 핵심은 왜 이 기술이 필요한지를 알아야 기술의 가치가 무너지지 않는다는 것이다.

① 요식업에 종사 중인 S씨는 영업시간 후 자신의 초밥 만드는 비법을 아들인 B군에게 전수하고 있다.
② 자판기 사업을 운영하고 있는 K씨는 이용자들의 화상을 염려하여 화상 방지 시스템을 개발하였다.
③ S사에 근무 중인 C씨는 은퇴 후 중장비학원에서 중장비 운영 기술을 열심히 공부하고 있다.
④ Z병원에서 근무 중인 의사인 G씨는 방글라데시의 의료진에게 자신이 가지고 있는 선진의술을 전수하기 위해 다음 주에 출국할 예정이다.
⑤ D사는 최근에 제조 관련 분야에서 최소 20년 이상 근무해 제조 기술에 있어 장인 수준의 숙련도를 가진 직원 4명을 D사 명장으로 선정하여 수상하였다.

53 다음은 K은행의 ARS 서비스 기능을 설명하고 있다. A씨가 누른 코드로 적절하지 않은 것은?

〈코드별 ARS 서비스 기능〉

코드	서비스
1	보이스 피싱 및 분실 신고
2	B카드 연결
3	잔액 조회
4	B은행 송금
5	타 은행 송금
6	거래내역 조회
7	다시 듣기
0	상담사 연결

〈사례〉

A씨는 잔액 조회를 해보고 생각보다 돈이 적게 남아 있다는 사실에 놀라 거래내역을 조회해 보았다. 조회 결과, 타 은행으로 거액이 송금되어 있는 내역을 확인했고, 9일 전 보험 회사의 전화를 받아 개인 정보를 알려준 것을 기억해냈다. 상담사에게 상황에 대해 물어보니 보이스 피싱 의심이 된다고 신고를 하라고 하였고, 그 즉시 보이스 피싱 피해 신고를 접수하였다.

① 1
② 3
③ 5
④ 6
⑤ 0

54 K공사는 부서별 프린터 배분을 위해 월평균 사용량을 조사하였고, 다음은 소유하고 있는 프린터 종류에 따른 기능을 정리한 자료이다. 이를 바탕으로 부서별 3개월간 사용량을 계산하여 프린터를 나눠준다고 할 때, 부서별로 사용할 프린터가 잘못 연결된 것은?

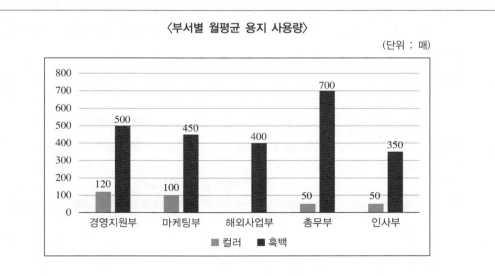

〈부서별 월평균 용지 사용량〉

(단위 : 매)

〈프린터 종류별 세부사항〉

(단위 : 매)

프린터	용지매수		기타 기능
	컬러	흑백	
A	–	1,500	없음
B	500	2,000	팩스 · 복사 · 스캔
C	400	2,500	복사 · 스캔
D	360	1,700	스캔

〈상황〉

- 총무부와 인사부는 팩스 기능이 반드시 필요하다.
- 경영지원부와 마케팅부는 스캔 기능이 반드시 필요하다.
- 프린터 한 대당 2개의 부서까지 같이 사용할 수 있다.
- 하나의 부서만 2대의 프린터를 사용하고, 잉크가 떨어지면 프린터는 사용할 수 없다.

① 경영지원부 – D프린터
② 마케팅부 – C프린터
③ 해외사업부 – A프린터
④ 총무부 – C프린터
⑤ 인사부 – D프린터

55 다음 자료를 근거로 판단할 때, 연구모임 A ~ E 중 두 번째로 많은 지원금을 받는 모임은?

〈지원계획〉

• 지원을 받기 위해서는 한 모임당 6명 이상 9명 미만으로 구성되어야 한다.
• 기본지원금은 모임당 1,500천 원을 기본으로 지원한다. 단, 상품개발을 위한 모임의 경우는 2,000천 원을 지원한다.
• 추가지원금

등급	상	중	하
추가지원금(천 원 / 명)	120	100	70

※ 추가지원금은 연구 계획 사전평가결과에 따라 달라진다.
• 협업 장려를 위해 협업이 인정되는 모임에는 위의 두 지원금을 합한 금액의 30%를 별도로 지원한다.

〈연구모임 현황 및 평가결과〉

모임	상품개발 여부	구성원 수	연구 계획 사전평가결과	협업 인정 여부
A	O	5	상	O
B	×	6	중	×
C	×	8	상	O
D	O	7	중	×
E	×	9	하	×

① A모임
② B모임
③ C모임
④ D모임
⑤ E모임

56 K고등학교는 부정행위 방지를 위해 1 ~ 3학년이 한 교실에서 같이 시험을 본다. 다음 〈조건〉을 참고할 때, 반드시 거짓인 것은?

─〈조건〉─

• 교실에는 책상이 여섯 줄로 되어있다.
• 같은 학년은 바로 옆줄에 앉지 못한다.
• 첫 번째 줄과 다섯 번째 줄에는 3학년이 앉는다.
• 3학년이 앉은 줄의 수는 1학년과 2학년이 앉은 줄의 합과 같다.

① 2학년은 네 번째 줄에 앉는다.
② 첫 번째 줄과 세 번째 줄의 책상 수는 같다.
③ 3학년의 학생 수가 1학년의 학생 수보다 많다.
④ 여섯 번째 줄에는 1학년이 앉는다.
⑤ 1학년이 두 번째 줄에 앉으면 2학년은 세 번째 줄에 앉는다.

57 K사는 6층 건물의 모든 층을 사용하고 있으며, 건물에는 기획부, 인사·교육부, 서비스개선부, 연구·개발부, 해외사업부, 디자인부가 각 층별로 위치하고 있다. 다음 〈조건〉을 참고할 때 항상 옳은 것은?(단, 6개의 부서는 서로 다른 층에 위치하며, 3층 이하에 위치한 부서의 직원은 출근 시 반드시 계단을 이용해야 한다)

―〈조건〉―
- 기획부의 문대리는 해외사업부의 이주임보다 높은 층에 근무한다.
- 인사·교육부는 서비스개선부와 해외사업부 사이에 위치한다.
- 디자인부의 김대리는 오늘 아침 엘리베이터에서 서비스개선부의 조대리를 만났다.
- 6개의 부서 중 건물의 옥상과 가장 가까이에 위치한 부서는 연구·개발부이다.
- 연구·개발부의 오사원이 인사·교육부 박차장에게 휴가 신청서를 제출하기 위해서는 4개의 층을 내려와야 한다.
- 건물 1층에는 회사에서 운영하는 커피숍이 함께 있다.

① 출근 시 엘리베이터를 탄 디자인부의 김대리는 5층에서 내린다.
② 디자인부의 김대리가 서비스개선부의 조대리보다 먼저 엘리베이터에서 내린다.
③ 인사·교육부와 커피숍은 같은 층에 위치한다.
④ 기획부의 문대리는 출근 시 반드시 계단을 이용해야 한다.
⑤ 인사·교육부의 박차장은 출근 시 연구·개발부의 오사원을 계단에서 만날 수 없다.

※ 다음은 호텔별 연회장 대여 현황에 대한 자료이다. 이어지는 질문에 답하시오. [58~59]

〈호텔별 연회장 대여 현황〉

건물	연회장	대여료	수용 가능 인원	회사로부터 거리	비고
A호텔	연꽃실	140만 원	200명	6km	2시간 이상 대여 시 추가비용 40만 원
B호텔	백합실	150만 원	300명	2.5km	1시간 초과 대여 불가능
C호텔	매화실	150만 원	200명	4km	이동수단 제공
	튤립실	180만 원	300명	4km	이동수단 제공
D호텔	장미실	150만 원	250명	4km	–

58 총무팀에 근무하고 있는 이대리는 김부장에게 다음과 같은 지시를 받았다. 이대리가 연회장 예약을 위해 지불해야 하는 예약금은 얼마인가?

> 다음 주에 있을 회사창립 20주년 기념행사를 위해 준비해야 할 것들 알려줄게요. 먼저 다음 주 금요일 오후 6시부터 8시까지 사용 가능한 연회장 리스트를 뽑아서 행사에 적합한 연회장을 예약해주세요. 연회장 대여를 위한 예산은 160만 원이고, 회사에서의 거리가 가까워야 임직원들이 이동하기에 좋을 것 같아요. 행사 참석 인원은 240명이고, 이동수단을 제공해준다면 우선적으로 고려하도록 하세요. 예약금은 대여료의 10%라고 하니 예약 완료하고 지불하도록 하세요.

① 14만 원   ② 15만 원
③ 16만 원   ④ 17만 원
⑤ 18만 원

59 회사창립 20주년 기념행사의 연회장 대여 예산이 200만 원으로 증액된다면, 이대리는 어떤 연회장을 예약하겠는가?

① A호텔 연꽃실   ② B호텔 백합실
③ C호텔 매화실   ④ C호텔 튤립실
⑤ D호텔 장미실

60 다음은 의류 생산공장의 생산 코드 부여 방식에 대한 자료이다. 이를 참고할 때 〈보기〉에 해당하지 않는 생산 코드는 무엇인가?

〈의류 생산 코드〉

- 생산 코드 부여 방식
  [종류] – [색상] – [제조일] – [공장지역] – [수량] 순으로 16자리이다.
- 종류

티셔츠	스커트	청바지	원피스
OT	OH	OJ	OP

- 색상

검정색	붉은색	푸른색	노란색	흰색	회색
BK	RD	BL	YL	WH	GR

- 제조일

해당연도	월	일
마지막 두 자리 숫자 예 2022 → 22	01 ~ 12	01 ~ 31

- 공장지역

서울	수원	전주	창원
475	869	935	753

- 수량

100벌 이상 150벌 미만	150장 이상 200벌 미만	200장 이상 250벌 미만	250장 이상	50벌 추가 생산
aaa	aab	aba	baa	ccc

〈예시〉

- 2022년 5월 16일에 수원 공장에서 검정 청바지 170벌을 생산하였다.
- 청바지 생산 코드 : OJBK – 220516 – 869aab

〈보기〉

㉠ 2021년 12월 4일에 붉은색 스커트를 창원 공장에서 120벌 생산했다.
㉡ 회색 티셔츠를 추가로 50벌을 서울 공장에서 2022년 1월 24일에 생산했다.
㉢ 생산날짜가 2022년 7월 5일인 푸른색 원피스는 창원 공장에서 227벌 생산되었다.
㉣ 흰색 청바지를 전주 공장에서 265벌을 납품일(2022년 7월 23일) 전날에 생산했다.
㉤ 티셔츠와 스커트를 노란색으로 178벌씩 수원 공장에서 2022년 4월 30일에 생산했다.

① OPGR – 220124 – 475ccc   ② OJWH – 220722 – 935baa
③ OHRD – 211204 – 753aaa   ④ OHYL – 220430 – 869aab
⑤ OPBL – 220705 – 753aba

6권

NCS 전 유형 원큐
정답 및 해설

온라인 모의고사 무료쿠폰

쿠폰번호	NCS통합	APCY-00000-B3DE7
	모듈형	APKD-00000-49E9C
	피듈형	APKE-00000-3981F
	PSAT형	APKF-00000-96653

[쿠폰 사용 안내]

1. 합격시대 홈페이지(www.sdedu.co.kr/pass_sidae_new)에 접속합니다.
2. 홈페이지 중앙 '1회 무료 이용권 제공' 배너를 클릭하고, 쿠폰번호를 등록합니다.
3. 내강의실 > 모의고사 > 합격시대 모의고사를 클릭하면 모의고사 응시가 가능합니다.
※ 본 쿠폰은 등록 후 30일간 이용 가능합니다.
※ iOS / macOS 운영체제에서는 서비스되지 않습니다.

무료NCS특강 쿠폰

쿠폰번호 SVL-80566-17321

[쿠폰 사용 안내]

1. SD에듀 홈페이지(www.sdedu.co.kr)에 접속합니다.
2. 상단 카테고리 「이벤트」를 클릭합니다.
3. 「NCS 도서구매 특별혜택 이벤트」를 클릭한 후 쿠폰번호를 입력합니다.

SD에듀

끝까지 책임진다! SD에듀!

QR코드를 통해 도서 출간 이후 발견된 오류나 개정법령, 변경된 시험 정보, 최신기출문제, 도서 업데이트 자료 등이 있는지 확인해 보세요! **시대에듀 합격 스마트 앱**을 통해서도 알려 드리고 있으니 구글 플레이나 앱 스토어에서 다운받아 사용하세요. 또한, 파본 도서인 경우에는 구입하신 곳에서 교환해 드립니다.

2023년 기출복원 모의고사 정답 및 해설

01	02	03	04	05	06	07	08	09	10
⑤	⑤	④	④	②	⑤	④	①	②	④
11	12	13	14	15	16	17	18	19	20
④	①	④	③	③	③	②	②	①	④
21	22	23	24	25	26	27	28	29	30
①	③	②	③	④	①	④	②	③	③
31	32	33	34	35	36	37	38	39	40
④	②	④	②	④	⑤	③	①	③	
41	42	43	44	45	46	47	48	49	50
③	③	②	③	③	④	②	⑤	④	④
51	52	53	54	55	56	57	58	59	60
①	②	④	⑤	②	③	②	④	③	⑤

01
정답 ⑤

제시문의 세 번째 문단에 따르면 스마트 글라스 내부 센서를 통해 충격과 기울기를 감지할 수 있어 작업자에게 위험한 상황이 발생할 경우 통보 시스템을 통해 바로 파악할 수 있게 되었음을 알 수 있다.

오답분석

① 첫 번째 문단에 따르면 스마트 글라스를 통한 작업자의 음성인식만으로 철도시설물 점검이 가능해졌음을 알 수 있지만, 다섯 번째 문단에 따르면 아직 유지보수 작업은 가능하지 않음을 알 수 있다.

② 첫 번째 문단에 따르면 스마트 글라스의 도입 이후에도 사람의 작업이 필요함을 알 수 있다.

③ 세 번째 문단에 따르면 스마트 글라스의 도입으로 추락 사고나 그 밖의 위험한 상황을 미리 예측할 수 있어 이를 방지할 수 있게 되었음을 알 수 있지만, 실제로 안전사고 발생 횟수가 감소하였는지는 알 수 없다.

④ 두 번째 문단에 따르면 여러 단계를 거치던 기존 작업 방식에서 스마트 글라스의 도입으로 작업을 한 번에 처리할 수 있게 된 것을 통해 작업 시간이 단축되었음을 알 수 있지만, 필요한 작업 인력의 감소 여부는 알 수 없다.

02
정답 ⑤

제시문의 네 번째 문단에 따르면 인공지능 등의 스마트 기술 도입으로 까치집 검출 정확도는 95%까지 상승하였으므로 까치집 제거율 또한 상승할 것임을 예측할 수 있으나, 근본적인 문제인 까치집 생성의 감소를 기대할 수는 없다.

오답분석

① 세 번째 문단과 네 번째 문단에 따르면 정확도가 65%에 불과했던 인공지능의 까치집 식별 능력이 딥러닝 방식의 도입으로 95%까지 상승했음을 알 수 있다.

② 세 번째 문단에서 시속 150km로 빠르게 달리는 열차에서의 까치집 식별 정확도는 65%에 불과하다는 내용으로 보아, 빠른 속도에서는 인공지능의 사물 식별 정확도가 낮음을 알 수 있다.

③ 네 번째 문단에 따르면 작업자의 접근이 어려운 곳에는 드론을 띄워 까치집을 발견 및 제거하는 기술도 시범 운영하고 있다고 하였다.

④ 세 번째 문단에 따르면 실시간 까치집 자동 검출 시스템 개발로 실시간으로 위험 요인의 위치와 이미지를 작업자에게 전달할 수 있게 되었다.

03
정답 ④

제시문의 두 번째 문단에 따르면 CCTV는 열차 종류에 따라 운전실에서 실시간으로 상황을 파악할 수 있는 네트워크 방식과 각 객실에서의 영상을 저장하는 개별 독립 방식으로 설치된다고 하였다. 따라서 개별 독립 방식으로 설치된 일부 열차에서는 각 객실의 상황을 실시간으로 파악하지 못할 수 있다.

오답분석

① 첫 번째 문단에 따르면 2023년까지 현재 운행하고 있는 열차의 모든 객실에 CCTV를 설치하겠다는 내용으로 보아, 현재 모든 열차의 모든 객실에는 CCTV가 설치되지 않았다.

② 첫 번째 문단에 따르면 2023년까지 모든 열차 승무원에게 바디 캠을 지급하겠다고 하였다. 이에 따라 승객이 승무원을 폭행하는 등의 범죄 발생 시 해당 상황을 녹화한 바디 캠 영상이 있어 수사의 증거자료로 사용할 수 있게 되었다.

③ 두 번째 문단에 따르면 CCTV는 사각지대 없이 설치되며 일부는 휴대 물품 보관대 주변에도 설치된다고 하였다. 따라서 인적 피해와 물적 피해 모두 예방할 수 있게 되었다.

⑤ 세 번째 문단에 따르면 CCTV 품평회와 시험을 통해 제품의 형태와 색상, 재질, 진동과 충격 등에 대한 적합성을 고려한다고 하였다.

04
정답 ④

작년 K대학교의 재학생 수는 6,800명이고 남학생과 여학생의 비가 8 : 9이므로, 남학생은 $6,800 \times \dfrac{8}{8+9} = 3,200$명이고, 여학생은 $6,800 \times \dfrac{9}{8+9} = 3,600$명이다. 올해 줄어든 남학생과 여학생의 비가 12 : 13이므로 올해 K대학교에 재학 중인 남학생과 여학생의 비는 $(3,200 - 12k) : (3,600 - 13k) = 7 : 8$이다.

$7 \times (3,600 - 13k) = 8 \times (3,200 - 12k)$

$25,200 - 91k = 25,600 - 96k$

$5k = 400 \rightarrow k = 80$

따라서 올해 K대학교에 재학 중인 남학생은 $3,200 - 12 \times 80 = 2,240$명이고, 여학생은 $3,600 - 13 \times 80 = 2,560$명이므로 올해 K대학교의 전체 재학생 수는 $2,240 + 2,560 = 4,800$명이다.

05
정답 ②

마일리지 적립 규정에 회원 등급과 관련된 내용은 없으며, 마일리지 적립은 지불한 운임의 액수, 더블적립 열차 탑승 여부, 선불형 교통카드 Rail+ 사용 여부에 따라서만 결정된다.

오답분석

① KTX 마일리지는 KTX 열차 이용 시에만 적립된다.
③ 비즈니스 등급은 기업회원 여부와 관계없이 최근 1년간의 활동내역을 기준으로 부여된다.
④ 반기 동안 추석 및 설 명절 특별수송기간 탑승 건을 제외하고 4만 점을 적립하면 VIP 등급을 부여받는다.
⑤ VVIP 등급과 VIP 등급 고객은 한정된 횟수 내에서 무료 업그레이드 쿠폰으로 KTX 특실을 KTX 일반실 가격에 구매할 수 있다.

06
정답 ⑤

K공사를 통한 예약 접수는 온라인 쇼핑몰 홈페이지를 통해서만 가능하며, 오프라인(방문) 접수는 우리·농협은행의 창구를 통해서만 이루어진다.

오답분석

① 구매자를 대한민국 국적자로 제한하는 내용은 없다.
② 단품으로 구매 시 1인당 화종별 최대 3장으로 총 9장, 세트로 구매할 때도 1인당 최대 3세트로 총 9장까지 신청이 가능하며, 세트와 단품은 중복신청이 가능하므로 1인당 구매 가능한 최대 개수는 18장이다.
③ 우리·농협은행의 계좌가 없다면, K공사 온라인 쇼핑몰을 이용하거나 우리·농협은행에 직접 방문하여 구입할 수 있다.
④ 총발행량은 예약 주문 이전부터 화종별 10,000장으로 미리 정해져 있다.

07
정답 ④

우리·농협은행 계좌 미보유자인 외국인 A씨가 예약 신청을 할 수 있는 방법은 두 가지이다. 하나는 신분증인 외국인등록증을 지참하고 우리·농협은행의 지점을 방문하여 신청하는 것이고, 다른 하나는 K공사 온라인 쇼핑몰에서 가상계좌 방식으로 신청하는 것이다.

오답분석

① A씨는 외국인이므로 창구 접수 시 지참해야 하는 신분증은 외국인등록증이다.
② K공사 온라인 쇼핑몰에서는 가상계좌 방식을 통해서만 예약 신청이 가능하다.
③ 홈페이지를 통한 신청이 가능한 은행은 우리은행과 농협은행 뿐이다.
⑤ 우리·농협은행의 홈페이지를 통해 예약 접수를 하려면 해당 은행에 미리 계좌가 개설되어 있어야 한다.

08
정답 ①

3종 세트는 186,000원, 단품은 각각 63,000원이므로 5명의 구매 금액을 계산하면 다음과 같다.

- A : $(186,000 \times 2) + 63,000 = 435,000$원
- B : $63,000 \times 8 = 504,000$원
- C : $(186,000 \times 2) + (63,000 \times 2) = 498,000$원
- D : $186,000 \times 3 = 558,000$원
- E : $186,000 + (63,000 \times 4) = 438,000$원

따라서 가장 많은 금액을 지불한 사람은 D이며, 구매 금액은 558,000원이다.

09
정답 ②

허리디스크는 디스크의 수핵이 탈출하여 생긴 질환이므로 허리를 굽히거나 앉아 있을 때 디스크에 가해지는 압력이 높아져 통증이 더 심해진다. 반면 척추관협착증의 경우 서 있을 때 척추관이 더욱 좁아지게 되어 통증이 더욱 심해진다.

오답분석

① 허리디스크는 디스크의 탄력 손실이나 갑작스런 충격으로 인해 균열이 생겨 발생하고, 척추관협착증은 오랜 기간 동안 황색 인대가 두꺼워져 척추관에 변형이 일어나 발생하므로 허리디스크가 더 급작스럽게 증상이 나타난다.
③ 허리디스크는 자연치유가 가능하지만, 척추관협착증은 불가능하다. 따라서 허리디스크는 주로 통증을 줄이고 안정을 취하는 보존치료를 하지만, 척추관협착증은 변형된 부분을 제거하는 외과적 수술을 한다.
④ 허리디스크와 척추관협착증 모두 척추 중앙의 신경 다발(척수)이 압박받을 수 있으며, 심할 경우 하반신 마비 증세를 보일 수 있으므로 빠른 치료를 받는 것이 중요하다.

10
정답 ④

고령인 사람이 서 있을 때 통증이 나타난다면 퇴행성 척추질환인 척추관협착증(요추관협착증)일 가능성이 높다. 반면 허리디스크(추간판탈출증)는 젊은 나이에도 디스크에 급격한 충격이 가해지면 발생할 수 있고, 앉아 있을 때 통증이 심해진다. 따라서 ㉠에는 척추관협착증, ㉡에는 허리디스크가 들어가야 한다.

11
정답 ④

제시문은 장애인 건강주치의 시범사업을 소개하며 3단계 시범사업에서 기존과 달라지는 것을 위주로 설명하고 있다. 따라서 가장 처음에 와야 할 문단은 3단계 장애인 건강주치의 시범사업을 소개하는 (마) 문단이다. 이어서 장애인 건강주치의 시범사업 세부 서비스를 소개하는 문단이 와야 하는데, 서비스 종류를 소개하는 문장이 있는 (다) 문단이 이어지는 것이 가장 적절하다. 이어서 2번째 서비스인 주장애관리를 소개하는 (가) 문단이 와야 하며, 그 다음으로 3번째 서비스인 통합관리 서비스와 추가적으로 방문 서비스를 소개하는 (라) 문단이 오는 것이 적절하다. 마지막으로 장애인 건강주치의 시범사업에 신청하는 방법을 소개하며 글을 끝내는 것이 적절하므로 (나) 문단이 이어져야 한다. 따라서 제시문을 순서대로 바르게 나열하면 (마) – (다) – (가) – (라) – (나)이다.

12
정답 ①

- 2019년 직장가입자 및 지역가입자의 건강보험금 징수율
  - 직장가입자 : $\frac{6,698,187}{6,706,712} \times 100 ≒ 99.87\%$
  - 지역가입자 : $\frac{886,396}{923,663} \times 100 ≒ 95.97\%$
- 2020년 직장가입자 및 지역가입자의 건강보험금 징수율
  - 직장가입자 : $\frac{4,898,775}{5,087,163} \times 100 ≒ 96.3\%$
  - 지역가입자 : $\frac{973,681}{1,003,637} \times 100 ≒ 97.02\%$
- 2021년 직장가입자 및 지역가입자의 건강보험금 징수율
  - 직장가입자 : $\frac{7,536,187}{7,763,135} \times 100 ≒ 97.08\%$
  - 지역가입자 : $\frac{1,138,763}{1,256,137} \times 100 ≒ 90.66\%$
- 2022년 직장가입자 및 지역가입자의 건강보험금 징수율
  - 직장가입자 : $\frac{8,368,972}{8,376,138} \times 100 ≒ 99.91\%$
  - 지역가입자 : $\frac{1,058,943}{1,178,572} \times 100 ≒ 89.85\%$

따라서 직장가입자의 건강보험금 징수율이 가장 높은 해는 2022년이고, 지역가입자의 건강보험금 징수율이 가장 높은 해는 2020년이다.

13
정답 ④

이뇨제의 1인 투여량은 60mL/일이고 진통제의 1인 투여량은 60mg/일이므로 이뇨제를 투여한 환자 수와 진통제를 투여한 환자 수의 비는 이뇨제 사용량과 진통제 사용량의 비와 같다.
- 2018년 : $3,000 \times 2 < 6,720$
- 2019년 : $3,480 \times 2 = 6,960$
- 2020년 : $3,360 \times 2 < 6,840$
- 2021년 : $4,200 \times 2 > 7,200$
- 2022년 : $3,720 \times 2 > 7,080$

따라서 2018년과 2020년에 진통제를 투여한 환자 수는 이뇨제를 투여한 환자 수의 2배보다 많다.

오답분석

① 2022년에 전년 대비 사용량이 감소한 의약품은 이뇨제와 진통제이며, 이뇨제의 사용량 감소율은 $\frac{3,720-4,200}{4,200} \times 100 ≒$ $-11.43\%p$이고, 진통제의 사용량 감소율은 $\frac{7,080-7,200}{7,200}$ $\times 100 ≒ -1.67\%p$이다. 따라서 전년 대비 2022년 사용량 감소율이 가장 큰 의약품은 이뇨제이다.

② 5년 동안 지사제 사용량의 평균은 $\frac{30+42+48+40+44}{5} =$ 40.8정이고, 지사제의 1인 1일 투여량은 2정이다. 따라서 지사제를 투여한 환자 수의 평균은 $\frac{40.8}{2} = 20.4$이므로 약 20명이다.

③ 이뇨제 사용량은 매년 '증가 – 감소 – 증가 – 감소'를 반복하였다.

14
정답 ③

분기별 사회복지사 인력의 합은 다음과 같다.
- 2022년 3분기 : $391+670+1,887=2,948$명
- 2022년 4분기 : $385+695+1,902=2,982$명
- 2023년 1분기 : $370+700+1,864=2,934$명
- 2023년 2분기 : $375+720+1,862=2,957$명

분기별 전체 보건인력 중 사회복지사 인력의 비율은 다음과 같다.
- 2022년 3분기 : $\frac{2,948}{80,828} \times 100 ≒ 3.65\%$
- 2022년 4분기 : $\frac{2,982}{82,582} \times 100 ≒ 3.61\%$
- 2023년 1분기 : $\frac{2,934}{86,236} \times 100 ≒ 3.40\%$
- 2023년 2분기 : $\frac{2,957}{86,707} \times 100 ≒ 3.41\%$

따라서 옳지 않은 것은 ③이다.

15
정답 ③

건강생활실천지원금제 신청자 목록에 따라 신청자별로 확인하면 다음과 같다.
- A의 주민등록상 주소지는 시범지역에 속하지 않는다.
- B의 주민등록상 주소지는 관리형에 속하지만, 고혈압 또는 당뇨병 진단을 받지 않았다.
- C의 주민등록상 주소지는 예방형에 속하고, 체질량지수와 혈압이 건강관리가 필요한 사람이므로 예방형이다.
- D의 주민등록상 주소지는 관리형에 속하고, 고혈압 진단을 받았으므로 관리형이다.
- E의 주민등록상 주소지는 예방형에 속하고, 체질량지수와 공복혈당 건강관리가 필요한 사람이므로 예방형이다.
- F의 주민등록상 주소지는 시범지역에 속하지 않는다.
- G의 주민등록상 주소지는 관리형에 속하고, 당뇨병 진단을 받았으므로 관리형이다.
- H의 주민등록상 주소지는 시범지역에 속하지 않는다.
- I의 주민등록상 주소지는 예방형에 속하지만, 필수조건인 체질량지수가 정상이므로 건강관리가 필요한 사람에 해당하지 않는다.

따라서 예방형 신청이 가능한 사람은 C, E이고, 관리형 신청이 가능한 사람은 D, G이다.

16
정답 ③

출산장려금 지급 시기의 가장 우선순위인 임신일이 가장 긴 임산부는 B, D, E임산부이다. 이 중에서 만 19세 미만인 자녀 수가 많은 임산부는 D, E임산부이고, 소득 수준이 더 낮은 임산부는 D임산부이다. 따라서 D임산부가 가장 먼저 출산장려금을 받을 수 있다.

17
정답 ②

제시문은 행위별수가제에 대해 환자, 의사, 건강보험 재정 등 많은 곳에서 한계점이 있다고 설명하면서 건강보험 고갈을 막기 위해 다양한 지불방식을 도입하는 등 구조적인 개편이 필요함을 설명하고 있다. 따라서 글의 주제로 '행위별수가제의 한계점'이 가장 적절하다.

18
정답 ②

- 구상(求償) : 무역 거래에서 수량·품질·포장 따위에 계약 위반 사항이 있는 경우, 매주(賣主)에게 손해 배상을 청구하거나 이의를 제기하는 일
- 구제(救濟) : 자연적인 재해나 사회적인 피해를 당하여 어려운 처지에 있는 사람을 도와줌

19
정답 ①

- (운동에너지)$=\frac{1}{2}\times$(질량)$\times$(속력)$^2=\frac{1}{2}\times2\times4^2=16$J
- (위치에너지)$=$(질량)$\times$(중력가속도)$\times$(높이)$=2\times10\times0.5=$10J
- (역학적 에너지)$=$(운동에너지)$+$(위치에너지)$=16+10=26$J

공의 역학적 에너지는 26J이고, 튀어 오를 때 가장 높은 지점에서 운동에너지가 0이므로 역학적 에너지는 위치에너지와 같다.
따라서 공이 튀어 오를 때 가장 높은 지점에서의 위치에너지는 26J이다.

20
정답 ④

출장지까지 거리는 $200\times1.5=300$km이므로 시속 60km의 속력으로 달릴 때 걸리는 시간은 5시간이고, 약속시간보다 1시간 늦게 도착하므로 약속시간은 4시간 남았다. 300km를 시속 60km의 속력으로 달리다 도중에 시속 90km의 속력으로 달릴 때 약속시간보다 30분 일찍 도착했으므로, 이때 걸린 시간은 $4-\frac{1}{2}=\frac{7}{2}$시간이다.

시속 90km의 속력으로 달린 거리를 $x$km라 하면

$$\frac{300-x}{60}+\frac{x}{90}=\frac{7}{2}$$

$900-3x+2x=630$

$x=270$

따라서 A부장이 시속 90km의 속력으로 달린 거리는 270km이다.

21
정답 ①

상품의 원가를 x원이라 하면 처음 판매가격은 $1.23x$원이다.
여기서 1,300원을 할인하여 판매했을 때 얻은 이익은 원가의 10%이므로

$(1.23x-1,300)-x=0.1x$

$0.13x=1,300$

$x=10,000$

따라서 상품의 원가는 10,000원이다.

22
정답 ③

G와 B의 자리를 먼저 고정하고, 양 끝에 앉을 수 없는 A의 위치를 토대로 경우의 수를 계산하면 다음과 같다.
- G가 가운데에 앉고, B가 G의 바로 왼쪽에 앉는 경우의 수

		A	B	G		
			B	G	A	
			B	G		A

$3\times4!=72$가지

- G가 가운데에 앉고, B가 G의 바로 오른쪽에 앉는 경우의 수

	A		G	B	

		A	G	B	

			G	B	A

$3 \times 4! = 72$가지

따라서 조건과 같이 앉을 때 가능한 경우의 수는 $72 + 72 = 144$가지이다.

23
정답 ②

유치원생이 11명일 때 평균 키가 113cm이므로 유치원생 11명의 키의 합은 $113 \times 11 = 1,243$cm이다. 이때 키가 107cm인 유치원생이 나갔으므로 남은 유치원생 10명의 키의 합은 $1,243 - 107 = 1,136$cm이다. 따라서 남은 유치원생 10명의 평균 키는 $\frac{1,136}{10} = 113.6$cm이다.

24
정답 ③

'우회수송'은 사고 등의 이유로 직통이 아닌 다른 경로로 우회하여 수송한다는 뜻이기 때문에 '우측 선로로의 변경'은 순화로 적절하지 않다.

오답분석

① '열차 시격'에서 '시격'이란 '사이에 뜬 시간'이라는 뜻의 한자어로, 열차와 열차 사이의 간격, 즉 '배차 간격'으로 순화할 수 있다.
② '전차선'이란 선로를 의미하고, '단전'은 전기의 공급이 중단됨을 말한다. 따라서 바르게 순화되었다.
④ '핸드레일(Handrail)'은 난간을 뜻하는 영어 단어로, 우리말로는 '안전손잡이'로 순화할 수 있다.
⑤ '키스 앤 라이드(Kiss and Ride)'는 헤어질 때 키스를 하는 영미권 문화에서 비롯된 용어로, '환승정차구역'을 지칭한다.

25
정답 ④

제시문의 세 번째 문단을 통해 정부가 철도 중심 교통체계 구축을 위해 노력하고 있음을 알 수 있으나, 구체적으로 시행된 조치는 언급되지 않았다.

오답분석

① 첫 번째 문단을 통해 전 세계적으로 탄소중립이 주목받자 이에 대한 방안으로 등장한 것이 철도 수송임을 알 수 있다.
② 첫 번째 문단과 두 번째 문단을 통해 철도 수송의 확대가 온실가스 배출량의 획기적인 감축을 가져올 것임을 알 수 있다.
③ 네 번째 문단을 통해 '중앙선 안동 ~ 영천 간 궤도' 설계 시 탄소 감축 방안으로 저탄소 자재인 유리섬유 보강근이 철근 대신 사용되었음을 알 수 있다.
⑤ 네 번째 문단을 통해 S철도공단은 철도 중심 교통체계 구축을 위해 건설 단계에서부터 친환경·저탄소 자재를 적용하였고, 탄소 감축을 위해 2025년부터는 모든 철도건축물을 일정한 등급 이상으로 설계하기로 결정하였음을 알 수 있다.

26
정답 ①

제시문을 살펴보면 먼저 첫 번째 문단에서는 이산화탄소로 메탄올을 만드는 곳이 있다며 관심을 유도하고, 두 번째 문단에서 메탄올을 어떻게 만들고 어디에서 사용하는지 구체적으로 설명함으로써 탄소 재활용의 긍정적인 측면을 부각하고 있다. 하지만 세 번째 문단에서는 앞선 내용과 달리 이렇게 만들어진 메탄올의 부정적인 측면을 설명하고, 네 번째 문단에서는 이와 같은 이유로 탄소 재활용에 대한 결론이 나지 않았다며 글이 마무리되고 있다. 따라서 제시문의 주제로 가장 적절한 것은 탄소 재활용의 이면을 모두 포함하는 내용인 ①이다.

오답분석

② 두 번째 문단에 한정된 내용이므로 제시문 전체를 다루는 주제로 보기에는 적절하지 않다.
③ 지열발전소의 부산물을 통해 메탄올이 만들어진 것은 맞지만 새롭게 탄생된 연료로 보기는 어려우며, 제시문 전체를 다루는 주제로 보기에도 적절하지 않다.
④·⑤ 제시문의 첫 번째 문단과 두 번째 문단에서는 버려진 이산화탄소 및 부산물의 재활용을 통해 '메탄올'을 제조함으로써 미래 원료를 해결할 수 있을 것처럼 보이지만, 이어지는 세 번째 문단과 네 번째 문단에서는 이렇게 만들어진 '메탄올'이 과연 미래 원료로 적합한지 의문점이 제시되고 있다. 따라서 제시문의 주제로 적절하지 않다.

27
정답 ④

A ~ C철도사의 차량 1량당 연간 승차인원 수는 다음과 같다.
- 2020년
  - A철도사 : $\frac{775,386}{2,751} \fallingdotseq 281.86$천 명/년/1량
  - B철도사 : $\frac{26,350}{103} \fallingdotseq 255.83$천 명/년/1량
  - C철도사 : $\frac{35,650}{185} \fallingdotseq 192.7$천 명/년/1량
- 2021년
  - A철도사 : $\frac{768,776}{2,731} \fallingdotseq 281.5$천 명/년/1량
  - B철도사 : $\frac{24,746}{111} \fallingdotseq 222.94$천 명/년/1량
  - C철도사 : $\frac{33,130}{185} \fallingdotseq 179.08$천 명/년/1량
- 2022년
  - A철도사 : $\frac{755,376}{2,710} \fallingdotseq 278.74$천 명/년/1량
  - B철도사 : $\frac{23,686}{113} \fallingdotseq 209.61$천 명/년/1량
  - C철도사 : $\frac{34,179}{185} \fallingdotseq 184.75$천 명/년/1량

따라서 3년간 차량 1량당 연간 평균 승차인원 수는 C철도사가 가장 적다.

① 2020 ~ 2022년의 C철도사의 차량 수는 185량으로 변동이 없다.
② 2020 ~ 2022년의 연간 승차인원 비율은 모두 A철도사가 가장 높다.
③ A ~ C철도사의 2020년의 연간 전체 승차인원 수는 775,386 +26,350+35,650=837,386천 명, 2021년의 연간 전체 승차 인원 수는 768,776+24,746+33,130=826,652천 명이고, 2022년의 연간 전체 승차인원 수는 755,376+23,686+34,179=813,241천 명이므로 매년 감소하였다.
⑤ 2020 ~ 2022년의 C철도사 차량 1량당 연간 승차인원 수는 각각 192.7천 명, 179.08천 명, 184.75천 명이므로 모두 200천 명 미만이다.

28 정답 ②

S사원은 충분히 업무를 수행할 능력은 있으나 A과장으로부터 문책을 당한 경험으로 인해 과제를 완수하고 목표를 달성할 수 있는 능력 차원에서의 자아존중감이 부족한 상태이다.

① 자기관리 : 자신을 이해하고, 목표를 성취하기 위해 자신의 행동 및 업무 수행을 관리하고 조정하는 것이다.
③ 경력개발 : 자신과 자신의 환경 상황을 인식하고 분석하여 합당한 경력 관련 목표를 설정하는 과정이다.
④ 강인성 : 개인이 세상을 대하는 기본적 태도로서 헌신, 통제 및 도전적 성향을 가지는 것이다.
⑤ 낙관주의 : 아직 현실화되지 않은 앞으로의 일을 좋은 방향으로 생각하는 태도이다.

자아존중감

개인의 가치에 대한 주관적인 평가와 판단을 통해 자기결정에 도달하는 과정이며, 스스로에 대한 긍정적 또는 부정적 평가를 통해 가치를 결정짓는 것이다.
• 가치 차원 : 다른 사람들이 자신을 가치 있게 여기며 좋아한다고 생각하는 정도를 말한다.
• 능력 차원 : 과제를 완수하고 목표를 달성할 수 있다는 신념을 말한다.
• 통제감 차원 : 자신이 세상에서 경험하는 일들과 거기에 영향을 미칠 수 있다고 느끼는 정도를 말한다.

29 정답 ③

㉠ 대인동기 : 인간관계를 지향하게 하고 사회적 행동을 유발하는 동기로, 내용에 따라 생리적 동기, 심리적 동기로 나뉘며 발생 원인에 따라 선천적 동기(유전), 후천적 동기(학습)로 나뉜다.
㉡ 대인신념 : 개인이 인간과 인간관계에 대해 가지고 있는 지적인 이해나 믿음으로, 대인관계에 대한 지속적이고 안정적인 사고 내용이다. 따라서 대인관계 상황에서 개인의 행동을 결정하는 주요한 요인이 된다.
㉢ 대인기술 : 인간관계를 성공적으로 이끌어 갈 수 있는 사교적 능력으로, 성장과정에서 후천적 경험을 통해 의식적 혹은 무의식적으로 배워 습득하는 언어적 · 비언어적 행동능력이다.

30 정답 ③

도덕적 해이의 특징
• 직무를 충실히 수행하지 않는 행위에 한정되며, 법률 위반과는 차이가 있다. 따라서 적발과 입증이 어려운 측면이 있다.
• 도덕적 일탈과도 차이가 있어 사적 영역에서 도덕적 의무를 다하지 않는 행위는 제외된다.
• 조직의 큰 틀에 어긋나는 의도적 · 적극적인 자신의 이익 실현 행위가 포함된다.
• 사익을 추구하지 않더라도 효율적 운영을 위해 최선을 다하지 않는 방만한 경영 행태가 포함된다.
• 위험이 따르지만 실적이 기대되는 신규 업무에 관심을 갖지 않는 소극적 행위의 특징이 있다.
• 결정을 내리고 책임지기보다는 상급기관에 결정을 미루고 기계적으로 따라하는 행동방식을 취한다.

31 정답 ④

㉠ · ㉢ 유기적 조직에 대한 설명이다.

기계적 조직과 유기적 조직
• 기계적 조직
 − 구성원의 업무가 분명하게 규정되어 있다.
 − 많은 규칙과 규제가 있다.
 − 상하 간 의사소통이 공식적인 경로를 통해 이루어진다.
 − 엄격한 위계질서가 존재한다.
 − 대표적으로 군대, 정부, 공공기관 등이 있다.
• 유기적 조직
 − 의사결정권한이 조직의 하부 구성원들에게 많이 위임되어 있다.
 − 업무가 고정되지 않아 업무 공유가 가능하다.
 − 비공식적인 상호 의사소통이 원활하게 이루어진다.
 − 규제나 통제의 정도가 낮아 변화에 맞춰 쉽게 변할 수 있다.
 − 대표적으로 권한위임을 받아 독자적으로 활동하는 사내 벤처팀, 특정한 과제 수행을 위해 조직된 프로젝트팀이 있다.

32   정답 ②

글로벌화가 이루어지면 조직은 해외에 직접 투자할 수 있고, 원자재를 보다 싼 가격에 수입할 수 있으며, 수송비가 절감되고, 무역장벽이 낮아져 시장이 확대되는 경제적 이익을 얻을 수 있다. 반면에 그만큼 세계적인 수준으로 경쟁이 치열해지기 때문에 국제적인 감각을 가지고 세계화 대응 전략을 마련해야 한다.

33   정답 ④

사람들이 집단에 머물고, 계속 남아 있기를 원하게 만드는 힘은 응집력이다. 팀워크는 단순히 사람들이 모여 있는 것이 아니라 목표달성의 의지를 가지고 성과를 내는 것이다.

> **팀워크와 응집력**
> • 팀워크 : 팀 구성원이 공동의 목적을 달성하기 위해 상호관계성을 가지고 서로 협력하여 일을 해 나가는 것이다.
> • 응집력 : 사람들로 하여금 집단에 머물도록 만들고, 그 집단의 멤버로서 계속 남아 있기를 원하게 만드는 힘이다.

34   정답 ④

직업윤리는 근로윤리와 공동체윤리로 구분할 수 있으며, 근로윤리의 판단 기준으로는 정직한 행동, 근면한 자세, 성실한 태도 등이 있다.

오답분석

㉠・㉡・㉣ 공동체윤리의 판단 기준이다.

35   정답 ②

㉠ 퍼실리테이션(Facilitation)이란 '촉진'을 의미하며, 어떤 그룹이나 집단이 의사결정을 잘하도록 도와주는 일을 가리킨다. 최근 많은 조직에서는 보다 생산적인 결과를 가져올 수 있도록 그룹이 나아갈 방향을 알려 주고, 주제에 대한 공감을 이룰 수 있도록 능숙하게 도와주는 퍼실리테이터를 활용하고 있다. 퍼실리테이션에 의한 문제해결방법은 깊이 있는 커뮤니케이션을 통해 서로의 문제점을 이해하고 공감함으로써 창조적인 문제해결을 도모한다. 소프트 어프로치나 하드 어프로치 방법은 타협점의 단순 조정에 그치지만, 퍼실리테이션에 의한 방법은 초기에 생각하지 못했던 창조적인 해결방법을 도출한다. 동시에 구성원의 동기가 강화되고 팀워크도 한층 강화된다는 특징을 보인다. 이 방법을 이용한 문제해결은 구성원이 자율적으로 실행하는 것이며, 제3자가 합의점이나 줄거리를 준비해 놓고 예정대로 결론이 도출되어 가도록 해서는 안 된다.
㉡ 하드 어프로치에 의한 문제해결방법은 상이한 문화적 토양을 가지고 있는 구성원을 가정하여 서로의 생각을 직설적으로 주장하고 논쟁이나 협상을 통해 의견을 조정해 가는 방법이다. 이때 중심적 역할을 하는 것이 논리, 즉 사실과 원칙에 근거한 토론이다. 제3자는 이것을 기반으로 구성원에게 지도와 설득을 하고 전원이 합의하는 일치점을 찾아내려고 한다. 이러한

방법은 합리적이긴 하지만 잘못하면 단순한 이해관계의 조정에 그치고 말아서 그것만으로는 창조적인 아이디어나 높은 만족감을 이끌어 내기 어렵다.
㉢ 소프트・어프로치에 의한 문제해결방법은 대부분의 기업에서 볼 수 있는 전형적인 스타일로, 조직 구성원들은 같은 문화적 토양을 가지고 이심전심으로 서로를 이해하는 상황을 가정한다. 코디네이터 역할을 하는 제3자는 결론으로 끌고 갈 지점을 미리 머릿속에 그려가면서 권위나 공감에 의지하여 의견을 중재하고, 타협과 조정을 통하여 해결을 도모한다. 결론이 애매하게 끝나는 경우가 적지 않으나, 그것은 그것대로 이심전심을 유도하여 파악하면 된다. 소프트 어프로치에서는 문제해결을 위해서 직접 표현하는 것이 바람직하지 않다고 여기며, 무언가를 시사하거나 암시를 통하여 의사를 전달하고 기분을 서로 통하게 함으로써 문제해결을 도모하고자 한다.

36   정답 ④

네 번째 조건을 제외한 모든 조건과 그 대우를 논리식으로 표현하면 다음과 같다.
• ~(D∨G) → F / ~F → (D∧G)
• F → ~E / E → ~F
• ~(B∨E) → ~A / A → (B∧E)
네 번째 조건에 따라 A가 투표를 하였으므로, 세 번째 조건의 대우에 의해 B와 E 모두 투표를 하였다. 또한 E가 투표를 하였으므로, 두 번째 조건의 대우에 따라 F는 투표하지 않았으며, F가 투표하지 않았으므로 첫 번째 조건의 대우에 따라 D와 G는 모두 투표하였다. A, B, D, E, G 5명이 모두 투표하였으므로 네 번째 조건에 따라 C는 투표하지 않았다. 따라서 투표를 하지 않은 사람은 C와 F이다.

37   정답 ⑤

VLOOKUP 함수는 열의 첫 열에서 수직으로 검색하여 원하는 값을 출력하는 함수이다. 함수의 형식은 「=VLOOKUP(찾을 값,범위,열 번호,찾기 옵션)」이며 이 중 근사값을 찾기 위해서는 찾기 옵션에 1을 입력해야 하고, 정확히 일치하는 값을 찾기 위해서는 0을 입력해야 한다. 상품코드 S3310897의 값을 일정한 범위에서 찾아야 하는 것이므로 범위는 절대참조로 지정해야 하며, 크기 '중'은 범위 중 3번째 열에 위치하고, 정확히 일치하는 값을 찾아야 하므로 입력해야 하는 함수식은 「=VLOOKUP("S3310897", $B$2:$E$8,3,0)」이다.

오답분석

① ・ ② HLOOKUP 함수를 사용하려면 찾고자 하는 값은 '중'이고, [B2:E8] 범위에서 찾고자 하는 행 'S3310897'은 6번째 행이므로 「=HLOOKUP("중",$B$2:$E$8,6,0)」을 입력해야 한다.
③ ・ ④ '중'은 테이블 범위에서 3번째 열이다.

38

정답 ③

Windows Game Bar로 녹화한 영상의 저장 위치는 파일 탐색기를 사용하여 [내 PC] – [동영상] – [캡처] 폴더를 원하는 위치로 옮겨 변경할 수 있다.

39

정답 ①

RPS 제도 이행을 위해 공급의무자는 일정 비율 이상(의무공급비율)을 신재생에너지로 발전해야 한다. 하지만 의무공급비율은 매년 확대되고 있고, 여기에 맞춰 신재생에너지 발전설비를 계속 추가하는 것은 시간적, 물리적으로 어려우므로 공급의무자는 신재생에너지 공급자로부터 REC를 구매하여 의무공급비율을 달성한다.

오답분석

② 신재생에너지 공급자가 공급의무자에게 REC를 판매하기 위해서는 에너지관리공단 신재생에너지센터, 한국전력거래소 등 공급인증기관으로부터 공급 사실을 증명하는 공급인증서를 신청해 발급받아야 한다.

③ 2021년 8월 이후 에너지관리공단에서 운영하는 REC 거래시장을 통해 일반기업도 REC를 구매하여 온실가스 감축실적으로 인정받을 수 있게 되었다.

④ REC에 명시된 공급량은 발전방식에 따라 가중치를 곱해 표기하므로 실제 공급량과 다를 수 있다.

40

정답 ③

빈칸 ⊙의 앞 문장은 공급의무자의 신재생에너지 발전설비 확대를 통한 RPS 달성에는 한계점이 있음을 설명하고, 뒷 문장은 이에 대한 대안으로서 REC 거래를 설명하고 있다. 따라서 빈칸에 들어갈 접속부사는 '그러므로'가 가장 적절하다.

41

정답 ③

오답분석

① 인증서의 유효기간은 발급일로부터 3년이다. 2020년 10월 6일에 발급받은 REC의 만료일은 2023년 10월 6일이므로 이미 만료되어 거래할 수 없다.

② 천연가스는 화석연료이므로 REC를 발급받을 수 없다.

④ 기업에 판매하는 REC는 에너지관리공단에서 거래시장을 운영한다.

42

정답 ③

수소는 연소 시 탄소를 배출하지 않는 친환경에너지이지만, 수소혼소 발전은 수소와 함께 액화천연가스(LNG)를 혼합하여 발전하므로 기존 LNG 발전에 비해 탄소 배출량은 줄어들지만, 여전히 탄소를 배출한다.

오답분석

① 수소혼소 발전은 기존의 LNG 발전설비를 활용할 수 있기 때문에 화석연료 발전에서 친환경에너지 발전으로 전환하는 데 발생하는 사회적·경제적 충격을 완화할 수 있다.

② 높은 온도로 연소하는 수소는 공기 중의 질소와 반응하여 질소산화물(NOx)을 발생시키며, 이는 미세먼지와 함께 대기오염의 주요 원인으로 작용한다.

④ 수소혼소 발전에서 수소를 혼입하는 양이 많아질수록 발전에 사용하는 LNG를 많이 대체하므로 탄소 배출량은 줄어든다.

43

정답 ②

보기에 주어진 문장은 접속부사 '따라서'로 시작하므로 수소가 2050 탄소중립 실현을 위한 최적의 에너지원이 되는 이유 뒤에 와야 한다. 따라서 보기는 수소 에너지의 장점과 이어지는 (나)에 들어가는 것이 가장 적절하다.

44

정답 ③

- 총무팀 : 연필, 지우개, 볼펜, 수정액의 수량이 기준 수량보다 적다.
  - 최소 주문 수량 : 연필 15자루, 지우개 15개, 볼펜 40자루, 수정액 15개
  - 최대 주문 수량 : 연필 60자루, 지우개 90개, 볼펜 120자루, 수정액 60개
- 연구개발팀 : 볼펜, 수정액의 수량이 기준 수량보다 적다.
  - 최소 주문 수량 : 볼펜 10자루, 수정액 10개
  - 최대 주문 수량 : 볼펜 120자루, 수정액 60개
- 마케팅홍보팀 : 지우개, 볼펜, 수정액, 테이프의 수량이 기준 수량보다 적다.
  - 최소 주문 수량 : 지우개 5개, 볼펜 45자루, 수정액 25개, 테이프 10개
  - 최대 주문 수량 : 지우개 90개, 볼펜 120자루, 수정액 60개, 테이프 40개
- 인사팀 : 연필, 테이프의 수량이 기준 수량보다 적다.
  - 최소 주문 수량 : 연필 5자루, 테이프 15개
  - 최대 주문 수량 : 연필 60자루, 테이프 40개

따라서 비품 신청 수량이 바르게 연결되지 않은 팀은 마케팅홍보팀이다.

45
정답 ②

N사에서 A지점으로 가려면 1호선으로 역 2개를 지난 후 2호선으로 환승하여 역 5개를 더 가야 한다.
따라서 편도로 이동하는 데 걸리는 시간은 $(2 \times 2) + 3 + (2 \times 5) = 17$분이므로 왕복하는 데 걸리는 시간은 $17 \times 2 = 34$분이다.

46
정답 ④

- A지점 : $(900 \times 2) + (950 \times 5) = 6,550$m
- B지점 : $900 \times 8 = 7,200$m
- C지점 : $(900 \times 2) + (1,300 \times 4) = 7,000$m
  또는 $(900 \times 5) + 1,000 + 1,300 = 6,800$m
- D지점 : $(900 \times 5) + (1,000 \times 2) = 6,500$m
  또는 $(900 \times 2) + (1,300 \times 3) + 1,000 = 6,700$m

따라서 N사로부터 이동거리가 가장 짧은 지점은 D지점이다.

47
정답 ②

- A지점 : 이동거리는 6,550m이고 기본요금 및 거리비례 추가비용은 2호선 기준이 적용되므로 $1,500 + 100 = 1,600$원이다.
- B지점 : 이동거리는 7,200m이고 기본요금 및 거리비례 추가비용은 1호선 기준이 적용되므로 $1,200 + 50 \times 4 = 1,400$원이다.
- C지점 : 이동거리는 7,000m이고 기본요금 및 거리비례 추가비용은 4호선 기준이 적용되므로 $2,000 + 150 = 2,150$원이다.
  또는 이동거리가 6,800m일 때, 기본요금 및 거리비례 추가비용은 4호선 기준이 적용되므로 $2,000 + 150 = 2,150$원이다.
- D지점 : 이동거리는 6,500m이고 기본요금 및 거리비례 추가비용은 3호선 기준이 적용되므로 $1,800 + 100 \times 3 = 2,100$원이다.
  또는 이동거리가 6,700m일 때, 기본요금 및 거리비례 추가비용은 4호선 기준이 적용되므로 $2,000 + 150 = 2,150$원이다.

따라서 이동하는 데 드는 비용이 가장 적은 지점은 B지점이다.

48
정답 ⑤

미국 컬럼비아 대학교에서 만들어 낸 치즈케이크는 7겹으로, 7가지의 반죽형 식용 카트리지로 만들어졌다. 따라서 페이스트를 층층이 쌓아서 만드는 FDM 방식을 사용하여 제작하였음을 알 수 있다.

오답분석
① PBF / SLS 방식 3D 푸드 프린터는 설탕 같은 분말 형태의 재료를 접착제나 레이저로 굳혀 제작하는 것이므로 설탕 케이크 장식을 제작하기에 적절한 방식이다.
② 3D 푸드 프린터는 질감을 조정하거나, 맛을 조정하여 음식을 제작할 수 있으므로 식감 등으로 발생하는 편식을 줄일 수 있다.
③ 3D 푸드 프린터는 음식을 제작할 때 개인별로 필요한 영양소를 첨가하는 등 사용자 맞춤 식단을 제공할 수 있다는 장점이 있다.
④ 네 번째 문단에서 현재 3D 푸드 프린터의 한계점을 보면 디자인적 · 심리적 요소로 인해 3D 푸드 프린터로 제작된 음식에 거부감이 들 수 있다고 하였다.

49
정답 ④

(라) 문장이 포함된 세 번째 문단은 3D 푸드 프린터의 장점에 대해 설명하는 문단이며, 특히 대체육 프린팅의 장점에 대해 소개하고 있다. 그러나 (라) 문장은 대체육의 단점에 대해 서술하고 있으므로 네 번째 문단에서 추가로 서술하거나 삭제하는 것이 적절하다.

오답분석
① (가) 문장은 컬럼비아 대학교에서 3D 푸드 프린터로 만들어 낸 치즈케이크의 특징을 설명하는 문장이므로 적절하다.
② (나) 문장은 현재 주로 사용되는 3D 푸드 프린터의 작동 방식을 설명하는 문장이므로 적절하다.
③ (다) 문장은 3D 푸드 프린터의 장점을 소개하는 세 번째 문단의 중심내용이므로 적절하다.
⑤ (마) 문장은 3D 푸드 프린터의 한계점인 '디자인으로 인한 심리적 거부감'을 서술하고 있으므로 적절하다.

50
정답 ④

네 번째 문단은 3D 푸드 프린터의 한계 및 개선점을 설명하는 문단으로, 3D 푸드 프린터의 장점을 설명한 세 번째 문단과 역접관계에 있다. 따라서 '그러나'가 적절한 접속부사이다.

오답분석
① ㉠ 앞에서 서술된 치즈케이크의 특징이 대체육과 같은 다른 관련 산업에서 주목하게 된 이유가 되므로 '그래서'는 적절한 접속부사이다.
② ㉡ 앞의 문장은 3D 푸드 프린터의 장점을 소개하는 세 번째 문단의 중심내용이고 뒤의 문장은 이에 대한 예시를 설명하고 있으므로 '예를 들어'는 적절한 접속부사이다.
③ ㉢의 앞과 뒤는 다른 내용이지만 모두 3D 푸드 프린터의 장점을 나열한 것이므로 '또한'은 적절한 접속부사이다.
⑤ ㉤의 앞과 뒤는 다른 내용이지만 모두 3D 푸드 프린터의 단점을 나열한 것이므로 '게다가'는 적절한 접속부사이다.

51
정답 ①

담화의 의미는 고정되어 있지 않으며 다양한 맥락에 따라 다른 의미로 전달된다.

52
정답 ②

'그날'은 관형사인 '그'와 '자정에서 다음 자정까지 동안'을 뜻하는 명사 '날'이 합쳐져서 만들어진 합성어로 붙여 써야 하며, '밤'은 하나의 단어로 '그날'과 각각의 단어이므로 띄어 써야 한다. 따라서 '그날 밤'이라고 써야 옳다.

53

□ : 뒤의 수를 곱하기, ○ : 뒤의 수만큼 거듭제곱하기
- $(3□4)○2=(3×4)^2=144$
- $(1□6)○3=(1×6)^3=216$
- $(5○3)□8=5^3×8=1,000$

따라서 $(5□2)○(4□1)=(5×2)^{4×1}=10^4=10,000$이다.

54
정답 ⑤

가위바위보를 해서 이길 때마다 계단 3개씩 올라가므로 계단 20개를 올라가려면 7회 이겨야 한다.

여기서 앞선 7회를 연승하거나 8회 중 7회, 9회 중 7회를 이기면 놀이가 끝나므로 마지막 10회는 반드시 이기고 앞선 9회 중 6회는 이기며 3회는 비기거나 져야 한다.

가위바위보를 1회 해서 이길 확률은 $\frac{1}{3}$이므로 가위바위보를 10회 해서 앞선 9회 중 6회는 이기고 마지막 10회에서 이길 확률은 $\left[{}_9C_6\left(\frac{1}{3}\right)^6\left(\frac{2}{3}\right)^3\right]×\frac{1}{3}$이다.

가위바위보 1회로 비길 확률은 $\frac{1}{3}$이므로 가위바위보를 10회 해서 앞선 9회는 6회 이기고 2회 비기며 마지막 10회에서 이길 확률은 $\left[{}_9C_6\left(\frac{1}{3}\right)^6 {}_3C_2\left(\frac{1}{3}\right)^2\left(\frac{1}{3}\right)\right]×\frac{1}{3}$이다.

따라서 구하고자 하는 확률은

$$\frac{{}_9C_6\left(\frac{1}{3}\right)^6 {}_3C_2\left(\frac{1}{3}\right)^2\left(\frac{1}{3}\right)×\frac{1}{3}}{{}_9C_6\left(\frac{1}{3}\right)^6\left(\frac{2}{3}\right)^3×\frac{1}{3}}=\frac{3}{8}$$

이다.

55
정답 ②

놀이공원에서 사람이 많아 놀이기구는 타지도 못하고 기다리기만 했다는 한 가지 경험으로 모든 놀이공원에 대한 부정적 평가를 한 것은 성급한 일반화의 오류를 범한 것이다.

오답분석

① 인신공격의 오류 : 주장의 내용이 아닌 화자 자체를 비난함으로써 주장을 비판하는 오류이다.
③ 허수아비 공격의 오류 : 상대방의 입장을 곡해하여 주장을 비판하는 오류이다.
④ 순환 논증의 오류 : 주장이 참일 때 낼 수 있는 결론으로 주장에 대한 근거를 내세움으로써 발생하는 오류이다.
⑤ 복합 질문의 오류 : 두 가지 이상의 질문을 하나의 질문으로 묶여넣음으로써 상대방이 '예' 또는 '아니오'로 대답 시 공격의 여지를 남기는 오류이다.

56
정답 ③

낭비되는 시간이 없도록 하는 철저한 시간관리법으로써 원래 계획한 시간에 여유시간을 두는 나머지와는 그 성격이 다르다.

오답분석

①·②·④·⑤ 하나의 계획이 틀어지더라도 모든 계획이 미루어지지 않도록 원래 계획에 여유시간을 두는 60 : 40의 법칙에 대한 예시이다.

57
정답 ②

승진보상의 기본 원칙
- 적정선의 원칙 : 조직구성원이 일정한 정도의 공헌을 했을 때 적절한 승진보상을 제공해야 한다.
- 공정성의 원칙 : 조직이 조직구성원에게 나누어 줄 수 있는 보상은 적절한 사람에게 배분하여야 한다.
- 합리성의 원칙 : 조직은 조직의 목표달성을 위해 어떤 것을 공헌한 것으로 볼 것인지 정해야 한다.

58
정답 ④

오답분석

① 빅데이터 : 디지털 환경에서 발생하는 대량의 모든 데이터에서 가치를 추출하고 결과를 분석하는 기술이다.
② 블록체인 : 네트워크에 참여하는 모든 사용자가 모든 데이터를 분산 및 저장하는 기술이다.
③ 로봇공학 : 로봇의 설계 개발 후 생산 및 응용하는 분야의 집합체이다.
⑤ 알고리즘 : 문제 해결을 위한 일렬의 단계적 절차 및 처리과정의 순서이다.

59
정답 ③

××역 에스컬레이터 역주행 사고가 모터 감속기의 노후화 등의 마모로 인해 발생하였음을 추정하였으며 정밀 감식을 진행할 예정이므로 이는 사고예방대책 원리의 평가 및 분석 단계에 해당된다.

60
정답 ⑤

승객들이 에스컬레이터에서 걷거나 뛰는 행위로 부품에 이상이 생겨 사고로 이어졌다. 이는 반복적이고 지속적인 충격하중으로 인한 부품 이상을 사전에 충분히 점검 및 정비하지 않아 발생한 사고이므로 기계에 의한 물적 요인으로 볼 수 있다.

제1회 모듈형 모의고사 정답 및 해설

01	02	03	04	05	06	07	08	09	10
④	④	②	②	⑤	③	①	⑤	④	⑤
11	12	13	14	15	16	17	18	19	20
④	②	②	①	①	①	③	②	①	①
21	22	23	24	25	26	27	28	29	30
②	⑤	②	②	②	②	④	④	④	⑤
31	32	33	34	35	36	37	38	39	40
①	④	②	④	④	②	④	①	④	④
41	42	43	44	45	46	47	48	49	50
⑤	②	⑤	③	③	①	④	④	④	③
51	52	53	54	55	56	57	58	59	60
④	③	②	③	③	②	③	④	⑤	⑤

01 정답 ④

선입견이란 미리 보거나 들은 것으로 생각이 고정되어 다른 의견은 받아들이지 않는 태도를 말하는 것으로, 부정적인 경우가 대부분이지만 긍정적일 수도 있다.

오답분석

① 선입견을 바로잡기 위해서는 그러한 선입견이 왜곡 인지된 것이라는 걸 깨닫기 위해 선입견에 해당되는 대상과 접촉하거나 반대의견을 가진 사람과 대화를 나누는 것이 바람직할 것이다.

② 선입견을 갖고 상대방을 대하게 되면 상대방이 하는 말에 대해 그대로 받아들이기 힘들기 때문에 경청을 방해하는 요인이 된다.

③ 선입견을 갖게 되면 그에 관련된 일에 대해서는 근거가 명확하지 않더라도 무조건적으로 받아들이고 합리화하기 쉽다.

④ 선입견을 갖게 되면 그 생각을 더 합리화하고 강화시키는 방향으로 정보를 선택하게 되는 경향이 있다.

02 정답 ④

(가) : 설명서
- 상품이나 제품에 대해 설명하는 글이므로 정확하게 기술한다.
- 전문용어는 소비자들이 이해하기 어려우므로 가급적 전문용어의 사용은 삼간다.

(나) : 공문서
- 공문서는 대외문서이고, 장기간 보관되는 문서이기 때문에 정확하게 기술한다.

- 회사 외부로 전달되는 글인 만큼 누가, 언제, 어디서, 무엇을, 어떻게 드러나도록 써야 한다.

(다) : 보고서
- 보통 업무 진행 과정에서 쓰는 경우가 대부분이므로 무엇을 도출하고자 했는지 핵심내용을 구체적으로 제시한다.
- 간결하고 핵심적인 내용의 도출이 우선이므로 내용의 중복은 피한다.

(라) : 기획서
- 기획서는 상대에게 어필해 상대가 채택하게끔 설득력을 갖춰야 하므로 상대가 요구하는 것이 무엇인지 고려하여 작성한다.
- 기획서는 완벽해야 하므로 제출하기 전에 충분히 검토한다.

03 정답 ②

도표의 작성절차
1. 어떠한 도표로 작성할 것인지 결정
2. 가로축과 세로축에 나타낼 것을 결정
3. 가로축과 세로축의 눈금의 크기를 결정
4. 자료를 가로축과 세로축이 만나는 곳에 표시
5. 표시된 점에 따라 도표 작성
6. 도표의 제목 및 단위 표시

04 정답 ②

창의적 사고를 개발하는 방법
1. 자유 연상법 : 어떤 생각에서 다른 생각을 계속해서 떠올리는 작용을 통해 어떤 주제에서 생각나는 것을 계속해서 열거해 나가는 방법이다. 예 브레인스토밍
2. 강제 연상법 : 각종 힌트에서 강제적으로 연결지어서 발상하는 방법이다. 예 체크리스트
3. 비교 발상법 : 주제와 본질적으로 닮은 것을 힌트로 하여 새로운 아이디어를 얻는 방법이다. 예 NM법, Synetics

05

ㄱ. 자기개발은 크게 자아인식, 자기관리, 경력개발로 이루어진다.
ㄷ. 경력개발이 아닌 자기관리에 대한 설명이다.
ㄹ. 자기관리가 아닌 경력개발에 대한 설명이다.

오답분석

ㄴ. 자신의 가치, 신념, 흥미, 적성, 성격 등을 바르게 인식하는
자아인식은 자기개발의 첫 단계가 되며, 자신이 어떠한 특성
을 가지고 있는지를 바르게 인식할 수 있어야 적절한 자기개
발이 이루어질 수 있다.

06
정답 ③

팀장	인력배치 유형	내용
오팀장	적성배치	인력배치 시 팀원들이 적성에 맞고 흥미를 가질 때 성과가 높아진다는 가정 하에, 각 팀원들의 적성 및 흥미에 따라 배치하는 인력배치 유형이다.
이팀장	질적배치	인력배치 시 팀원들을 능력이나 성격 등과 가장 적합한 적재적소에 배치하여 팀원 개개인의 능력을 최대로 발휘해 줄 것을 기대하는 것으로, 작업이나 직무가 요구하는 요건과 개인이 보유하고 있는 조건이 서로 균형 있고 적합하게 대응되어야 하는 인력배치 유형이다.
김팀장	양적배치	인력배치 시 작업량과 여유 또는 부족 인원을 감안해서 소요 인원을 결정하여 배치하는 인력배치 유형이다.

07
정답 ①

오팀장이 선호하는 인력배치 유형은 적성배치로, 팀원들이 각자
의 적성에 맞고 흥미를 가지고 있는 업무를 할 때 성과가 높아진다
고 가정하여 배치한다.

오답분석

② 양적배치 : 작업량과 조업도, 여유 또는 부족 인원을 감안하여
소요 인원을 결정 및 배치하는 것에 해당한다.
③ 질적배치 : 능력이나 성격 등과 가장 적합한 위치에 배치하는
것에 해당한다.
④ 능력주의 : 개인에게 능력을 발휘할 수 있는 기회와 장소를 부
여하는 것으로 효과적인 인력배치를 위한 3가지 원칙 중 하나
에 해당한다.
⑤ 균형주의 : 효과적인 인력배치를 위한 3가지 원칙 중 하나로,
모든 팀원에 대한 평등한 적재적소, 즉 팀 전체의 적재적소를
고려할 필요가 있다는 것이다.

08
정답 ⑤

조직의 의사결정과정이 창의성을 발휘할 수 있는 분위기에서 진행
된다면, 적절한 수준의 내부적 갈등이 순기능을 할 가능성이 높다.

09
정답 ④

• 1차 자료 : 단행본, 학술지와 학술지 논문, 학술회의자료, 연구
보고서, 학위논문, 특허정보, 표준 및 규격자료, 레터, 출판 전
배포자료, 신문, 잡지, 웹 정보자원 등
• 2차 자료 : 사전, 백과사전, 편람, 연감, 서지데이터베이스 등

10
정답 ⑤

새로운 채팅에 입장 시, 지금까지 진행된 대화의 내용과 분위기를
모르더라도 이에 경청하는 자세를 취해야 한다.

오답분석

① 채팅 시에도 서로 마주보고 이야기하는 마음으로 예의바르게
임해야 한다.
② 새로운 대화자가 채팅에 입장하여도 기존의 대화내용은 계속하
여 언급이 가능하며, 이때 새로운 대화자는 지금까지 진행된
대화의 내용과 분위기를 모르더라도 경청하여야 한다.
③ 광고・홍보 등을 목적으로 채팅을 이용하는 것은 에티켓 위반
에 해당된다.
④ 채팅 시에는 유언비어・속어・욕설 등과 상호비방의 내용을
하지 않는 것이 에티켓 예절이다.

11
정답 ④

직업의 특성

• 계속성 : 직업은 일정 기간 계속 수행되어야 한다.
• 사회성 : 직업을 통하여 사회에 봉사하게 된다.
• 경제성 : 직업을 통하여 일정한 수입을 얻고, 경제발전에 기여
하여야 한다.

12
정답 ②

ㄴ과 ㄹ은 전략과 구조 측면의 변화 방향에 해당한다.

오답분석

ㄱ. 제품 및 서비스 측면의 변화
ㄷ. 기술 측면의 변화
ㅁ. 문화 측면의 변화

13
정답 ②

바리스타로 일하는 것은 경제적 보상이 있으며, 자발적인 의사에
의한 것으로 볼 수 있고, 장기적으로 계속해서 일하는 점을 볼 때
직업의 사례로 적절하다. ①・③・④의 경우는 취미활동과 봉사
활동으로 경제적인 보상이 없으며, ⑤의 경우는 강제노동으로 본
인의 자발적인 의사에 위배되었다.

14 정답 ①

생계를 위해 어쩔 수 없이 기계적인 노동을 하며 부지런함을 유지하는 것 역시 외부로부터 강요당한 근면으로서 근면의 한 유형이다.

오답분석

② 직업에는 귀천이 없다는 점은 각자가 직업을 중시해야 하는 이유가 되므로, 근면한 태도를 유지해야 하는 근거로 볼 수 있다.

15 정답 ②

문서이해의 절차

1. 문서의 목적을 이해
2. 문서가 작성되게 된 배경과 주제 파악
3. 문서의 정보를 밝혀내고 문서가 제시하고 있는 현안 문제 파악
4. 문서를 통해 상대방의 욕구와 의도 및 요구되는 행동에 관한 내용 분석
5. 문서에서 이해한 목적 달성을 위해 취해야 할 행동을 생각하고 결정
6. 상대방의 의도를 도표나 그림 등으로 메모하여 요약·정리

16 정답 ①

김진주 점수를 a점, 박한열 점수를 b점, 최성우 점수를 c점, 정민우 점수를 d점이라고 하면

ⅰ) $a=22$
ⅱ) $c+d=22$
ⅲ) $b=22-5=17$
ⅳ) $c-d=a-b+1=6$이 되고

ⅱ)와 ⅳ)를 연립하면, $d=8$이 된다.
따라서 김진주와 정민우의 점수의 합은 $22+8=30$점이다.

17 정답 ③

검산이란 연산의 결과를 확인하는 과정을 의미하며, 제시된 검산 과정은 구거법이다. 구거법이란 원래의 수와 각 자리 수의 합이 9로 나눈 나머지와 같다는 원리를 이용하는 것으로서, 각수를 9로 나눈 나머지를 계산해서 좌변과 우변의 9로 나눈 나머지가 같은지만 확인하는 방법이다.

오답분석

① 역연산 : 본래의 풀이와 반대로 연산을 해 가면서 본래의 답이 맞는지를 확인해 나가는 검산법으로 덧셈은 뺄셈으로, 뺄셈은 덧셈으로, 곱셈은 나눗셈으로, 나눗셈은 곱셈으로 확인한다.
② 단위환산 : 서로 다른 단위를 포함하는 계산을 동등한 양을 가진 단위로 바꾸는 것이다.
④ 사칙연산 : 사칙연산이란 수에 관한 덧셈, 뺄셈, 곱셈, 나눗셈의 네 종류의 계산법으로 사칙계산이라고도 한다.
⑤ 산술평균 : 전체 관찰값을 모두 더한 후 관찰값의 개수로 나눈 값이다.

18 정답 ②

코칭을 준비할 경우 어떤 활동을 다룰 것이며 시간은 어느 정도 소요될 것인지에 대해서 직원들에게 구체적이고 명확히 밝혀야 한다. 또한 지나치게 많은 지시와 정보로 직원들을 압도하는 일이 없도록 하고, 질문과 피드백에 충분한 시간을 할애해야 한다.

오답분석

ㄴ. 직원 스스로 해결책을 찾도록 유도한다.
ㄷ. 핵심적인 질문으로 효과를 높일 뿐 아니라 적극적으로 경청한다.

> **코칭의 진행 과정**
> • 시간을 명확히 알린다.
> • 목표를 확실히 밝힌다.
> • 핵심적인 질문으로 효과를 높인다.
> • 적극적으로 경청한다.
> • 반응을 이해하고 인정한다.
> • 직원 스스로 해결책을 찾도록 유도한다.
> • 코칭 과정을 반복한다.
> • 인정할 만한 일은 확실히 인정한다.
> • 결과에 대한 후속 작업에 집중한다.

19 정답 ①

제시문은 문제의 3가지 유형 중 탐색형 문제에 대한 설명으로 현재의 상황을 개선하거나 효율을 높이기 위한 문제를 의미한다. 어제 구입한 알람시계의 고장은 이미 일어난 문제이므로 발생형 문제에 해당한다.

> **문제의 3가지 유형**
> • 발생형 문제 : 이미 일어난 문제(교통사고 등)
> • 탐색형 문제 : 현재의 상황에서 개선해야 되는 문제, 아직 일어나지 않았으나 방치하면 해결이 어려운 문제(생산 공장 이전 등)
> • 설정형 문제 : 미래지향적인 문제로, 경험이 없거나 미래 상황에 대응하여 앞으로 어떻게 할 것인지에 관한 문제(신제품 개발 등)

20 정답 ①

구매팀 김차장은 자신의 역할과 책무를 충실히 수행하고 책임을 다하는 태도가 부족하다. 따라서 책임의식이 필요하다.

오답분석

② 준법의식 : 법과 규칙을 준수하여 업무에 임하는 태도이다.
③ 근면의식 : 정해진 시간을 준수하며 생활하고, 보다 부지런하고 적극적인 자세로 임하는 태도이다.
④ 직분의식 : 자신의 자아실현을 통해 사회와 기업이 성장할 수 있다고 보는 태도이다.
⑤ 소명의식 : 자신이 맡은 일은 하늘에 의해 맡겨진 일이라고 생각하는 태도이다.

21

김차장에게는 잘못을 저질렀을 때, 맡은 바 역할을 타인에게 전가하지 않고 책임을 다하는 자세가 필요하다.

22

정답 ⑤

직원의 포상, 징계 및 복무관리에 관한 사항은 주로 인사팀이 담당하는 업무이다. 빅데이터실은 데이터와 관련된 업무를 담당하며, 빅데이터실 산하의 급여정보운영부는 건강보험심사평가원의 직원이 아닌 건강보험을 이용하는 전 국민의 의료 이용 정보를 대상으로 모니터링시스템을 설계하고 구축하는 등의 업무를 담당한다.

23

정답 ②

㉠・㉡ 10진법은 0, 1, 2,…, 9의 10개의 숫자를 한 묶음으로 하여 1자리씩 올려가는 방법으로 1, 10, 100, 1,000,… 과 같이 10배마다 새로운 자리로 옮겨가는 기수법이다. 이는 사람의 손가락 수에 의해 유래하였으며 현재 가장 널리 사용되고 있다.

오답분석

㉢ 2진법은 0, 1의 2개의 숫자를 한 묶음으로 하여 1자리씩 올려가는 기수법인데, 2진법에서 10001을 10진법으로 변환하면
$10001_{(2)}=(1\times2^4)+(0\times2^3)+(0\times2^2)+(0\times2^1)+(1\times2^0)$
$=16+1=17$이다.

24

정답 ②

인상적인 의사소통을 위해서는 이전의 표현과 다른 색다른 표현을 사용하기 위해 노력하여야 한다.

> **인상적인 의사소통을 위한 노력**
> • 언제나 주위의 언어 정보에 민감하게 반응하고, 자신이 활용할 수 있도록 노력한다.
> • 자신이 자주 사용하는 표현을 찾아내 다른 표현으로 바꿔 본다.
> • 언제나 '다른 표현은 없을까?' 생각하고, 새로운 표현을 검토해 본다.

25

정답 ②

㉠ 작성 주체에 의한 구분 : 문서는 작성 주체에 따라 공문서와 사문서로 구분한다.
　• 공문서 : 행정기관에서 공무상 작성하거나 시행하는 문서와 행정기관이 접수한 모든 문서
　• 사문서 : 개인이 사적인 목적을 위하여 작성한 문서
㉡ 유통 대상에 의한 구분 : 외부로 유통되지 않는 내부결재문서와 외부로 유통되는 문서인 대내문서, 대외문서 등으로 구분한다.
　• 외부로 유통되지 않는 문서 : 행정기관이 내부적으로 계획 수립, 결정, 보고 등을 하기 위하여 결재를 받는 내부결재문서

　• 외부 유통 문서 : 기관 내부에서 보조기관 상호 간 협조를 위하여 수신・발신하는 대내문서, 다른 행정기관에 수신・발신하는 대외문서, 발신자와 수신자 명의가 다른 문서
㉢ 문서의 성질에 의한 분류 : 성질에 따라 법규문서, 지시문서, 공고문서, 비치문서, 민원문서, 일반문서로 구분한다.
　• 법규문서 : 법규사항을 규정하는 문서
　• 지시문서 : 행정기관이 하급기관이나 소속 공무원에 대하여 일정한 사항을 지시하는 문서
　• 공고문서 : 고시・공고 등 행정기관이 일정한 사항을 일반에게 알리기 위한 문서
　• 비치문서 : 행정기관 내부에 비치하면서 업무에 활용하는 문서
　• 민원문서 : 민원인이 행정기관에 특정한 행위를 요구하는 문서와 그에 대한 처리문서
　• 일반문서 : 위의 각 문서에 속하지 않는 모든 문서

26

정답 ②

최선의 대안에 대해서 합의하고 선택하는 것은 '해결 대안'에 해당하는 내용이다.

27

정답 ④

• 김대리 : 업무를 수행하다 보면, 아무리 계획을 체계적으로 세웠다고 하더라도 여러 가지 방해요인에 의해 좌절감을 경험하기도 한다. 또한 방해요인 중에는 신속히 제거되는 것이 있고, 오래 지속되며 업무효율을 저하시키는 요인도 있다.
• 차주임 : 방해요인들은 잘 활용하면 오히려 도움이 되는 경우도 있으므로 이를 효과적으로 통제하고 관리할 필요가 있다.
• 정주임 : 과중한 업무 스트레스는 개인뿐만 아니라 조직에도 부정적인 결과를 가져와 과로나 정신적 불안감을 조성하고 심한 경우 우울증, 심장마비 등의 질병에 이르게 한다. 그러나 적정수준의 스트레스는 사람들을 자극하여 개인의 능력을 개선하고 최적의 성과를 내게 하기도 하므로 완전히 해소하는 것이 바람직한 것만은 아니다.

오답분석

• 박사원 : 다른 사람들의 방문, 인터넷, 전화, 메신저 등과 같이 업무계획과 관계없이 갑자기 찾아오는 경우는 모두 업무 방해요인에 해당한다. 그러나 무조건적으로 다른 사람들과 대화를 단절하는 것은 비현실적이고 바람직하지도 않으므로, 이를 효과적으로 통제할 수 있도록 응답시간을 정해놓는 등의 방법을 쓰는 것이 좋다.

28

정답 ④

기술 시스템의 발전 단계
1. 발명・개발・혁신의 단계 : 기술 시스템이 탄생하고 성장
2. 기술 이전의 단계 : 성공적인 기술이 다른 지역으로 이동
3. 기술 경쟁의 단계 : 기술 시스템 사이의 경쟁이 발생
4. 기술 공고화 단계 : 경쟁에서 승리한 기술 시스템의 관성화

29
정답 ④

산업 재해의 예방 대책 순서

1. 안전 관리 조직 : 경영자는 안전 목표를 설정하고, 안전 관리 책임자를 선정하며, 안전 계획을 수립하고, 이를 시행·감독
2. 사실의 발견 : 사고 조사, 안전 점검, 현장 분석, 작업자의 제안 및 여론 조사, 관찰 및 보고서 연구 등을 통하여 사실을 발견
3. 원인 분석 : 재해의 발생 장소, 재해 형태, 재해 정도, 관련 인원, 직원 감독의 적절성, 공구 및 장비의 상태 등을 정확히 분석
4. 시정책 선정 : 원인 분석을 토대로 적절한 시정책, 즉 기술적 개선, 인사 조정 및 교체, 교육, 설득, 공학적 조치 등을 선정
5. 시정책 적용 및 뒤처리 : 안전에 대한 교육 및 훈련 실시, 안전 시설과 장비의 결함 개선, 안전 감독 실시 등의 선정된 시정책을 적용

30
정답 ⑤

GE 맥킨지 매트릭스는 산업의 매력도와 사업의 강점을 이용하여 전략사업단위를 평가하는 방법으로, 여러 요인들을 종합적으로 고려하여 정교한 분석이 가능하므로 BCG 매트릭스보다 발전된 기법으로 평가받고 있다. 그러나 각 사업단위 간의 상호작용을 고려하지 않고, 복잡한 매트릭스로 인해 실제 적용이 어렵다는 단점이 있다.

> **GE 맥킨지 매트릭스**
> • 좌상의 청신호 지역 : 투자육성전략. 경쟁력 있는 사업으로 지속적인 투자를 통해 성장시키는 전략이 적절하다.
> • 대각선상의 주의신호 지역 : 선택적 개선전략. 경쟁력이 있을 것 같은 사업을 선택하여 수익을 창출하는 전략이 적절하다.
> • 우하의 적신호 지역 : 퇴출전략. 경쟁력이 약한 사업으로 철수나 최소한의 투자를 하는 전략이 적절하다.

31
정답 ①

A사업은 매력적인 사업으로, 집중적으로 투자하여야 한다. 그러나 시장 지위를 유지하면서 새로운 진출을 모색해야 하는 사업은 B사업이다.

〈GE 맥킨지 매트릭스 전략〉

산업매력도	고	성장 / 집중 투자	시장 지위 유지 · 구축 투자	선택적 투자 / 회수 및 철수 시기 파악
	중	성장을 위한 투자 / 강점 극대화 투자	현상유지 / 선택적 투자	실패를 막기 위한 최소 투자
	저	선택적 투자 / 시장 지위 유지 및 신규 진출 탐색	강점이 가능한 곳 투자 나머지는 철수	철수에 도움이 되는 최소한 투자 / 철수
		고	중	저
			사업의 강점	

32
정답 ④

피해가 없다하더라도 정직하지 못한 행태를 지적하여야 정직한 사회를 구축할 수 있다.

33
정답 ②

고객접점서비스(MOT)는 고객과 서비스 요원 사이에서 15초 동안의 짧은 순간 이루어지는 서비스로, 이 15초 동안 고객접점에 있는 서비스 요원이 책임과 권한을 가지고 우리 회사를 선택한 것이 가장 좋은 선택이었다는 사실을 고객에게 입증시켜야 한다. 이때, 서비스 요원의 용모와 옷 등은 첫인상을 좌우하는 중요한 요소가 된다.

오답분석

ㄱ. 고객접점서비스는 모든 서비스에서 100점을 맞았더라도 한 접점에서 불만이 나오면 100×0=0의 곱셈 법칙이 적용되어 모든 서비스 점수가 0점이 된다.

ㄷ. 고객접점서비스를 강화하기 위해서는 서비스 요원의 권한을 강화하여야 한다.

34
정답 ③

기간별 비용을 구하면 다음과 같다.

(단위 : 원)

구분	A렌탈	B렌탈
1개월	$70,000+(10,000 \times 5)$ $=120,000$	$110,000+(5,000 \times 4)$ $=130,000$
3개월	$120,000 \times 3=360,000$	$130,000 \times 3=390,000$
5개월	$120,000 \times 5=600,000$	$[110,000+(5,000 \times 4 \times 0.8)] \times 5=630,000$
6개월	$120,000 \times 6=720,000$	$126,000 \times 6=756,000$
12개월	$120,000 \times 12$ $=1,440,000$	$126,000 \times 12$ $=1,512,000$

5개월 사용 시 A렌탈이 B렌탈보다 30,000원 더 싸다.

오답분석

① 1개월 사용 시 A렌탈이 B렌탈보다 10,000원 더 저렴하다.
② 3개월 사용 시 A렌탈이 B렌탈보다 30,000원 더 저렴하다.
④ 6개월 사용 시 A렌탈이 B렌탈보다 36,000원 더 저렴하다.
⑤ 12개월 사용 시 A렌탈이 B렌탈보다 72,000원 더 저렴하다.

35
정답 ④

K회사는 3개월을 기준으로 B렌탈업체보다 30,000원 더 저렴한 월 120,000원의 비용이 발생하는 A렌탈업체를 이용한다. 3개월 이후에는 커피머신을 구입해 사용하기 때문에 이를 처분할 경우에는 600,000원을 받을 수 있으므로 600,000+13,000×4×(사용 개월 수)의 비용이 든다. 사용개월 수를 x개월이라고 하면,

$$120,000x \geq 600,000+52,000x \rightarrow x \geq \frac{600,000}{68,000} \fallingdotseq 8.8$$

따라서 커피머신을 사용하는 것이 렌탈비보다 이익이 되려면 최소 9개월 이상은 사용해야 한다.

36
정답 ②

주어진 조건을 정리하면 다음과 같다.
• A(×)
• B → ~G
• ~A → C
• C → ~E
• D → F
• ~E → B

첫 번째 조건에 따라 A업체를 선정하지 않는다. 세 번째·네 번째 조건에 따라 A업체를 선정하지 않으면 C업체를 선정하고, E업체는 선정하지 않는다. 두 번째·여섯 번째 조건에 따라 E업체를 선정하지 않으면 B업체가 선정되고, G업체는 선정되지 않는다. 이때, D업체와 F업체의 선정 여부를 알 수 없다. 따라서 선정이 확실한 업체는 B업체와 C업체이다.

37
정답 ②

36번에 따르면 선정이 확실한 업체는 B업체와 C업체이다. 추가된 조건에 따르면 최소한 3개의 업체가 선정되어야 하고, 기존 조건에 따라 선정된 업체가 3개 미만인 경우, D업체를 포함시켜야 한다. 다섯 번째 조건에 따라 D업체가 선정되면 F업체도 선정되어야 하므로 최종 선정된 업체는 B업체, C업체, D업체, F업체이다.

38
정답 ①

할 일을 미루거나 약속을 불이행하는 일 등은 편리성을 추구하는 자원낭비 요인에 해당하며 본인은 물론, 다른 사람들의 시간까지 낭비하게 해서 인맥관리마저 어렵게 만든다.

자원낭비 요인

편리성 추구	자원을 활용할 때 자신의 편리함을 최우선적으로 추구하기 때문에 나타나는 현상이다.
비계획적 행동	자원을 어떻게 활용할 것인가에 대한 계획이 없는 사람들은 대개 목표치가 없고 충동적·즉흥적으로 행동하기 때문에 자신이 활용할 수 있는 자원들을 낭비하거나, 얼마나 낭비하는지조차 파악하지 못한다.
노하우 부족	자원관리의 중요성을 인식하면서도 효과적인 방법을 활용할 줄 모르는 경우 자원관리에 대한 경험이나 노하우가 부족한 경우에 발생한다. 이러한 사람들은 자원관리에 실패한 경험을 통해 노하우를 축적해 나갈 수 있으며, 별도의 학습을 통해서도 극복이 가능하다.
자원에 대한 인식 부재	자신이 가지고 있는 중요한 자원을 인식하지 못하는 것을 의미한다.

39
정답 ③

김씨는 시간자원을 활용하는 데 있어서 편리성을 추구하여 다른 사람의 시간까지 낭비하게 했다. 따라서 자원을 활용하는 데 있어서 본인 생각만 하여 오로지 편한 방향으로만 활용하지 말아야 한다고 조언할 수 있다.

40
정답 ③

조직의 내규와 운영방침에 민감한 것은 수동형이 아닌 실무형이다. 수동형은 판단과 사고를 리더에 의존하는 경향이 있으므로 조직의 내규와 운영방침에 민감하지 않다.

오답분석
① 소외형은 동료들이 보기에 부정적이고 고집스러운 면이 있고, 조직에 대해 문제가 있다고 생각하기 때문에 조직 다수에 반대되는 의견을 제시하기도 한다.
② 순응형은 리더나 조직을 믿고, 기쁜 마음으로 과업을 수행한다.
④ 실무형은 사건을 균형 잡힌 시각으로 본다.
⑤ 수동형은 지시가 있어야 행동한다.

41
정답 ⑤

진지한 사과는 감정은행계좌에 신뢰를 예입하는 것이지만, 반복되는 사과나 일상적인 사과는 불성실한 사과와 같은 의미로 받아들여져 감정이 인출될 수 있다.

42
정답 ②

㉠ 공용 서버 안의 모든 바이러스를 치료한 후에 접속하는 모든 컴퓨터를 대상으로 바이러스 검사를 하고 치료해야 한다.
㉢ 쿠키는 공용으로 사용하는 PC로 인터넷에 접속했을 때 개인정보 유출을 방지하기 위해 삭제한다.

오답분석

㉡ 다운로드 받은 감염된 파일을 모두 실행하면 바이러스가 더욱 확산된다.
㉣ 임시 인터넷 파일의 디스크 공간을 늘리는 것보다 파일을 삭제하여 디스크 공간을 확보하는 것이 추가 조치사항으로 적절하다.

43
정답 ⑤

벤치마킹은 비교대상에 따라 내부·경쟁적·비경쟁적·글로벌 벤치마킹으로 분류되며, 네스프레소는 뛰어난 비경쟁 기업의 유사 분야를 대상으로 벤치마킹하는 비경쟁적 벤치마킹을 하고 있다. 비경쟁적 벤치마킹은 아이디어 창출 가능성이 높으나 가공하지 않고 사용하면 실패할 가능성이 높다.

오답분석

① 내부 벤치마킹
②·③ 글로벌 벤치마킹
④ 경쟁적 벤치마킹

44
정답 ③

㉠ 자신뿐만 아니라 타인도 알고 있는 공개된 자아에 해당한다.
㉡ 스스로는 알고 있지만 타인이 모르는 숨겨진 자아에 해당한다.
㉢ 자신은 모르지만 타인이 알고 있는 눈먼 자아에 해당한다.

조해리의 창(Johari's Window)

구분	자신이 안다	자신이 모른다
타인이 안다	공개된 자아	눈먼 자아
타인이 모른다	숨겨진 자아	아무도 모르는 자아

45
정답 ③

제시된 상황은 김대리가 공급업체 담당자를 설득해서 공급업체의 요청을 해결해야 되는 상황이다. 따라서 자신의 의견을 공감할 수 있도록 논리적으로 이야기해야 한다.

오답분석

① 상대방을 칭찬할 때 사용하는 의사표현 방법이다.
② 상대방의 요구를 거절할 때 사용하는 의사표현 방법이다.
④ 상대방에게 부탁해야 할 때 사용하는 의사표현 방법이다.
⑤ 상대방의 잘못을 지적해야 할 때 사용하는 의사표현 방법이다.

46
정답 ①

김대리는 우선적으로 가격 인상과 납기 조정에 대한 공급처 담당자의 요청을 거절해야 한다. ㉠과 ㉡은 상대방의 요구를 거절할 때 사용하는 의사표현 방법이다.

오답분석

㉢ 충고를 할 때 사용하는 의사표현 방법이다.
㉣ 설득을 할 때 사용하는 의사표현 방법이다.

47
정답 ④

㉠ 한 개의 사안은 한 장의 용지에 작성하는 것이 원칙이다.
㉡ 첨부자료는 반드시 필요한 내용만 첨부하여 산만하지 않게 하여야 한다.
㉣ 금액, 수량, 일자의 경우 정확하게 기재하여야 한다.

48
정답 ④

앞의 여섯 자리 코드는 구입 시기, 그 뒤의 두 자리 코드는 비품 분류, 그 뒤 네 자리 숫자는 수량을 의미하며, 끝 세 자리 코드는 구매부서가 아닌 관리부서를 뜻한다.

49
정답 ④

이석환은 2016년 7월에 구입한 노트북을 관리하고 있고, 윤경희는 2016년 11월에 구입한 노트북을 관리하고 있다.

50
정답 ③

2023년 1월에 구입하므로 앞자리 코드는 202301이며, 노트북의 제품코드는 NO, 88번째 구입이므로 수량 코드는 0088이고, A사원은 연구실 소속이므로 부서 코드는 LAB이다. 따라서 전체코드는 202301NO0088LAB이 된다.

51
정답 ④

해결안 개발은 문제로부터 도출된 근본원인을 효과적으로 해결할 수 있는 최적의 해결방안을 수립하는 단계로 해결안 도출, 해결안 평가 및 최적안 선정의 절차로 진행된다. 홍보팀 팀장은 팀원들이 제시한 다양한 홍보 방안을 바탕으로 중요도와 실현 가능성 등을 고려하여 최종 홍보 방안을 결정해야 한다. 따라서 제시된 상황은 해결안 개발 단계 중에서도 해결안을 평가하고 가장 효과적인 해결안을 선정해야 하는 단계에 해당한다.

52

경력개발계획 수립 과정

- 직무정보 탐색 : 관심 직무에 대한 모든 정보를 알아내는 단계이다.
- 자신과 환경이해 : 자기인식 관련 워크숍 참여 등의 자기 탐색과 경력 상담 회사·기관을 방문하는 등의 환경 탐색이 이루어지는 단계이다.
- 경력목표 설정 : 하고 싶은 일과 이를 달성하기 위해서는 어떻게 능력을 개발해야 하는지에 대하여 단계별 목표를 설정한다.
- 경력개발 전략수립 : 경력목표를 달성하기 위한 활동계획을 수립한다.
- 실행 및 평가 : 전략에 따라 목표달성을 위해 실행하고 도출된 결과를 검토·수정한다.

53

정답 ②

개인적으로 직무를 수행하는 경우와 팀을 구성해서 수행하는 경우 중 어느 쪽이 더 높은 성과를 낼 수 있는지 단정 지을 수 없다.

오답분석

ㄱ. 급변하는 환경에 유연하게 대처하기 위해서 이합집산이 용이한 팀제의 필요성이 높아지고 있다.

ㄷ. 개인성과에 대한 보상도 필요하지만, 팀의 조직적이고 유기적인 운용을 위해서는 팀 전체 차원의 보상을 제공하는 것이 효과적이며, 협력을 통해 목표를 달성하는 팀제의 의의에도 부합한다.

54

정답 ③

퍼실리테이션(Facilitation)이란 '촉진'을 의미하며, 어떤 그룹이나 집단이 의사결정을 잘 하도록 도와주는 일을 의미한다. 깊이 있는 커뮤니케이션을 통해 서로의 문제점을 이해하고 공감함으로써, 초기에는 미처 생각하지 못했던 창조적인 문제해결 방법이 도출된다.

55

정답 ③

퍼실리테이션이 이루어지는 조직에서 구성원이 문제해결을 할 때는 자율적으로 실행하는 것이며, 제3자가 합의점이나 줄거리를 준비해 놓고 예정대로 결론이 도출되어 가도록 해서는 안 된다. 따라서 구성원의 역할이 유동적이라고 볼 수 있으며, 반대로 전통적인 조직에서의 구성원의 역할은 고정적이라고 볼 수 있다.

56

정답 ②

퍼실리테이터형 리더십의 핵심은 리더가 스스로 의사결정을 하거나 의견을 독점하지 않고 구성원이 스스로 결정할 수 있도록 권한을 위임하고 결정과정에 중립을 지키는 것을 말한다. 다만 수동적으로 침묵하는 중립이 아니라 구성원 간에 활발한 논의가 이루어지고 상호의 경험과 지식이 잘 융합하여 현명한 결정에 도달할 수 있도록 적극적으로 돕는 것을 말한다.

오답분석

① 퍼실리테이터는 커뮤니케이션을 통해 서로의 문제점을 이해하고 공감함으로써 문제해결을 도모한다.

③ 결정 과정에 수동적인 자세를 유지하기보다는 그룹이 나아갈 방향을 알려주고, 주제에 대한 공감을 이룰 수 있도록 능숙하게 도와주는 역할을 한다.

④ 깊이 있는 커뮤니케이션을 통해 구성원의 동기가 강화되고 자율적인 역할을 통해 창조적인 문제해결을 도모한다.

⑤ 퍼실리테이션에 의한 방법은 초기에 생각하지 못했던 창조적인 해결 방법을 도출한다.

57

정답 ③

ㄴ. ㄴ에 들어가야 할 전략은 약점을 극복하여 기회를 활용하는 WO전략이다. 하지만 ㄴ의 내용은 단순히 약점 극복에 대한 전략만 포함하고 있다.

ㄷ. ㄷ에는 강점을 활용하여 위험을 회피하는 ST전략이 들어가야 한다. 하지만 ㄷ은 해외 공장 보유라는 강점을 활용하는 것은 포함하고 있으나, 위협요인 회피에 대한 내용은 담고 있지 않다.

오답분석

ㄱ. ㄱ은 SO전략으로서 가동이 가능한 해외 공장들이 많다는 강점을 활용해 국내 자동차부품 제조업체 폐업으로 인한 내수공급량 부족을 점유할 전략이므로 적절하다.

ㄹ. ㄹ은 WT전략으로서 국내 공장 가동률이 저조한 점을 보완할 수 있는 방안을 통해, 위협요인인 동남아 제조사의 진입을 억제하는 전략으로 적절하다.

58

정답 ④

문제 도출은 선정된 문제를 분석하여 해결해야 할 것이 무엇인지를 명확히 하는 단계로, (가) 문제 구조 파악과 (나) 핵심 문제 선정의 절차를 거쳐 수행된다. 이때, 문제 구조 파악을 위해서는 현상에 얽매이지 말고 문제의 본질과 실제를 봐야 하며, 한쪽만 보지 말고 다면적으로 보며, 눈앞의 결과만 보지 말고 넓은 시야로 문제를 바라봐야 한다.

59

사람들은 자신이 달성하고자 하는 목표를 성취하기 위해 자기개발을 한다. 자기개발을 하기 위해서는 자신의 비전을 발견하고 장단기 목표를 설정하는 일이 선행되어야 한다. 이를 통하여 자기개발의 필요성을 인식하고 자기개발의 방향과 방법을 설정할 수 있다. 따라서 비전과 장단기 목표 설정은 자기개발보다 앞서 이루어져야 하므로 뒤따른다는 ⑤의 설명은 옳지 않다.

오답분석

① 자기개발능력에 대한 정의로 옳은 설명이다.
② 자기개발은 변화하는 환경에 적응하기 위해 이루어진다. 우리가 가지고 있는 지식이나 기술이 과거의 것이 되지 않도록 환경변화에 따른 지속적인 자기개발의 노력이 요구된다.
③ 직장생활에서의 자기개발은 효과적으로 업무를 처리하기 위하여, 즉 업무의 성과를 향상시키기 위하여 이루어진다.
④ 자기개발이라는 말은 국내외를 막론하고 20세기 후반에 들어와서 사용되기 시작하였다.

60

빨리빨리형의 경우 성격이 급하고, 확신이 있는 말이 아니면 잘 믿지 않는 고객을 말한다. 빨리빨리형에게 애매한 화법을 사용하면 고객의 기분은 더욱 나빠질 수 있다. 빨리빨리형은 만사를 시원스럽게 처리하는 모습을 통해 응대하는 것이 적절하다.

불만족 고객 유형별 대처 시 주의사항
• 거만형
  − 정중하게 대하는 것이 좋다.
  − 자신의 과시욕이 채워지도록 뽐내든 말든 내버려 둔다.
• 의심형
  − 분명한 증거나 근거를 제시하여 스스로 확신을 갖도록 유도한다.
  − 때로는 책임자로 하여금 응대하는 것도 좋다.
• 트집형
  − 이야기를 경청하고, 맞장구치고, 추켜 세우고, 설득해 가는 방법이 효과적이다.
    예 '손님의 말씀이 맞습니다. 역시 손님께서 정확하십니다.'하고 고객의 지적이 옳음을 표시한 후 '저도 그렇게 생각하고 있습니다만…'하고 설득한다.
  − 잠자코 고객의 의견을 경청하고 사과를 하는 응대가 바람직하다.
• 빨리빨리형
  − "글쎄요?", "아마…", "저…" 하는 식으로 애매한 화법을 사용하면 고객은 신경이 더욱 날카롭게 곤두서게 된다.
  − 만사를 시원스럽게 처리하는 모습을 보이면 응대하기 쉽다.

제2회 피듈형 모의고사 정답 및 해설

01	02	03	04	05	06	07	08	09	10
④	①	③	⑤	③	④	⑤	③	②	④
11	12	13	14	15	16	17	18	19	20
①	④	③	③	⑤	①	②	④	①	⑤
21	22	23	24	25	26	27	28	29	30
①	④	①	②	③	③	③	①	①	②
31	32	33	34	35	36	37	38	39	40
④	④	③	①	③	②	④	②	④	⑤
41	42	43	44	45	46	47	48	49	50
①	③	③	①	③	⑤	②	⑤	⑤	③
51	52	53	54	55	56	57	58	59	60
⑤	③	③	③	④	④	⑤	④	①	③

01
정답 ④

상대방의 이야기를 들으면서 앞으로의 내용을 추측해보는 것은 지양할 태도가 아니다. 특히 시간 여유가 있을 때, 상대방이 무엇을 말할 것인가 추측하는 것은 그동안 들었던 내용을 정리하고 대화에 집중하는 데 도움이 된다.

02
정답 ①

조직은 다양한 사회적 경험과 사회적 지위를 토대로 한 개인의 집단이므로 동일한 내용을 제시하더라도 각 구성원은 서로 다르게 받아들이고 반응한다. 그렇기 때문에 조직 내에서 적절한 의사소통을 형성한다는 것은 결코 쉬운 일이 아니다.

오답분석

② 메시지는 고정되고 단단한 덩어리가 아니라 유동적이고 가변적인 요소이기 때문에 상호작용에 따라 다양하게 변형될 수 있다.
③·④·⑤ 제시된 갈등 상황에서는 표현 방식의 문제보다는 서로 다른 의견이 문제가 되고 있으므로 적절하지 않다.

03
정답 ③

- 1인 1일 사용량에서 영업용 사용량이 차지하는 비중

  : $\frac{80}{282} \times 100 ≒ 28.37\%$

- 1인 1일 가정용 사용량의 하위 두 항목이 차지하는 비중

  : $\frac{20+13}{180} \times 100 ≒ 18.33\%$

04
정답 ⑤

행정구역별 승용차 1대당 통행발생량을 구하면 다음과 같다.

- 동구 : $\frac{280,000}{84,000} ≒ 3.33$통행

- 중구 : $\frac{320,000}{97,000} ≒ 3.30$통행

- 서구 : $\frac{610,000}{187,000} ≒ 3.26$통행

- 유성구 : $\frac{330,000}{116,000} ≒ 2.84$통행

- 대덕구 : $\frac{250,000}{85,000} ≒ 2.94$통행

따라서 제시된 자료에 따른 수치가 옳지 않다.

05
정답 ③

문제는 흔히 문제점과 구분하지 않고 사용하는데, 문제란 원활한 업무 수행을 위해 해결해야 하는 질문이나 의논 대상을 의미한다. 즉, 해결하기를 원하지만 실제로 해결해야 하는 방법을 모르고 있는 상태나 얻고자 하는 해답이 있지만, 그 해답을 얻는 데 필요한 일련의 행동을 알지 못한 상태이다.

문제점이란 문제의 근본 원인이 되는 사항으로 문제해결에 필요한 열쇠의 핵심 사항을 말한다. 문제점은 개선해야 할 사항이나 손을 써야 할 사항, 그에 의해서 문제가 해결될 수 있고 문제의 발생을 미리 방지할 수 있는 사항을 말한다.

제시된 글에서 문제는 사업계획서 제출에 실패한 것이고, 문제점은 K기업의 전산망 마비로 전산시스템 접속이 불가능해진 것이라고 볼 수 있다.

06
정답 ④

㉠은 삼단논법을 잘못 적용하여 발생하는 결과의 오류인 연역법의 오류에 해당한다.

오답분석
① 권위나 인신공격에 의존한 논증 : 상대방의 주장이 아니라 상대방의 인격을 공격하는 것이다.
② 무지의 오류 : 그럴 듯해 보이지만 증명되지 않은 주장을 하는 것이다.
③ 결합·분할의 오류 : 하나의 사례에는 오류가 없지만 여러 사례를 잘못 결합하여 오류가 발생하는 것이다.
⑤ 허수아비 공격의 오류 : 상대방의 주장과는 전혀 상관없는 별개의 논리를 만들어 공격하는 것이다.

07
정답 ⑤

㉢의 체력단련이나 취미활동은 정의에서 언급하는 개인의 경력목표로 볼 수 없다. ㉣의 경우 직장 생활보다 개인적 삶을 중요시하고 있으므로 조직과 함께 상호작용하며 경력을 개발해 나가야 한다는 경력개발의 정의와 일치하지 않는다. 따라서 ㉢과 ㉣은 정의에 따른 경력개발 방법으로 적절하지 않다.

08
정답 ③

자원 활용 계획을 수립할 때는 자원의 희소성이 아닌 자원이 투입되는 활동의 우선순위를 고려하여 자원을 할당해야 한다.

09
정답 ②

출력 장치에는 스피커, LCD 모니터, 레이저 프린터가 해당하므로 출력장치의 수량을 11개로 한다.

오답분석
ㄱ. 키보드, 스캐너, 마우스는 입력 장치에 해당하므로 입력 장치의 수량을 14개로 한다.
ㄷ. 광디스크, USB 메모리는 저장 장치에 해당하므로 저장 장치의 수량을 19개로 한다.

10
정답 ④

오답분석
ㄴ. 임베디드 컴퓨팅(Embedded Computing) : 제품에서 특정 작업을 수행할 수 있도록 탑재되는 솔루션이나 시스템이다.
ㅁ. 노매딕 컴퓨팅(Nomadic Computing) : 네트워크의 이동성을 극대화하여 특정 장소가 아닌 어디서든 컴퓨터를 사용할 수 있게 하는 기술이다.

11
정답 ①

소외형 팔로워는 동료들이나 리더의 시각에서는 냉소적이며 부정적이고 조직에 대한 소외형 사람은 적절한 보상이 없으며 자신을 인정해 주지 않고 불공정하고 문제가 있다고 느끼는 사람으로 A씨는 소외형 팔로워에 해당한다.

오답분석
② 순응형 : 질서를 따르는 것이 중요하고 획일적인 태도와 행동에 익숙한 유형으로, 팀플레이를 하며 리더나 조직을 믿고 헌신해야 한다고 생각한다. 동료의 시각에서는 아이디어가 없고 인기 없는 일은 하지 않으며 조직을 위해 자신과 가족의 요구를 양보하는 사람으로 비춰질 수 있다.
③ 실무형 : 규정의 준수를 강조하며 조직이 명령과 계획은 빈번하게 변경하고 리더와 부하 간의 비인간적인 풍토가 있다고 생각하는 유형으로 조직의 운영방침에 민감하고 사건을 균형 잡힌 시각으로 본다. 동료의 시각에서는 개인의 이익을 극대화하기 위한 흥정에 능하고 적당한 열의와 평범한 수완으로 업무를 수행하는 사람이다.
④ 수동형 : 조직이 나의 아이디어를 원치 않으며 노력과 공헌을 해도 아무 소용이 없다고 느낀다. 판단과 사고를 리더에 의존하고 지시가 있어야 행동한다. 동료의 시각에서는 수행하는 일이 없고 업무 수행에는 감독이 반드시 필요한 사람으로 보이는 유형이다.
⑤ 주도형 : 가장 이상적인 유형으로 독립적이면서 혁신적인 사고 측면에서 스스로 생각하고 건설적 비판을 하며, 자기 나름의 개성이 있고 혁신적이며 창조적인 특성을 가지는 사람이다. 적극적 참여와 실천 측면에서 솔선수범하고 주인의식을 가지고 있으며 기대이상의 성과를 내려고 노력하는 특성을 가진다.

12
정답 ④

④는 리더십 유형 중 파트너십 유형의 특징으로 파트너십 리더십은 리더가 조직에서 구성이 되기도 하며, 집단의 비전 및 책임 공유를 하는 특징을 가진다. 따라서 팀워크를 촉진시키는 방법과는 거리가 멀다.

13
정답 ③

책임감에 대한 부담을 덜어주는 것이 아니라, 책임을 부여하고 자신의 역할과 행동에 책임감을 가지도록 하는 환경을 제공해야 한다.

14
정답 ③

A사가 한 벤치마킹은 경쟁관계에 있지 않은 기업 중 마케팅이 우수한 곳을 찾아가 벤치마킹을 했기 때문에 비경쟁적 벤치마킹이다. B사는 동일 업종이지만 외국에 있어 비경쟁적 기업을 대상으로 벤치마킹을 했기 때문에 글로벌 벤치마킹이다.

오답분석
• 경쟁적 벤치마킹 : 동일 업종이면서 경쟁관계에 있는 기업을 대상으로 하는 벤치마킹이다.

- 직접적 벤치마킹 : 벤치마킹 대상을 직접 방문하여 수행하는 벤치마킹이다.
- 간접적 벤치마킹 : 인터넷 및 문서형태의 자료를 통해서 수행하는 벤치마킹이다.

15 정답 ⑤

제시문의 '이것'은 기업의 사회적 책임(CSR)을 말한다. 기업이 자사의 직원 복지에 투자하는 것은 기업의 사회적 책임과 관련이 없다. 사회적 책임에는 사회적 상생을 위한 투자나 지역 발전을 위한 투자 등이 해당한다.

16 정답 ①

제시된 자료는 기술 혁신 예측의 어려움, 즉 불확실성에 대해 설명하고 있으므로 ①이 가장 적절하다.

오답분석

② 인간의 지식과 경험은 빠른 속도로 축적되고 학습되는 것에 비해, 기술 개발에 참가한 엔지니어의 지식은 문서화되기 어렵기 때문에 다른 사람들에게 쉽게 전파될 수 없어 해당 엔지니어들이 그 기업을 떠나는 경우 기술과 지식의 손실이 크게 발생하여 기술 개발을 지속할 수 없는 경우가 종종 발생한다. 이는 기술 혁신의 지식 집약적 활동이라는 특성 때문이다.
③ 기술 개발로 인한 기술 혁신의 가시적인 성과가 나타나기까지는 비교적 장시간이 필요하다.
④ 기술 혁신은 기업의 기존 조직 운영 절차나 제품 구성, 생산 방식, 나아가 조직의 권력구조 자체에도 새로운 변화를 야기함으로써 조직의 이해관계자 간의 갈등을 유발하는데, 이는 기술 혁신으로 인해 조직 내에서도 이익을 얻는 집단과 손해를 입는 집단이 나뉘기 때문이다.
⑤ 기술 혁신은 연구・개발 부서 단독으로 수행될 수 없다. 예를 들어 새로운 제품에 관한 아이디어는 마케팅 부서를 통해 고객으로부터 수집되었을 것이며, 원재료나 설비는 구매 부서를 통해 얻었을 것이기 때문이다. 이처럼 기술 혁신은 부서 사이의 상호 의존성이 있다.

17 정답 ②

- (가) : 여름과 겨울에 일정하게 매출이 증가함으로써 일정 주기를 타고 성장, 쇠퇴를 거듭하는 패션형이 적절하다.
- (나) : 매출이 계속 성장하는 모습을 보여줌으로써 연속성장형이 적절하다.
- (다) : 광고 전략과 같은 촉진활동을 통해 매출이 상승함으로써 주기・재주기형이 적절하다
- (라) : 짧은 시간에 큰 매출 효과를 가졌으나 며칠이 지나지 않아 매출이 급감함을 볼 때, 패드형이 적절하다.

18 정답 ④

준법을 유도하는 제도적 장치가 마련된다 하더라도 반드시 개개인의 준법의식이 개선되는 것은 아니다. 따라서 사회의 준법의식을 제고하기 위해서는 개개인의 의식변화와 제도적 보완을 동시에 추진하여야 한다.

19 정답 ①

세미나 등에서 경쟁사 직원에게 신분을 속이고 질문하는 것은 비윤리적 / 합법적의 1번으로 법적으로는 문제가 되지 않는 정보획득 행위이지만, 윤리적으로는 문제가 될 수 있다.

오답분석

② 윤리적 / 합법적의 3번에 해당된다.
③ 윤리적 / 합법적의 2번에 해당된다.
④ 비윤리적 / 비합법적의 5번에 해당된다.
⑤ 비윤리적 / 비합법적의 1번에 해당한다.

20 정답 ⑤

흄이 가장 중요하게 생각하는 것은 '당사자 간의 합의 여부'이다. 즉, 아무리 그러한 작업이 필요했더라도 합의가 있지 않았다면 그에 대한 대가를 지불할 필요가 없다는 것이다. ⑤는 제시문에 등장하는 수리업자의 논리이며 흄은 그의 논리를 반대하고 있다.

21 정답 ①

A의 가설은 말 모형에 대한 실험결과를 토대로 얼룩말의 얼룩무늬가 말의 피를 빠는 말파리를 피하는 방향으로 진행된 진화의 결과라는 가설을 제시했다. 따라서 전제가 되는 말 모형에 대한 실험결과가 실제 말에 대한 반응과 다르다면 이 가설은 약화될 수밖에 없다.

오답분석

ㄴ. A의 가설을 도출하기 위해 시행된 실험에서 대부분의 말파리가 검은색 또는 갈색 모형에 붙어있었는데, 실제 흡혈한 피의 결과도 이와 유사한 결과를 보였다면 이러한 연구결과는 A의 가설을 강화한다고 볼 수 있다.
ㄷ. A의 가설은 말파리와의 관계를 통해 얼룩무늬의 생성원인을 밝히려고 하는 것인데, 이는 사자와 같은 포식자와의 관계와는 무관하므로 ㄷ과 같은 연구결과는 A의 가설을 강화하지도 약화하지도 않는다.

22 정답 ④

R(Realistic)은 현실성을 의미하므로 실현 가능한 것을 계획해야 한다. 삶을 영위하는 데 있어 교통비나 식비 등의 생활비가 발생하므로 모든 수입을 저금하는 것은 사실상 불가능하다.

④ 유비쿼터스 센서 네트워크(USN; Ubiquitous Sensor Network)
: 첨단 유비쿼터스 환경을 구현하기 위한 근간으로, 각종 센서에
서 수집한 정보를 무선으로 수집할 수 있도록 구성한 네트워크를
가리킨다.

⑤ M2M : Machine-to-Machine으로 모든 사물에 센서와 통
신 기능을 달아 정보를 수집하고 원격 제어하는 통신체계를
말한다.

23 정답 ①

ⅰ) 세 번째 조건에 따르면 세 개의 항목을 합한 것보다 더 많은
영업이익을 기록한 것은 ㉠이다. 따라서 D기업은 ㉠에 해당
한다.

ⅱ) 첫 번째 조건에 따르면 A, B, C, E 중 A가 가장 직원 수가
많다. 직원 수는 $\dfrac{(영업이익)}{(직원 1인당 영업이익)}$으로 구할 수 있으며
㉡·㉢·㉣·㉤의 직원 수를 구하면 다음과 같다.

• ㉡ : $\dfrac{33,900}{34}≒997$명

• ㉢ : $\dfrac{21,600}{18}=1,200$명

• ㉣ : $\dfrac{24,600}{7}≒3,514$명

• ㉤ : $\dfrac{50,100}{30}=1,670$명

따라서 A기업은 ㉣에 해당한다.

ⅲ) 두 번째 조건에 따르면 C는 B, D, E에 비해 평균연봉 대비
직원 1인당 영업이익이 적다. 평균연봉 대비 직원 1인당 영업
이익을 구하면 다음과 같다.

• ㉡ : $\dfrac{34}{34}=1$백만 원

• ㉢ : $\dfrac{18}{58}≒0.31$백만 원

• ㉤ : $\dfrac{30}{75}=0.4$백만 원

따라서 C기업은 ㉢에 해당한다.

ⅳ) 네 번째 조건에 따르면 E는 B에 비해 직원 1인당 영업이익이
적다고 하였으므로, E기업은 ㉤에 해당한다.

따라서 ㉠-D기업, ㉡-B기업, ㉢-C기업, ㉣-A기업, ㉤-
E기업이다.

24 정답 ②

오답분석

① RFID : 무선인식이라고도 하며, 반도체 칩이 내장된 태그, 라
벨, 카드 등의 저장된 데이터를 무선주파수를 이용하여 비접촉
으로 읽어내는 인식시스템이다.

③ 이더넷(Ethernet) : 가장 대표적인 버스 구조 방식의 근거리
통신망(LAN) 중 하나이다.

25 정답 ③

같은 목표로 잘하려고 했던 김대리와 최과장의 갈등의 본질과 원
인을 찾아 해결하려는 박팀장의 전략은 서로의 이익에 부합되는
통합전략에 해당된다.

갈등해결의 기본전략

배려전략	상대방의 주장을 충족시켜 주기 위해서 자신의 관심 부분을 양보 또는 포기하는 것
지배전략	자신의 이익을 위해서 공식적인 권위를 사용하여 상 대방의 복종을 강요하는 것
통합전략	서로의 이익을 모두 만족시키기 위해 갈등의 본질을 집중적으로 정확하게 파악하여 문제해결의 통합적 대안을 도출해 내는 것
회피전략	당면한 갈등문제를 무시하거나 도외시하는 것
타협전략	자신과 상대방이 서로의 이익을 양보하는 것

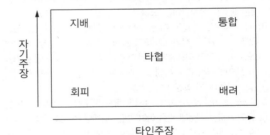

26 정답 ③

박팀장은 갈등이 드러남으로써 문제해결의 실마리를 더 빨리 공동
으로 모색할 수 있는 긍정적인 효과로 이끌고 있으므로, 갈등이
부정적인 결과를 초래한다는 인식을 전제로 하고 있다고 볼 수 없다.

27 정답 ③

담당자가 자리를 비운 경우 메모를 남겨 전달해야 하며 개인신상
정보는 노출하지 말아야 한다.

오답분석

① 부재 시 전화를 당겨 받는다.

② 처음에 회사명과 부서명, 이름을 밝힌 뒤 용건을 확인한다.

④ 상대방의 용건, 성명을 메모로 남긴다.

⑤ 용건을 물어본 후 간단한 용건일 경우 대신 처리할 수 있으면
처리한다.

28

정답 ①

전화를 받으면 회사명과 부서명, 이름을 밝힌 뒤 용건을 확인한다.

② 통화 담당자가 없으면 자리를 비운 이유를 간단히 설명해야 한다.
③ 담당자가 통화 가능한 시간을 알려주어야 한다.
④ 용건을 물어본 후 대신 처리할 수 있으면 처리하거나 담당자에게 정확한 메모를 전달한다.
⑤ 개인신상정보는 노출하지 말아야 한다.

29

정답 ①

개인윤리의 덕목에는 타인에 대한 물리적 행사(폭력)가 절대 금지되어 있지만, 직업윤리는 개인윤리에 비해 특수성을 가지고 있어 경찰관이나 군인 등의 경우 필요한 상황(범죄 제압, 전쟁 등)에서 폭력이 허용된다.

② 개인윤리와 직업윤리가 배치되는 경우 직업인은 직업윤리를 우선한다.
③ 직업윤리는 개인윤리를 바탕으로 각 직업에서 요구되는 특수한 윤리이다.
④ 모든 사람은 직업의 성격에 따라 각각 다른 직업윤리를 지닌다.
⑤ 규모가 큰 공동의 재산, 정보 등을 개인의 권한에 위임하는 것은 개인윤리와 직업윤리의 조화로운 상황이다.

30

정답 ②

분기별 성과평가 점수를 계산하면 다음과 같다.
- 1분기 : $(8 \times 0.4) + (8 \times 0.4) + (6 \times 0.2) = 7.6$
- 2분기 : $(8 \times 0.4) + (6 \times 0.4) + (8 \times 0.2) = 7.2$
- 3분기 : $(10 \times 0.4) + (8 \times 0.4) + (10 \times 0.2) = 9.2$
- 4분기 : $(8 \times 0.4) + (8 \times 0.4) + (8 \times 0.2) = 8.0$

이를 통해 분기별 성과급을 계산해 보면, 1분기에 지급되는 성과급은 80만 원, 2분기는 80만 원, 4분기는 90만 원이며, 3분기는 100만 원에 직전분기 차감액(20만 원)의 50%를 가산한 110만 원이다. 따라서 지급되는 성과급의 1년 총액은 $80 + 80 + 110 + 90 = 360$만 원이다.

31

정답 ④

ⓒ 자료는 구성비를 나타내는 비율로서, 유실 및 유기 동물 중 분양된 동물의 비율은 조사 기간 내 매년 감소하였으나, 그 수와 증감 여부는 알 수 없다.
ⓔ 2020년에 보호 중인 동물의 수와 인도된 동물의 수의 합은 4.7 + 14.5 = 19.2로 30.1%인 분양된 동물의 수보다 적으며, 2021년에도 11.7 + 13.0 = 24.7%로, 27.6%인 분양된 동물의 수보다 적다.

ⓐ 2018년 대비 2020년 반려 동물 신규 등록 건수의 증가율은 $\dfrac{10.5\text{만} - 9.1\text{만}}{9.1\text{만}} \times 100 ≒ 15.4\%$이므로 10%를 초과한다.

ⓒ 반려 동물 신규 등록 건수의 전년 대비 증가율은 다음과 같다.
- 2019년 : $\dfrac{9.2 - 9.1}{9.1} \times 100 ≒ 1.1\%$
- 2020년 : $\dfrac{10.5 - 9.2}{9.2} \times 100 ≒ 14.1\%$
- 2021년 : $\dfrac{14.7 - 10.5}{10.5} \times 100 = 40\%$
- 2022년 : $\dfrac{79.7 - 14.7}{14.7} \times 100 ≒ 442.2\%$

따라서 전년 대비 증가율이 두 번째로 높은 연도는 2021년이다.

32

정답 ④

문제해결은 조직, 고객, 자신의 세 가지 측면에서 도움을 줄 수 있다. 조직 측면에서는 자신이 속한 조직의 관련 분야에서 세계 일류수준을 지향하며, 경쟁사와 대비하여 탁월하게 우위를 확보하기 위해서 끊임없는 문제해결이 요구된다. 고객 측면에서는 고객이 불편하게 느끼는 부분을 찾아 개선과 고객감동을 통한 고객만족을 높이는 측면에서 문제해결이 요구된다. 마지막으로 자신의 측면에서는 불필요한 업무를 제거하거나 단순화하여 업무를 효율적으로 처리하게 됨으로써 자신을 경쟁력 있는 사람으로 만들어 나가는 데 문제해결이 요구된다. 이때, 산업 발전의 도움은 위의 세 가지 측면에 해당한다고 보기 어렵다.

33

정답 ③

상대가 말하는 것을 잘 알 수 없을 경우에는 구체적인 이미지를 떠올리거나, 숫자를 활용하여 표현하는 등 다양한 방법을 활용하여 생각해야 한다.

①·⑤ 논리적 사고의 구성요소 중 생각하는 습관에 해당하는 내용이다.
② 상대 논리의 구조화에 해당한다.
④ 타인에 대한 이해에 해당한다.

34

정답 ①

전략적 사고란 당면하고 있는 문제와 그 해결 방법에만 집착하지 말고, 그 문제와 해결방안이 상위 시스템과 어떻게 연결되어 있는지 생각하는 사고이다. 본사의 규정 변화가 영업점에 미칠 영향을 분석하는 것은 문제나 해결방안이 하위 시스템과 어떻게 연결되어 있는지를 생각하는 것이다.

② 문제와 해결방안이 상위시스템 또는 다른 문제와 어떻게 연결되어 있는지를 생각하는 전략적 사고에 해당하는 내용이다.

③ 경영성과와 같은 객관적 사실로부터 사고와 행동을 시작하는 사실 지향의 문제적 사고는 분석적 사고에 해당한다.
④ 전체를 각각의 요소로 나누어 그 요소의 의미를 도출하는 것은 분석적 사고에 해당한다.
⑤ 기대하는 결과를 명시하고 효과적으로 달성하는 방법을 여러 요소의 측면에서 도출한 분석적 사고에 해당한다.

35   정답 ③

김대리는 의지와 욕구는 있지만 업무 전환에 대한 인식과 자기이해 노력이 부족했다. 직업인으로서 자신이 원하는 직업을 갖고 일을 효과적으로 수행하기 위해서는 장기간에 걸친 치밀한 준비와 노력이 필요하며, 자신을 분명하게 아는 것이 선행되어야 이러한 준비와 노력이 적절히 이루어질 수 있다.

36   정답 ②

김대리는 현재 자신의 외면을 구성하는 외모나 나이 같은 외면적 요소가 아닌 자신의 내면을 구성하는 적성, 흥미, 성격, 가치관 등의 내면적 자아의 요소를 고려하고 있으며 내면적 요소는 측정하기 어렵다는 특징을 가지고 있다.

37   정답 ④

김대리는 현 시점에서 욕구와 의지가 있으므로 단기적인 돌파구를 마련하기보다는 자신을 좀 더 이해하고 장기적인 관점에서 성장할 방안을 고려해야 한다. 따라서 자신의 내면에 대해 좀 더 이해해야 한다.

오답분석
① 단기적인 대응책보다는 장기적인 관점에서 성장할 방법을 찾아야 할 필요가 있다.
② 과거에 했던 일과 지금 하는 일을 모두 고려하여 자신의 흥미에 대해 고민해야 한다.
③ 업무에 대한 의지와 욕구는 가지고 있다.
⑤ 자기개발로 지향하는 바는 개별적인 과정으로 사람마다 다르다.

38   정답 ②

국외 출장 관련 세부지침에서 최소 범위의 출장비로, 당사가 국제행사 주최인 경우 최소 5명 이상이 출장을 가야 한다고 하였으므로 프레젠테이션 최소 인력 2명, 보조 3명을 선발하여 배치하는 것이 가장 적합하다.

39   정답 ④

주최 측 주의사항에서 국제행사에 투입되는 인력은 특히 능력이나 성격과 가장 적합하도록 배치하라고 제시되어 있으므로 질적배치 유형에 해당한다.

인력배치 유형

유형	내용
양적배치	여유나 부족 인원을 감안해서, 소요인원을 결정하여 배치하는 것이다.
질적배치	팀원의 능력이나 성격에 따른 적재적소의 배치를 의미한다.
적성배치	팀원의 적성 및 흥미를 고려하여 배치하는 것이다.

인력배치의 3원칙

원칙	내용
적재적소주의	팀원을 그의 능력이나 성격 등과 적합한 위치에 배치하는 것이다.
능력주의	개인에게 능력을 발휘할 수 있는 기회와 장소를 부여하고, 그 성과를 평가하여 그에 상응한 보상을 하는 것이다.
균형주의	모든 팀원을 평등하게 고려하여야 한다는 것이다.

40   정답 ⑤

사회적 동조가 있는 상태에서는 개인의 성향과 상관없이, 즉 충동적인 것과는 무관하게 루머를 사실이라고 믿는 경우가 많았다고 하였으므로 옳지 않다.

오답분석
① 사람들이 사회적·개인적 불안감을 해소하기 위한 수단으로 루머에 의지한다고 하였으므로 옳은 내용이다.
② 사회적 동조는 개인이 어떤 정보에 대해 판단하거나 그에 대한 태도를 결정하는 데 정당성을 제공한다고 하였으므로 옳은 내용이다.
③ 집단주의 문화권 사람들은 루머를 믿는 사람들로부터 루머에 대한 정보를 얻고 그것을 근거로 하여 판단하며, 다른 사람들의 의견에 개인의 생각을 일치시키는 경향이 두드러진다고 하였으므로 옳은 내용이다.
④ 루머에 대한 지지 댓글을 많이 본 사람들은 루머에 대한 반박 댓글을 많이 본 사람들에 비해 루머를 사실로 믿는 경향이 더욱 강한 것으로 나타났다고 하였다. 따라서 이를 역으로 생각하면 반박 댓글을 많이 본 사람들이 루머를 사실로 믿는 경향이 더 약함을 알 수 있다.

41   정답 ①

김대리의 의사소통을 저해하는 요인은 '일방적으로 말하고', '일방적으로 듣는' 무책임한 마음이다. 다른 이들의 의견을 듣지 않고 일방적으로 말하는 것은 의사소통의 저해요인이 된다.

의사소통 저해요인
• '일방적으로 말하고', '일방적으로 듣는' 무책임한 마음 : 의사소통 기법의 미숙, 표현 능력의 부족, 이해 능력의 부족
• '전달했는데', '아는 줄 알았는데'라고 착각하는 마음 : 평가적이며 판단적인 태도, 잠재적 의도

- '말하지 않아도 아는 문화'에 안주하는 마음 : 과거의 경험, 선입견과 고정관념

42 정답 ③

ㄴ. 분량이 방대한 기획서의 특성상, 표현방식에 변화를 주는 등 산뜻한 느낌을 주기 위한 장치를 삽입하는 것이 바람직하다.

ㄷ. 보통 기획서는 분량이 많으므로, 글의 내용이 한눈에 파악되도록 목차를 논리적이고 세부적으로 작성하여야 한다.

기획서 작성법

- 무엇을 위한 기획서인지 핵심 메시지가 정확히 도출되었는지를 확인한다.
- 기획서는 상대에게 어필해 상대가 채택하도록 설득력을 갖춰야 하므로, 상대가 요구하는 것이 무엇인지 고려하여 작성한다.
- 보통 기획서는 분량이 많으므로 글의 내용이 한눈에 파악되도록 목차구성에 신경쓴다.
- 기획서는 많은 내용을 담아내므로 핵심내용을 전달하기 힘들기 때문에 핵심 내용의 표현에 신경을 써야 한다.
- 내용의 효과적인 전달을 위해 표나 그래프를 활용하는 경우, 내용이 제대로 도출되었는지 확인한다.
- 전체적으로 내용이 많은 만큼 깨끗하고 산뜻한 느낌을 줄 수 있도록 작성한다.
- 기획서는 완벽해야 하므로 제출하기 전에 충분히 검토한다.
- 인용한 자료의 출처가 정확한지 확인한다.

43 정답 ③

어린이 식사를 미리 주문한 A에게 가장 먼저 제공하고, 저칼로리식(특별식)을 미리 주문한 E에게 두 번째로 제공한다. 다음으로는 좌측 2열 창가에 있는 F, 우측 2열 창가에서 두 번째에 있는 B, 중앙 5열에 있는 D, 좌측 8열 창가에서 두 번째에 있는 C, 중앙 8열에 있는 G의 순서로 제공한다.

44 정답 ①

ㄱ. 5의 배수는 A×5로 표현되므로 30은 6×5, 즉 여섯 개의 다섯으로 바꿔서 나타낼 수 있다. 이에 따라 30은 otailuna(6×5)로 표현된다.

ㄴ. 중간에 i가 들어있다는 것은 i의 앞과 뒤를 더한 숫자라는 것을 의미하므로 ovariluna i tolu는 ovari+tolu로 나타낼 수 있다. 여기서 ovari는 다시 o+vari로 분해되어 9임을 알 수 있고, ovari+luna는 ㄱ에서 살펴본 것과 같은 논리로 아홉 개의 다섯으로 해석할 수 있으므로 45임을 알 수 있다. 여기에 i 뒤의 tolu(3)을 더하면 결과적으로 해당되는 숫자는 48이 된다.

45 정답 ②

브랜드를 소유하거나 사용해 보고 싶다는 동기를 유발하는 것처럼, 사람들로부터 자신을 찾게 하기 위해서는 다른 사람과 다른 차별성을 가질 필요가 있다. 이를 위해서는 시대를 앞서 나가 다른 사람과 구별되는 능력을 끊임없이 개발해야 한다.

46 정답 ⑤

통합형 검색 방식은 검색 엔진 자신만의 데이터베이스를 구축하여 관리하는 방식이 아니라, 사용자가 입력하는 검색어들을 연계된 다른 검색 엔진에 보내고, 이를 통하여 얻은 검색 결과를 사용자에게 보여 주는 방식을 사용한다.

오답분석

① 키워드 검색 방식 : 키워드가 불명확하게 입력된 경우에는 검색 결과가 너무 많아 효율적인 검색이 어려울 수 있는 단점이 있다.

② 키워드 검색 방식 : 사용자 입장에서는 키워드만을 입력하여 정보 검색을 간단히 할 수 있다는 장점이 있다.

③ 주제별 검색 방식 : 인터넷상에 존재하는 웹 문서들을 주제별, 계층별로 정리하여 데이터베이스를 구축한 후 이용하는 방식이다.

④ 통합형 검색 방식 : 키워드 검색 방식과 같이 검색어에 기반해 자료를 찾아주는 방식이다.

47 정답 ②

정보처리는 기획 – 수집 – 관리 – 활용 순서로 이루어진다.

오답분석

① 전략적 기획은 정보수집의 첫 단계로서 정보처리 과정 전반에 필요한 전략적 계획수립 단계이다.

③ 다양한 정보원으로부터 합목적적 정보를 수집하는 것이 좋다.

④ 정보 관리 시 고려요소 3가지는 목적성, 용이성, 유용성이다.

⑤ 정보윤리가 강조되고 있는 만큼, 합목적성과 합법성을 모두 고려해야 한다.

48 정답 ⑤

수동형 사원은 자신의 능력과 노력이 조직으로부터 인정받지 못해 자신감이 떨어지는 모습을 보인다. 따라서 사원의 의견을 존중해 자신감을 키워주는 것이 가장 적절하다.

오답분석

① 적절한 보상이 없다고 느끼는 소외형 사원에게 팀에 대한 협조의 조건으로 보상을 제시하는 것은 적절하지 못하다.

② 리더는 팀원을 배제시키지 않고, 팀 목표를 위해 팀원들이 자발적으로 업무에 참여하도록 노력해야 한다.

③ 순응형 사원에 대해서는 그들의 잠재력 개발을 통해 팀 발전을 위한 창의적인 모습을 갖도록 해야 한다.

④ 실무형 사원에 대해서는 징계를 통해 규정준수를 억지로 강조하는 모습보다는 의사소통을 통해 규정준수를 이해시키는 것이 적절하다.

49

ㄱ·ㄷ. 후추의 매운맛은 피페린이라는 성분에 영향을 받는다. 따라서 피페린이 더 많이 함유되어 있을수록 더 맵다. 또한, 검은 후추보다 흰 후추가 피페린의 함유량이 더 적으므로, 매운 후추 맛을 원하는 사람은 검은 후추를 선택할 것이다.

ㄹ. 통후추 상태로는 향미가 오랫동안 보존되지만 갈아놓으면 향미를 빨리 잃게 된다.

오답분석

ㄴ. 흰 후추는 열매가 완전히 익은 후에 따서 따뜻한 물에 담가 과피와 과육을 제거한 것이다.

50

정답 ③

토의는 여러 사람이 모여서 공통의 문제에 대하여 가장 좋은 해답을 얻기 위해 협의하는 말하기이다. 특정 논제에 대해 찬성과 반대의 주장을 논하는 과정은 토론이다. 따라서 박사원은 의견을 제시하지 않고 다른 사람의 의견에 찬성을 하고 있으므로 토의가 아닌 토론을 하고 있다고 봐야 한다.

오답분석

① 권역별 상품개발에 대한 논의가 있었는지 물어보는 질문을 통해 의견을 나타냈다.
② 고객의 안전이 최우선이라는 콘텐츠를 권역별로 세분화하자는 의견을 말했다.
④ 상품 세분화로 매출이 향상되지는 않을 거라는 의견을 제시했다.
⑤ 토의 주제를 제시하고 의견을 요청했다.

51

정답 ⑤

주어진 자료에 따르면 정보공유가 완전하게 이루어지고 있으며, 참여도와 만족도가 높다. 또한, 구조화를 갖추지 않은 상태이며, 리더가 없다. 완전연결형은 가장 이상적인 형태로, 리더가 존재하지 않으며 누구나 커뮤니케이션을 주도할 수 있고 가장 구조화되지 않은 유형이다. 조직 안에서 정보교환이 완전히 이루어지며 가장 효과적이고 구성원 간의 만족도와 참여도가 높은 특징이 있다. 따라서 토의 상황에서 나타나는 네트워크 형태는 완전연결형이다.

52

정답 ③

자료에서 설명하는 문제해결방법은 Logic Tree 방법이다. Logic Tree 방법은 문제의 원인을 깊이 파고들거나 해결책을 구체화할 때 제한된 시간 속에 넓이와 깊이를 추구하는 데 도움이 되는 기술로, 주요 과제를 나무 모양으로 분해·정리하는 기술이다.

오답분석

① So What 방법 : '그래서 무엇이지?' 하고 자문자답하는 의미로, 눈앞에 있는 정보로부터 의미를 찾아내어 가치 있는 정보를 이끌어내는 방법이다.
② 피라미드 구조 방법 : 하위의 사실이나 현상부터 사고함으로써 상위의 주장을 만들어가는 방법이다.

④ SWOT 분석 방법 : 기업내부의 강점, 약점과 외부환경의 기회, 위협요인을 분석 평가하고 이들을 서로 연관 지어 전략과 문제 해결 방안을 개발하는 방법이다.
⑤ 3C 분석 방법 : 환경을 구성하고 있는 요소인 자사, 경쟁사, 고객에 대해 체계적으로 분석하는 방법이다.

53

정답 ③

제시된 논증을 정리하면 다음과 같다.
i) 갑순○ ∨ 정순○
ii) 갑순× → 병순○
∴ 병순○

'병순'이 급식 지원을 받게 된다는 결론이 도출되기 위해서는 ii)에 따라 '갑순'이 지원을 받지 못한다는 중간 결론이 필요하며, 이것이 성립한다면 결과적으로 i)에 의해 '정순'도 급식 지원을 받게 된다는 것을 알 수 있다. 이 같은 내용을 바탕으로 '갑순'이 지원을 받지 못한다는 중간 결론을 도출하기 위해서 보기를 살펴보면 다음과 같다.

ㄴ·ㄷ. 두 전제가 결합될 경우 '갑순'이 급식 지원을 받지 못한다는 중간결론이 도출되므로 옳다.

오답분석

ㄱ. '갑순'이 급식 지원을 받지 못한다는 내용이 필요하므로 옳지 않다.
ㄹ. 이미 위에서 '갑순'이 지원을 받지 못할 경우 '병순'은 지원을 받게 된다고 하였으므로 이에 모순되는 전제이다.

54

정답 ③

구체적인 일정은 월간 계획 → 주간 계획 → 1일 계획의 순서로 작성한다. 월간 계획은 보다 장기적인 관점에서 계획하고 준비해야 될 일을 작성하며, 주간 계획은 우선순위가 높은 일을 먼저 하도록 계획을 세우고, 1일 계획은 이를 보다 자세하게 시간 단위로 작성한다.

55

정답 ④

사회적 입증 전략이란 사람은 과학적 이론보다 자신의 동료나 이웃의 말이나 행동에 의해서 쉽게 설득된다는 것과 관련된 전략이다.

오답분석

① See Feel Change 전략 : 시각화하고 직접 보게 하여 이해시키고(See), 스스로가 느끼게 하여 감동시키며(Feel), 이를 통해 상대방을 변화시켜(Change) 설득에 성공한다는 전략이다.
② 호혜관계 형성 전략 : 협상당사자간에 어떤 혜택들을 주고받은 관계가 형성되어 있으면 그 협상과정상의 갈등해결에 용이하다는 것이다.
③ 헌신과 일관성 전략 : 협상당사자간에 기대하는 바에 일관성 있게 헌신적으로 부응하여 행동하게 되면 협상과정상의 갈등 해결이 용이하다는 것이다.
⑤ 희소성 해결 전략 : 인적 자원, 물적 자원 등의 희소성을 해결하는 것이 협상과정상의 갈등해결에 용이하다는 것이다.

56 정답 ④

A ~ C는 각자 자신이 해야할 일이 무엇인지 잘 알고 있으며, 서로의 역할도 이해하는 모습을 볼 수 있다. 이처럼 효과적인 팀은 역할을 명확하게 규정한다.

57 정답 ⑤

ㄱ. 세계화는 조직 구성원들의 근무환경 등 개인 삶에도 직·간접적으로 영향을 주므로 구성원들은 의식 및 태도, 지식습득에 있어서 적응이 필요하다. 따라서 기업의 대외적 경영 측면뿐 아니라 대내적 관리에도 영향을 준다.

ㄷ. 이문화 이해는 언어적 소통 및 비언어적 소통, 문화, 정서의 이해를 모두 포괄하는 개념이다. 따라서 이문화 이해가 곧 언어적 소통이 되는 것이 아니다.

ㄹ. 문화란 장시간에 걸쳐 무의식적으로 형성되는 영역으로, 단기간에 외국문화를 이해하는 것은 한계가 있기 때문에 지속적인 학습과 노력이 요구된다.

오답분석

ㄴ. 대상국가의 법규 및 제도 역시 기업이 적응해야 할 경영환경이다.

58 정답 ④

성희롱의 성립요건 중 B사원의 고용상의 불이익을 초래할 것에 대한 것은 주어진 사례에서 찾을 수 없다.

> **직장 내 성희롱의 성립요건**
> • 지위를 이용하거나 업무와의 관련성이 있을 것
> • 성적인 언어나 행동, 또는 이를 조건으로 하는 행위일 것
> • 고용상의 불이익을 초래하거나 성적 굴욕감을 유발하여 고용환경을 악화시키는 경우일 것
> • 성희롱의 당사자 요건일 것

59 정답 ①

보기에서 활용된 분리 원칙은 '전체와 부분의 분리'이다. 이는 모순되는 요구를 전체와 부분으로 분리해 상반되는 특성을 모두 만족시키는 원리이다. 보기에서는 안테나 전체의 무게를 늘리지 않고 가볍게 유지하면서 안테나의 한 부분인 기둥의 표면을 거칠게 만들어 눈이 달라붙도록 하여 지지대를 강화하였다. ①의 경우 자전거 전체의 측면에서는 동력을 전달하기 위해서 유연해야 하고, 부분의 측면에서는 내구성을 갖추기 위해 단단해야 하는 2개의 상반되는 특성을 지닌다. 따라서 보기와 ①은 '전체와 부분에 의한 분리'의 사례이다.

오답분석

②·④ '시간에 의한 분리'에 대한 사례이다.
③·⑤ '공간에 의한 분리'에 대한 사례이다.

60 정답 ③

시험 준비는 각자 자신의 성적을 위한 것으로 팀워크의 특징인 공동의 목적으로 보기 어렵다. 또한, 상호관계성을 가지고 협력하는 업무로 보기 어려우므로 팀워크의 사례로 적절하지 않다.

제3회 PSAT형 모의고사 정답 및 해설

01	02	03	04	05	06	07	08	09	10
③	③	④	③	②	①	①	②	③	④
11	12	13	14	15	16	17	18	19	20
④	②	①	⑤	③	①	⑤	③	①	③
21	22	23	24	25	26	27	28	29	30
②	③	②	⑤	①	①	①	④	⑤	②
31	32	33	34	35	36	37	38	39	40
①	③	⑤	③	③	③	③	③	④	①
41	42	43	44	45	46	47	48	49	50
①	①	①	②	①	④	②	③	④	④
51	52	53	54	55	56	57	58	59	60
⑤	③	②	③	④	③	④	③	①	③

01 정답 ③

이소크라테스는 영원불변하는 보편적 지식의 무용성을 주장했을 뿐, 존재 자체를 부정했다는 내용은 본문에서 확인할 수 없다.

오답분석

① 플라톤의 이데아론은 삶과 행위의 구체적이고 실제적인 일상이 무시된 채 본질적이고 이념적인 영역을 추구하고 있다는 비판을 받고 있다.
② 물질만능주의는 모든 관계를 돈과 같은 가치에 연관시켜 생각하는 행위로, 탐욕과 사리사욕을 위한 교육에 매진하는 소피스트들과 일맥상통하는 면이 있다.
④ 이소크라테스는 이데아론의 무용성을 주장하면서 동시에 비도덕적이고 지나치게 사리사욕을 위한 소피스트들의 교육을 비판했다.
⑤ 이소크라테스는 삶과 행위의 문제를 이론적이고도 실제적으로 해석하면서도, 도덕이나 정당화의 문제보다는 변화하는 실제적 행위만 추구한 소피스트들을 비판했기에 훌륭한 말(실제적 문제)과 미덕(도덕과 정당화)를 추구했음을 알 수 있다.

02 정답 ③

종합청렴도 식은 (종합청렴도)=[(외부청렴도)×0.6+(내부청렴도)×0.3+(정책고객평가)×0.1]−(감점요인)이므로, 내부청렴도에 관한 공식을 만들어보면 다음과 같다.

(내부청렴도)=[(종합청렴도)−(외부청렴도)×0.6−(정책고객평가)×0.1+(감점요인)]×$\frac{10}{3}$

위 식에 연도별 수치를 대입하여 내부청렴도를 구한다.

- 2019년 : {6.23−8.0×0.6−6.9×0.1+(0.7+0.7+0.2)}
  $\times\frac{10}{3}=2.34\times\frac{10}{3}=7.8$
- 2020년 : {6.21−8.0×0.6−7.1×0.1+(0.7+0.8+0.2)}
  $\times\frac{10}{3}=2.4\times\frac{10}{3}=8.0$
- 2021년 : {6.16−8.0×0.6−7.2×0.1+(0.7+0.8+0.2)}
  $\times\frac{10}{3}=2.34\times\frac{10}{3}=7.8$
- 2022년 : {6.8−8.1×0.6−7.3×0.1+(0.5+0.4+0.2)}
  $\times\frac{10}{3}=2.31\times\frac{10}{3}=7.7$

따라서 내부청렴도가 가장 높은 해는 2020년, 가장 낮은 해는 2022년이다.

03 정답 ④

수호는 주스를 좋아하므로, 디자인 담당이 아니다. 또한 편집 담당과 이웃해 있으므로 기획 담당이다. 편집 담당은 콜라를 좋아하고, 검은색 책상에 앉아 있다. 그런데 종대는 갈색 책상에 앉아 있으므로 종대는 디자인 담당이며, 민석이는 검은색 책상에 앉아 있다. 그러므로 수호는 흰색 책상에 앉아 있다. 이를 표로 정리하면 다음과 같다.

수호	민석	종대
흰색 책상	검은색 책상	갈색 책상
기획	편집	디자인
주스	콜라	커피

오답분석

ㄷ. 수호가 편집을 하지 않는 것은 맞지만, 민석이는 콜라를 좋아한다.
ㄹ. 민석이는 편집 담당이므로 검은색 책상에 앉아 있다.

04
정답 ③

- 민주 : 보습력이 가장 뛰어난 것은 반짝이와 수분톡톡인데, 두 제품 모두 발림성도 별이 3개로 동일하다. 따라서 민주는 반짝이와 수분톡톡 어느 것을 선택해도 무방하다.
- 호성 : 발림성, 보습력, 향이 모두 우수한 것은 반짝이와 수분톡톡인데, 이 중 제품 가격이 낮은 것은 수분톡톡이므로 호성은 수분톡톡을 선택한다.
- 유진 : 향이 가장 좋은 것은 반짝이, 수분톡톡, 솜구름인데, 세 제품 모두 발림성도 별이 3개로 동일하다. 그러나 제품 크기가 가장 작은 것은 용량이 가장 작은 반짝이이므로 유진은 반짝이를 선택한다.

05
정답 ②

제시된 조건을 기호화하면 다음과 같다.
- A(×) → B(○)
- B(○) → C(×)

따라서 이 둘을 결합하면 'A(×) → B(○) → C(×)'를 도출할 수 있으며 이의 대우명제는 'C(○) → B(×) → A(○)'로 나타낼 수 있다. 따라서 C시가 채택되면 B시는 채택되지 않지만 A시는 채택되는 상황이 되어 A와 C가 모두 채택되게 된다. 이를 해결하기 위해서는 A시나 C시 중 하나가 선정된다는 조건이 필요하다. 왜냐하면 A시나 C시 중 하나가 선정된다는 조건이 추가되었을 때 C가 채택된다면 A도 채택되어 모순이 발생하므로 결국은 A만 선정되기 때문이다.

06
정답 ①

- ㄱ. 456은 키보드와 휴대폰 어느 배열을 선택하더라도 동일한 키가 사용된다.
- ㄴ. 키보드의 789는 휴대폰의 1230이고, 키보드의 123은 휴대폰의 7890이다. 이 둘을 더하는 경우 덧셈의 전항과 후항의 순서만 달라질 뿐이므로 둘은 같은 결과를 가져온다.
- ㄷ. 키보드의 159는 휴대폰의 7530이고, 키보드의 753은 휴대폰의 159이다. 위의 ㄴ과 같은 논리로 이 둘을 합한 것은 같은 결과를 가져온다.

- ㄹ. 키보드의 753은 휴대폰의 159이고, 키보드의 951은 휴대폰의 357이다. 이 숫자들의 경우는 위와 달리 키보드와 휴대폰 각각의 숫자가 완전히 달라지므로 둘을 합한 결과값은 달라지게 된다.
- ㅁ. 키보드의 789는 휴대폰의 1230이고, 키보드의 123은 휴대폰의 7890이다. ㄴ과 달리 이 둘을 빼는 경우 결과값은 달라지게 되므로 옳지 않은 내용이다.

07
정답 ①

만약 A가 B보다 1시간 빠르다면 A에서 B까지의 실제 비행시간은 7시간 즉, 표에 제시된 시간을 토대로 계산한 6시간에 1시간을 더한 것이 되므로 이를 일반화하면 A가 B보다 x시간 빠르다면 실제 비행시간은 6시간$+x$가 된다. 이를 반대로 생각하면 B에서 A까지의 실제 비행시간은 표에 제시된 14시간에서 x시간을 뺀 시간이라는 것을 추론할 수 있다. 그런데 각주 2)에서 비행시간은 A → B구간과 B → A구간이 동일하다고 하였으므로 $6+x=14-x$의 식을 도출할 수 있으며 이를 통해 x는 4시간임을 알 수 있다. 따라서 A가 B보다 4시간 빠르다는 것과 실제 비행시간은 10시간이라는 것을 알 수 있다.

08
정답 ②

- ㄱ. 습도가 70%일 때 연간소비전력량이 가장 적은 제습기는 A(790kwh)임을 알 수 있다.
- ㄷ. 습도가 40%일 때 제습기 E의 연간소비전력량은 660kwh이고, 습도가 50%일 때 제습기 B의 연간소비전력량은 640kwh이므로 옳은 내용이다.

- ㄴ. 제습기 D와 E를 비교하면, 60%일 때 D(810kwh)가 E(800kwh)보다 소비전력량이 더 많은 반면, 70%일 때에는 E(920kwh)가 D(880kwh)보다 더 많아 순서가 다르게 되므로 옳지 않은 내용이다.
- ㄹ. 제습기 E의 경우 습도가 40%일 때의 연간전력소비량은 660kwh이고 습도가 80%일 때의 연간전력소비량은 970kwh이다. 따라서 $660\times1.5=990>970$이므로 옳지 않다.

09
정답 ③

발전소별 수문 자료를 보면 이날 온도가 27℃를 초과한 발전소는 춘천, 섬진강, 보성강, 괴산이다. 춘천을 제외한 나머지 발전소의 출력량의 합은 다음과 같다.
- 섬진강 : $9.8\times6.9\times20\times0.9=1,217.16$
- 보성강 : $9.8\times1.1\times20\times0.9=194.04$
- 괴산 : $9.8\times74.2\times20\times0.9=13,088.88$
- ∴ (합계)$=1,217.16+194.04+13,088.88=14,500.08$kW

이때, 춘천의 출력량은 총 출력량 15,206.08kW에서 나머지 발전소의 출력량의 합을 뺀 $15,206.08-14,500.08=706$kW이다. 춘천의 초당 유량을 $x[\text{m}^3/\text{sec}]$라 하였을 때,

$706=9.8\times x\times20\times0.9 \rightarrow x=706\div(9.8\times20\times0.9) \rightarrow x=4$

따라서 춘천 발전소의 분당 유량은 $60\times4=240\text{m}^3/\text{min}$이다.

10 정답 ④

주어진 상황을 토대로 가능한 상황을 정리하면 다음과 같다.

ⅰ) X : 12일을 포함하여 총 4일을 운행하기 위해서는 홀짝제가 적용되는 3일 중 하루를 운행하지 않아야 한다. 따라서 X는 13일을 제외한 나머지 요일에 모두 운행했음을 알 수 있다. 그렇다면 X의 차량은 짝수차량이라는 것을 알 수 있으며 15일과 16일에도 운행을 하였으므로 끝자리 숫자가 8, 0은 아니라는 것을 끌어낼 수 있다. 따라서 X의 차량은 2, 4, 6 중 하나의 숫자로 끝나는 차량임을 알 수 있다.

ⅱ) Y : 운행이 가능한 날은 모두 자신의 자동차로 출근했다고 하였으므로 12 ~ 14일 중 하루는 반드시 운행을 했을 것이다. 모든 숫자는 홀수와 짝수 둘 중 하나에 포함되기 때문이다. 결국 Y는 13일에 운행했을 것이다. 나머지 하루는 15일 혹은 16일인데 15일에 운행을 하고 16일에 하지 않았다면 끝자리 숫자는 9일 것이며, 15일에 운행을 하지 않고 16일에 운행을 했다면 끝자리 숫자는 7이 될 것이다.

ⅲ) Z : 13일에 운행을 했다는 부분에서 홀수차량임을 알 수 있으며 15, 16일에 운행했다는 부분에서 끝자리가 7, 9가 아님을 알 수 있다. 따라서 Z의 차량은 1, 3, 5 중 하나의 숫자로 끝나는 차량임을 알 수 있다.

따라서 끝자리 숫자의 합의 최댓값은 6+9+5=20이다.

11 정답 ④

ⅰ) 사용목적이 '사업 운영'인 경우에 지출할 수 있다고 하였으므로 '인형탈' 품목에 사업비 지출이 허용된다.

ⅱ) 품목당 단가가 10만 원 이하로 사용목적이 '서비스 제공'인 경우에 지출할 수 있다고 하였으므로 '블라인드' 품목에 사업비 지출이 허용된다.

ⅲ) 사용연한이 1년 이내인 경우에 지출할 수 있다고 하였으므로 '프로그램 대여' 품목에 사업비 지출이 허용된다.

12 정답 ②

입장료와 사우나 유무에 따른 피트니스 클럽의 이용객 선호도를 정리하면 다음과 같다.

입장료	사우나	선호도
5,000원	유	4.0+3.3=7.3
	무	4.0+1.7=5.7
10,000원	유	3.0+3.3=6.3
	무	3.0+1.7=4.7
20,000원	유	0.5+3.3=3.8
	무	0.5+1.7=2.2

따라서 이용객 선호도가 세 번째로 큰 조합은 '입장료가 5,000원'이고 '사우나가 없는' 조합임을 알 수 있다.

13 정답 ①

- 갑 : (가)는 도덕성의 기초는 이성이지 동정심이 아니라고 한 반면, (다)는 이성이 아니라 동정심이라고 하여 서로 반대되는 주장을 하고 있으므로 양립할 수 없다.

- 을 : (가)는 동정심이 일관적이지 않으며 변덕스럽고 편협하다고 하였는데 (나)는 가족과 모르는 사람의 사례를 들면서 동정심이 신뢰할 만하지 않다고 하여 (가)의 주장을 지지하고 있다.

오답분석

- 병 : (가)는 도덕성의 기초는 이성이지 동정심이 아니라고 하였으나 (라)는 동정심이 전적으로 신뢰할 만한 것은 아니지만 그렇다고 해서 도덕성의 기반에서 완전히 제거하는 것은 옳지 않다고 하였다. 즉, (라)의 경우는 동정심의 도덕적 역할을 전적으로 부정하지는 않았다.

- 정 : (나)는 동정심이 신뢰할 만하지 않다고 하였으며 (라) 역시 같은 입장이다. 다만 (라)는 그렇다고 해서 동정심의 역할을 완전히 부정하는 것은 아니라는 점에서 차이가 있을 뿐이다.

14 정답 ⑤

제시문에서 언급한 '진리성 논제'란 어떠한 자료가 단지 올바른 문법 형식을 갖추고 있다는 것에 그치지 않고 그 내용 또한 참이어야 한다는 것이다. 이에 대해 '진리 중립성'을 주장하는 사람들은 그 '정보'가 틀린 내용을 담고 있더라도 이해하는 주체의 인지 행위에서 분명한 역할을 할 수 있으므로 꼭 '참'이어야 하는 것은 아니라고 하였다. 따라서 ㉠에 대한 비판으로 ⑤가 가장 적절하다.

15 정답 ③

제시된 자료의 빈칸을 채우면 다음과 같다.

면접관＼응시자	A	B	C	D	범위
V	7	8	8	6	2
W	4	6	8	10	(6)
X	5	9	8	8	(4)
Y	6	10	9	7	4
Z	9	7	6	5	4
중앙값	(6)	(8)	(8)	(7)	–
교정점수	(6)	8	(8)	7	–

ㄱ. 정리한 표에 의하면 면접관 중 범위가 가장 큰 면접관은 W(6)이므로 옳은 내용이다.

ㄷ. C의 교정점수는 8점이며 A는 6점이므로 옳은 내용이다.

오답분석

ㄴ. 응시자 중 중앙값이 가장 작은 응시자는 A(6)이므로 옳지 않은 내용이다.

16

각 기업의 점수와 지원액을 정리하면 다음과 같다.

구분		A	B	C	D
평가 지표	경상이익률	4	2	1	3
	영업이익률	4	1	3	2
	부채비율	1	3	2	4
	매출액증가율	1	3	2	4
	총점(순위)	10(2위)	9(3위)	8(4위)	13(1위)
순자산(억 원)		2,100	600	900	3,000
지원한도(억 원)		1,400	400	450	2,000
지원요구금액(억 원)		2,000	500	1,000	1,800
지원금액(억 원)		1,400	400	450	1,800

17
정답 ⑤

주어진 자료를 토대로 직원들의 오류 점수와 벌점을 정리하면 다음과 같다.

구분	오류 점수	벌점
B	$(10 \times 5)+(20 \times 20)=450$점	없음 (오류 발생 비율 25%)
C	$(10 \times 10)+(20 \times 20)=500$점	5,000점
D	$(10 \times 15)+(20 \times 15)-80$ $=370$점	없음 (오류 점수 400점 미만)
E	$(10 \times 20)+(20 \times 10)=400$점	4,000점
F	$(10 \times 30)+(20 \times 10)-80$ $=420$점	4,200점

따라서 두 번째로 높은 벌점을 받게 될 사람은 F이다.

18
정답 ③

편의상 표의 순서대로 단계를 구분한다고 하면 1단계부터 4단계까지는 필수적으로 진행해야 하는 것이고, 4단계까지의 매력 지수는 30점, 총 10.5분이 소요된다. 그리고 전체 8단계 중 7단계만을 선택한다고 하였으므로 순차적으로 하나씩 제거하며 판단해 보면 다음과 같다.

생략단계	감점 전 점수	소요 시간	감점	매력 지수
눈썹 그리기	125	36	-64	61
눈화장 하기	112	29	-36	76
립스틱 그리기	127	38.5	-74	53
속눈썹 붙이기	77	24	-16	61

따라서 A의 최대 매력 지수는 눈화장 하기를 생략한 상황에서 얻은 76점이다.

19
정답 ①

제시문의 논지는 자신의 인지 능력이 다른 도구로 인해 보완되는 경우, 그 보강된 인지 능력도 자신의 것이라는 입장이다. 그런데 ①은 메모라는 다른 도구로 기억력을 보완했다고 하더라도 그것은 자신의 인지 능력이 향상된 것으로 볼 수 없다는 의미이므로, 제시문의 논지를 반박한다고 볼 수 있다.

오답분석

② 종이와 연필은 인지 능력을 보완하는 것이 아니라 두뇌에서 일어나는 판단을 시각적으로 드러내 보이는 것에 불과하여 인지 능력 자체에 어떤 영향을 미친다고 보기 어렵다. 따라서 제시문의 논지와는 무관하다.
③ 원격으로 접속하여 스마트폰의 정보를 알아낼 수 있다는 것은 단순히 원격 접속의 도움을 받았다는 것일 뿐 이것과 인지 능력의 변화 여부는 무관하다.
④ 제시문의 내용은 스마트폰의 기능으로 인한 인지 능력의 향상을 사용자의 능력 향상으로 볼 수 있느냐에 대한 것이다. 따라서 스마트폰의 기능이 두뇌의 밖에 있는지 안에 있는지의 여부와는 무관하다.
⑤ 스마트폰이라는 도구의 사용이 인지 능력을 향상시킨다고 보는 견해로서 이는 제시문의 논지를 지지하는 것이다.

20
정답 ③

가장 먼저 살펴보아야 할 것은 '3번 전구'인데, 이에 대해 언급된 사람은 A와 C 두 사람이다. 먼저 C는 3번 전구를 그대로 둔다고 하였고, A는 이 전구가 켜져있다면 전구를 끄고, 꺼진 상태라면 그대로 둔다고 하였다. 그리고 B는 3번 전구에 대해 어떠한 행동도 취하지 않는다. 즉 3번 전구에 영향을 미치는 사람은 A뿐이며 이를 통해 3번 전구는 A, B, C가 방에 출입한 순서와 무관하게 최종적으로 꺼지게 된다는 것을 알 수 있다.

그렇다면 나머지 1, 2, 4, 5, 6이 최종적으로 꺼지게 되는 순서를 찾으면 된다. C의 단서에 이 5개의 전구가 모두 꺼지는 상황이 언급되어 있으므로, C를 가장 마지막에 놓고 A – B – C와, B – A – C를 판단해 보면 다음과 같다.

1) A – B – C의 순서인 경우

전구번호	1	2	3	4	5	6
상태	○	○	○	×	×	×
A	○	○	×	×	×	×
B	○	×	×	○	×	○
C	○	×	×	×	×	×

2) B – A – C의 순서인 경우

전구번호	1	2	3	4	5	6
상태	○	○	○	×	×	×
B	○	×	○	○	×	○
A	○	×	×	×	×	×
C	×	×	×	×	×	×

따라서 방에 출입한 사람의 순서는 B – A – C이다.

21 정답 ②

확장형에 해당하며 일련번호가 '로'와만 결합되었으므로 옳은 도로명이다.

오답분석

①·③ 확장형에서 일련번호는 '로'와만 결합된다고 했으므로 옳지 않은 도로명이다.

④·⑤ 방위형에서 어휘는 '동, 서, 남, 북'으로만 한정되고 '골목'과만 결합되었다고 하였으므로 옳지 않은 도로명이다.

22 정답 ③

C가 계획을 제대로 실천하지 못한 이유는 직장에 다니고 있어 개인 시간에 한계가 있는데 그에 비해 계획이 과했기 때문이다(⑤). 그리고 다른 욕구를 이기지 못한 것도 원인이다. 몸이 아파서(내부), 회사 회식에 빠지기 어려워서(외부), 즉 쉬고 싶은 욕구와 다른 사람과 어울리고 싶은 욕구가 계획 실천 욕구보다 강했다(①·④). 이때 C는 자신에게는 그럴 만한 이유가 있었다고 생각했을 것이다(②).

하지만 자기개발에 대한 구체적인 방법을 몰라서 계획을 실천하지 못한 것은 아니다. 업무와 관련한 자격증 강의 듣기, 체력 관리, 친목 다지기 등 계획 자체는 꽤 구체적으로 세웠기 때문이다.

23 정답 ②

ㄱ. 분기별 출발지연 건수를 구하면 다음과 같다.
- 1분기 : 2+3+5=10
- 2분기 : 4+7+8=19
- 3분기 : 6+9+7=22
- 4분기 : 11+10+12=33

따라서 분기별 항공기 출발지연 건수는 지속적으로 증가하였음을 알 수 있다.

ㄷ. 2022년의 월별 편성횟수 대비 정시출발 비율이 95% 이상이 되려면 월별 출발지연 건수가 12.5회 이하여야 하는데, 그래프 2에서 볼 수 있듯이 2022년 매월 지연 건수는 12.5회에 미치지 못하므로 옳은 설명이다.

오답분석

ㄴ. 그래프 3의 5건의 도수가 0이라는 의미는 5월에 수하물 분실 건수가 0이라는 것이 아니라 한 달에 5건 분실이 발생한 달이 없다는 의미이다. 또한, 그래프 3의 도수를 모두 더해 보면 44건으로 그래프 1에서의 수치와 일치하므로 그래프 3에 표시된 수치 이외의 분실은 없다는 것을 의미한다.

ㄹ. '항공기 출발지연'(84건), '수하물 분실'(44건), '기계적 결함'(25건)의 건수의 합은 153건이고, 전체 문제 발생 건수는 181건이다. 따라서 이들 3가지 문제의 발생 건수가 전체 문제에서 차지하는 비율은 $\frac{153}{181} \times 100 ≒ 84.5\%$이므로 옳지 않은 설명이다.

24 정답 ⑤

주어진 조건을 정리하면 다음과 같다.
- A → (C∨F), B → G
- ~(D∧E)
- A∨C∨F
- ~A
- (B∨G) → D
- ~C

따라서 조건에 의해 2023년 1월 인사 파견에서 선발될 직원은 D, F, G이다.

오답분석

① A는 근무 평정이 70점 이하여서 선발될 수 없으므로 옳지 않다.

② 과학기술과 직원인 C 또는 F 중 최소한 1명은 선발되어야 하므로 옳지 않다.

③ B가 선발될 경우 G도 같이 선발되어야 하므로 옳지 않다.

④ C는 직전 인사 파견 기간이 종료된 후 2년 이상 경과하지 않아 선발될 수 없으므로 옳지 않다.

25 정답 ①

제시문의 내용은 죽은 뒤에도 지각이 있을 경우에만 윤회설이 맞고, 지각이 없다고 한다면 제사를 드리는 것에 실질적 근거가 없다고 하였다. 정기가 흩어지고 나면 지각이 있을 수 없으므로 결국 불가의 윤회설은 저절로 무너지게 된다고 한다. 하지만, 죽은 뒤에는 지각이 없다고 할지라도 이치를 통해 제사를 지낼 수 있다고 하였다. 따라서 이를 포괄하는 것으로 ①이 가장 적절하다.

26 정답 ①

S는 자신의 연구 결과를 토대로 가족 구성원이 많은 집에 사는 아이들은 가족 구성원들이 집안으로 끌고 들어오는 병균들에 의한 잦은 감염 덕분에 장기적으로 알레르기 예방에 유리하다고 주장하고 있다. 결국 이는 알레르기에 걸릴 확률은 병균들에 얼마나 많이 노출되었는지에 달려 있으므로 이와 의미가 가장 유사한 ①이 적절하다.

27 정답 ②

먼저 주어진 조건을 통해 A에서 ☆△□<☆○△이므로 △<○이고, B에서 □△○>□△☆이므로 ☆>△이며, C에서 ○□☆<○△☆이므로 □<△임을 알 수 있다. 이를 정리하면 결국 각 변수들의 관계를 □<△<○와 □<△<☆로 정리할 수 있는데, 이를 통해 □이 백의 자리에 위치한 □☆○은 가장 높은 수익률인 532가 될 수 없음을 알 수 있다. 따라서 ○△☆과 ☆○△ 둘 중 하나가 532가 된다. 그런데 만약 ○△☆이 532라면 △<☆이라는 조건에 모순되므로 결국 가장 높은 수익률은 ☆○△가 되며 이의 값은 532가 된다. 이때 △이 2이고 △보다 □이 작다고 하였으므로 □은 1임을 알 수 있다(첫 번째 조건에서 각 기호가 모두 자연수라고 하였다).

28

- 영희 : 갑A(○) → 을B(○)

  ∴ 을B(×) → 갑A(×)

  원 명제의 대우명제로 나타낸 것이므로 반드시 참이다.

- 현주 : 갑A(×) ∨ [을C(○) ∧ 병C(○)]

  ∴ 갑A(○) → [을C(○) ∧ 병C(○)]

  현주의 주장이 참이 되기 위해서는 적어도 둘 중 하나는 반드시 참이 되어야 한다. 그런데 갑이 A부처에 발령을 받았다고 하여 전자가 거짓으로 판명되었다면 후자인 '을과 병이 C부처에 발령 받았다.'가 반드시 참이 되어야 한다. 따라서 주어진 논증은 타당하다.

오답분석

- 철수 : 갑A(○) → 을A(○)

  ∴ 을A(○) → 갑A(○)

  원 명제의 역명제로 나타낸 것이므로 반드시 참이 된다고 할 수 없다.

29

ㄱ. 트랜스 지방이 심혈관계에 해롭다는 것이 밑줄 친 부분의 주장이다. 따라서 쥐의 먹이에 함유된 트랜스 지방 함량이 증가함에 따라 심장병 발병률이 높아졌다는 실험결과는 이 주장을 강화하는 것이라고 볼 수 있다.

ㄴ. 마가린이나 쇼트닝은 트랜스 지방의 함량이 높은 식품이다. 그런데, 마가린의 트랜스 지방 함량을 낮추자 심혈관계질환인 동맥경화의 발병률이 감소했다는 실험결과가 있었다면 이는 밑줄 친 주장을 강화하는 것이라고 볼 수 있다.

ㄷ. 패스트푸드나 튀긴 음식에 많은 트랜스 지방은 혈관에 좋은 고밀도지방 단백질(HDL)의 혈중 농도를 감소시켜 심장병이나 동맥경화를 유발한다고 하였다. 따라서 ㄷ의 실험결과가 있었다면 이는 밑줄 친 주장을 강화하는 것이라고 볼 수 있다.

30

㉠은 동물이 인간과 달리 영혼이 없어 쾌락이나 고통을 경험할 수 없다고 하였지만, ㉢은 동물도 고통을 겪는다는 입장이므로 옳은 내용이다.

오답분석

① ㉡은 인간이 이성능력과 도덕적 실천 능력을 가졌다고 하였으나 이것으로 인해 그가 인간의 이익을 우선시하여 동물실험에 찬성했는지는 알 수 없다. 반대로 ㉠은 동물은 인간과 달리 영혼이 없어 쾌락이나 고통을 경험할 수 없기 때문에 동물실험에 찬성하는 입장이다.

③ ㉡은 인간이 이성 능력과 도덕적 실천 능력을 가지고 있다는 점이 동물과 다르기에 인간과 동물을 다르게 대우해야 한다고 보았다. 하지만 ㉣은 포유류의 예를 들면서 각 동물 개체가 삶의 주체로서 갖는 가치가 있다고 주장하여 인간과 동물을 다르게 대우하는 것이 반대하고 있다.

④ ㉢은 이성이나 언어 능력에서 인간과 동물이 차이가 있다고 하였으므로 옳지 않은 내용이다.

⑤ ㉣은 각 동물 개체가 삶의 주체로서 갖는 가치가 있다고는 하였지만 그것이 동물이 고통을 느끼기 때문인지는 제시문을 통해서는 알 수 없다.

31

문제를 풀기 전에 먼저 확인해 보아야 할 것은, K프랜차이즈가 서울과 6대 광역시에만 위치하고 있느냐이다. 정석대로 하려면 주어진 숫자들을 정확하게 더한 값이 전체의 총합과 일치하는지를 판단해 보아야 하나, 실전에서는 일의 자리 숫자만 더해 보고 일치하는지의 여부로 판단해도 충분하다. 이 문제의 경우는 서울과 6대 광역시를 제외한 나머지 지역에는 프랜차이즈가 위치하고 있지 않은 상황이다.

만약 중규모 가맹점과 대규모 가맹점이 모두 서울 지역에 위치하고 있다면 이 둘의 결제 건수인 4,758건이 모두 서울 지역에서 발생한 것이 된다. 그렇다면 서울 지역의 결제 건수인 142,248건에서 4,758건을 차감한 137,490건이 최소로 가능한 건수이다.

오답분석

② 6대 광역시 가맹점의 결제 건수 합은 3,082+291+1,317+306+874+205=6,075건으로 6,000건 이상이다.

③ 가맹점 규모별 결제 건수 대비 결제 금액을 구하면 다음과 같다.

- 소규모 : $\frac{250,390}{143,565} ≒ 1.74$만 원

- 중규모 : $\frac{4,426}{3,476} ≒ 1.27$만 원

- 대규모 : $\frac{2,483}{1,282} ≒ 1.94$만 원

따라서 결제 건수 대비 결제 금액이 가장 작은 가맹점 규모는 중규모이다.

④ 가맹점 수 대비 결제 금액을 구하면 다음과 같다.

- 서울 : $\frac{241,442}{1,269} ≒ 190.3$만 원

- 부산 : $\frac{7,639}{34} ≒ 224.7$만 원

- 대구 : $\frac{2,431}{8} ≒ 303.93$만 원

- 인천 : $\frac{2,548}{20} = 127.43$만 원

- 광주 : $\frac{793}{8} ≒ 99.13$만 원

- 대전 : $\frac{1,811}{13} ≒ 139.33$만 원

- 울산 : $\frac{635}{11} ≒ 57.73$만 원

따라서 가맹점 수 대비 결제 금액이 가장 큰 지역은 대구이다.

⑤ 전체 가맹점 수에서 서울 지역 가맹점 수 비중은 $\frac{1,269}{1,363} × 100$ ≒ 93.1%이므로 90% 이상이다.

32
정답 ③

③의 그래프 수치는 구성비가 아니라 법정제재 건수이다.

33
정답 ⑤

각각의 출장별로 나누어 출장여비를 계산하면 다음과 같다.

구분	출장수당	교통비	차감	출장여비
출장 1	1만 원	2만 원	1만 원 (∵ 법인차량 사용)	2만 원
출장 2	2만 원	3만 원	1만 원 (∵ 13시 이후 시작)	4만 원
출장 3	2만 원	3만 원	1만 원 (∵ 업무추진비 사용)	4만 원

따라서 A대리가 출장여비로 받을 수 있는 총액은 2+4+4=10만 원이다.

34
정답 ③

주어진 내용을 그림으로 정리하면 다음과 같다.

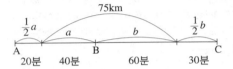

여기서 중요한 것은 첫 번째 대화지점부터 B까지의 소요시간이 40분이고, B부터 두 번째 대화지점까지의 소요시간이 60분이라는 점이다. 이는 이 자동차가 '일정한 속력'으로 달린다는 정보를 이용해 추론 가능하다. 즉, 속력이 일정할 때에는 거리가 2배 늘어나면 소요시간도 2배 늘어나게 되는 것이다. 그림에서 볼 수 있듯 이 75km를 이동하는 데 100분이 소요되었으므로 A에서 B까지의 소요시간인 60분간 이동한 경우에는 45km를 이동했음을 알 수 있다.

35
정답 ③

ㄱ. '각기'는 ㄱ이 3회 사용되어 단어점수는 $\dfrac{2^3}{1}=8$이며, '논리'는 ㄴ이 2회 사용되었고 ㄹ이 1회 사용되어 $\dfrac{2^2+2^1}{2}=3$이므로 옳은 내용이다.

ㄴ. 예를 들어 '글자'의 단어점수는 $\dfrac{2^1+2^1+2^1}{3}=2$이며, '곳'의 단어점수 역시 $\dfrac{2^1+2^1}{2}=2$이다. 즉 단어의 글자 수와 자음점수가 달라도 단어점수가 같을 수 있다.

ㄷ. 글자 수가 4개인 단어 중 단어점수가 최대로 나오는 경우는 '난난난난'과 같이 하나의 자음이 총 8회 나오는 경우이다. 이 경우의 단어점수는 $\dfrac{2^8}{1}=256$이므로 250점을 넘을 수 있다.

36
정답 ②

조건 중 명확하게 판단이 가능한 것들을 먼저 살펴보면 다음과 같다.
ⅰ) C<D
ⅱ) F<G
ⅲ) E<○○○○○<B
ⅳ) A+F<C

ⅳ)에 따르면 C시의 인구는 A시의 인구와 F시의 인구를 합한 것보다 더 크다고 하였으므로 당연히 C시의 인구는 F시보다 커야 한다. 같은 논리로 C시는 A시보다 인구가 많음을 알 수 있다. 여기에 처음에 판단한 ⅰ)과 ⅱ)를 결합하면 A, F<C<D, G가 됨을 알 수 있는데 ⅲ)의 조건에서 알 수 있듯이 빈 자리가 다섯 개뿐이므로 E<A<F<C<D, G<B의 배열로 나열할 수 있게 된다. 이때 미확정인 것은 D시와 G시의 대소관계이다. 이를 확정하기 위해서는 추가적인 조건이 필요하게 되는데 ②의 조건이 추가된다면 E-A-F-C-D-G-B의 순서로 D시와 G시의 대소관계가 정해진다.

37
정답 ⑤

ㄴ. 몸무게 80kg인 사람에게 4조 개의 감마선 입자가 흡수된 것이 1rem이므로, 몸무게 50kg인 사람에게 1rem은 2.5조 개의 감마선 입자가 흡수된 것이라는 것을 알 수 있다. ㄴ에서는 500조 개의 감마선 입자가 흡수되었다고 하였으므로 결국 이 사람은 200rem의 피해를 입었다. 따라서 머리카락이 빠지기 시작하고 구역질을 할 것이다.

ㄷ. 가벼운 손상은 몸이 스스로 짧은 시간에 회복할 뿐만 아니라, 정상적인 신체 기능에 영향을 미치지 않으며 이를 '문턱효과'가 있다고 하였으므로 옳은 내용이다.

ㄹ. 몸무게 80kg인 사람이 4조 개의 감마선 입자를 흡수한 것이 1rem이므로 400조 개 이상의 감마선을 흡수한 체르노빌 사고 현장의 소방대원은 100rem 이상의 피해를 입었다고 할 수 있다.

ㄱ. 방사선에 300rem 정도의 피해를 입었다면 수혈이나 집중적인 치료를 받지 않는 한 방사선 피폭에 의한 사망 확률이 50%에 달한다고 하였으므로 옳지 않은 내용이다. 1rem은 몸무게 1g당 감마선 입자 5천만 개가 흡수된 것을 의미하므로 몸무게에 따라 1rem에서 흡수된 감마선 입자의 양은 다르기 마련이다.

38
정답 ③

제시문의 소재는 '회전문'이며 (나)에서는 그보다 더 포괄적인 개념인 '문'에 대한 일반적인 내용을 서술하고 있으므로 가장 앞에 위치해야 함을 알 수 있다. '그 대표적인 예가 회전문이다.'라고 언급하고 있는 부분을 통해서도 이를 유추해 볼 수 있다. 또한 (나)의 후반부에는 '회전문의 구조와 기능'이라는 부분이 언급되어 있다. 따라서 이 문구를 통해 (나) 다음에 위치할 문단은 '구조와 기능'을 구체화시킨 (가)가 됨을 알 수 있으며, 그 뒤에는 이를 구체적인 사례를 들며 비판한 (라)가 위치하는 것이 가장 적절하다. 마지막으로는 이를 종합하여 회전문을 가장 미개한 형태의 문으로 규정한 (다)가 들어가야 자연스럽다.

39
정답 ④

첫 번째 조건에 따라 A연구원은 인재개발원을 방문하고, 네 번째 조건에 따라 경영지원처는 방문하지 않는다. 여섯 번째 조건에 따라 설비진단처와 ICT인프라처는 반드시 방문하게 된다. 세 번째 조건에 따라 전력기반센터는 방문하지 않는다. 두 번째 조건의 대우 명제에 따라 생활연구원은 방문하지 않는다. 다섯 번째 조건에 따라 자재검사처는 방문하지 않는다. 따라서 A연구원은 인재개발원, 설비진단처, ICT인프라처는 방문하고, 경영지원처, 전력기반센터, 생활연구원, 자재검사처는 방문하지 않는다.

40
정답 ①

W사원이 영국에서 출장 중에 받는 해외여비는 $50 \times 5 = 250$파운드이고, 스페인에서는 $60 \times 4 = 240$유로이다. 항공권은 편도 금액이므로 왕복으로 계산하면 영국은 $380 \times 2 = 760$파운드, 스페인은 $870 \times 2 = 1,740$유로이며, 영국과 스페인의 비행시간 추가 비용은 각각 $20 \times (12 - 10) \times 2 = 80$파운드, $15 \times (14 - 10) \times 2 = 120$유로이다. 따라서 영국 출장 시 드는 비용은 $250 + 760 + 80 = 1,090$파운드, 스페인 출장은 $240 + 1,740 + 120 = 2,100$유로이다.
은행별 환율을 이용하여 출장비를 원화로 계산하면 다음과 같다.

구분	영국	스페인	총비용
A은행	$1,090 \times 1,470$ $=1,602,300$원	$2,100 \times 1,320$ $=2,772,000$원	4,374,300원
B은행	$1,090 \times 1,450$ $=1,580,500$원	$2,100 \times 1,330$ $=2,793,000$원	4,373,500원
C은행	$1,090 \times 1,460$ $=1,591,400$원	$2,100 \times 1,310$ $=2,751,000$원	4,342,400원

따라서 A은행이 가장 비용이 많이 들고, C은행이 비용이 적으므로 두 은행의 총비용 차이는 $4,374,300 - 4,342,400 = 31,900$원이다.

41
정답 ①

ⅰ) 먼저 편도 총 비행시간이 9시간을 넘지 않으면서 직항 노선이 있는 곳을 살펴보면 두바이, 모스크바, 홍콩으로 후보군을 압축할 수 있다.

ⅱ) 다음으로 연가가 하루밖에 남지 않은 상황에서 최대한 길게 휴가를 다녀오기 위해서는 화요일 혹은 목요일 중 하루를 연가로 사용해야 하는데 어떤 경우이든 5일의 연휴가 가능하게 된다. 따라서 세훈은 두바이(4박 5일), 모스크바(6박 8일), 홍콩(3박 4일) 중 모스크바는 연휴 기간을 넘어서므로 제외하고 두바이와 홍콩 중 여행 기간이 더 긴 두바이로 여행을 다녀올 것이다.

42
정답 ①

표 2를 토대로 표 1의 빈칸을 채워보면 8월의 평균습도는 80% 이상이며, 1월과 11월의 평균기온은 각각 $-5℃$ 미만, $5℃$ 이상 $10℃$ 미만임을 알 수 있다.
ㄱ. 평균습도가 가장 높은 월은 8월(80% 이상)이며 8월에 강수일수(22일)와 강수량(668.8mm)이 가장 많으므로 옳은 내용이다.
ㄴ. 평균기온이 가장 낮은 월은 1월($-5℃$ 미만)이며 1월에 강수량(4.5mm)도 가장 적으므로 옳은 내용이다.
ㄷ. 11월의 평균기온은 $5℃$ 이상 $10℃$ 미만이고 3월의 평균기온은 $3℃$이므로 옳은 내용이다.

> **오답분석**

ㄹ. 6월의 평균기온은 9월보다 높지만 강수일수당 강수량은 9월(16.83)이 6월(6.51)보다 많으므로 옳지 않은 내용이다.
ㅁ. 평균기온이 $0℃$ 미만인 월은 1월, 2월, 12월로 이들의 강수일수의 합은 $8 + 7 + 9 = 24$일이다. 따라서 8월의 강수일수(22일)보다 많으므로 옳지 않다.

43
정답 ①

ㄱ. 느타리 1kg 도매가와 팽이 3kg의 도매가를 비교하면 다음과 같다.
- 1분기 : 팽이 $1,886 \times 3 = 5,658$원$<$느타리 5,779원
- 2분기 : 팽이 $1,727 \times 3 = 5,181$원$<$느타리 6,752원
- 3분기 : 팽이 $1,798 \times 3 = 5,394$원$<$느타리 7,505원
- 4분기 : 팽이 $2,116 \times 3 = 6,348$원$<$느타리 7,088원
따라서 2022년 매분기 느타리 1kg 도매가는 팽이 3kg의 도매가보다 높다.
ㄴ. 2021년 분기별 '팽이'의 소매가를 계산하면 1분기는 $3,136 + 373 = 3,509$, 2분기는 $3,080 - 42 = 3,038$, 3분기는 $3,080 - 60 = 3,020$, 4분기는 $3,516 - 389 = 3,127$이다. 따라서 매분기 3,000원/kg을 넘는다는 것을 알 수 있다.

> **오답분석**

ㄷ. 2022년 1분기 '새송이'의 소매가는 5,233원/kg이고, 2021년 4분기는 $5,363 - 45 = 5,318$원/kg이므로 옳지 않은 내용이다.

ㄹ. 2022년 매분기 느타리의 도매가와 소매가를 비교하면 다음과
같다.
- 1분기 : 도매가 $5,779 \times 1.5 = 8,668.5 <$ 소매가 9,393
- 2분기 : 도매가 $6,752 \times 1.5 = 10,128 >$ 소매가 9,237
- 3분기 : 도매가 $7,505 \times 1.5 = 11,257.5 >$ 소매가 10,007
- 4분기 : 도매가 $7,088 \times 1.5 = 10,632 >$ 소매가 10,027
따라서 2022년 1분기 느타리의 소매가는 도매가의 1.5배 이
상이다.

44 정답 ②

ㄱ. 태아에 미치는 위험성이 높은 연골무형성증은 시행령 제1조
제2항에 따라 인공임신중절수술이 가능한 질환이며, 임산부
본인과 배우자가 모두 동의하였으므로 허용된다.
ㄷ. 임신중독증으로 인해 임신의 지속이 임산부의 건강을 심각하
게 해치고 있는 상황은 법 제1조 제1항 제5호에 해당한다. 또
한, 남편이 실종된 경우에는 법 제1조 제2항에 의하여 임산부
본인의 동의만으로 중절수술이 가능하므로 수술이 허용된다.

오답분석

ㄴ. 시행령 제1조 제1항에 따라 임신기간이 24주를 넘어 허용되
지 않는다.
ㄹ. 경제적인 사유는 중절수술이 가능한 경우에 해당하지 않으므
로 남편의 동의 여부와 무관하게 허용되지 않는다.

45 정답 ①

한 개인의 특수한 감각을 지시하는 용어는 올바른 사용 여부를 판
단할 수 없기 때문에 아무런 의미를 갖지 않는다고 하였다. 따라서
본인만이 느끼는 감각을 지시하는 용어는 아무 의미도 없을 것이
므로 옳은 내용이다.

오답분석

② 구체적 사례 자체가 이미 객관화될 수 있는 감각이기 때문에
구체적 사례를 통해서 어떤 의미도 얻게 될 수 없다는 것은 옳
지 않은 내용이다.
③ 감각을 지시하는 용어 모두가 개인만의 특수한 것이 아니므로
사용하는 사람에 따라 상대적인 의미를 갖는다는 것은 옳지 않
은 내용이다.
④ 감각을 지시하는 용어의 의미는 존재하고 있으므로 그것이 무엇
을 지시하는가와 아무 상관이 없다는 것은 옳지 않은 내용이다.
⑤ 감각을 지시하는 용어의 올바른 사용 여부를 판단하지 못한다
면 다른 사람들과 공유하는 의미로 확장될 수 없으므로 옳지
않은 내용이다.

46 정답 ④

주어진 조건을 살펴보면 명확하게 고정되는 경우는 A의 왼쪽에
앉은 사람이 파란 모자를 쓰고 있다는 것과 C의 맞은편에 앉은
사람이 빨간 모자를 쓰고 있다는 것이다. 따라서 이 두 조건을 먼
저 표시하면 다음의 두 가지의 경우로 나누어 볼 수 있다.

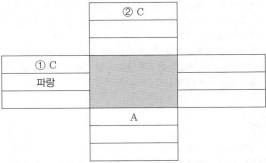

먼저 C가 A의 왼쪽에 앉게 되는 경우를 살펴보면 이는 다시 B와
D가 어디에 앉느냐에 따라 다음의 ⅰ)과 ⅱ) 두 가지로 나누어 볼
수 있으며 각각에 대해 살펴보면 다음과 같다.

ⅰ)

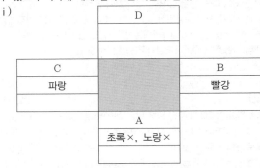

이 경우는 A가 초록 모자와 노란 모자 두 개 중 어느 것도 쓰지
않는다는 모순된 결과가 나오므로 성립하지 않는다.

ⅱ)

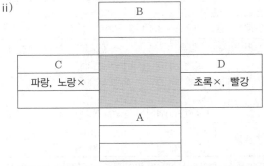

이 경우는 A와 B에 노랑과 초록 모자를 쓴 사람이 앉아야 한
다. 그런데 A와 B는 여자라는 조건과 노란 모자와 초록 모자
중 한명만 여자라는 조건은 서로 모순되는 상황이다. 따라서
이 역시 성립하지 않는다.

다음으로 C가 A의 맞은 편에 앉는 경우를 생각해 보면, 역시 다음의 iii)과 iv) 두 가지의 경우로 나누어 볼 수 있다.

iii)

	C	
	초록× → 노랑	
	남자	
B		**D**
파랑, 노랑×		초록
여자		남자
	A	
	빨강	
	여자	

이 경우는 노란 모자와 초록 모자(C와 D) 중 한 명은 남자, 나머지 한 명은 여자라는 조건에 위배되므로 성립하지 않는다.

iv)

	C	
	노랑	
	남자	
D		**B**
파랑		노랑× → 초록
남자		여자
	A	
	초록×, 빨강	
	여자	

마지막으로 이 경우는 주어진 조건을 모두 만족하고 있는 상황이다. 따라서 초록 모자를 쓰고 있는 사람은 B이고, A 입장에서 왼쪽에 앉은 사람은 D이다.

47
정답 ③

(단위 : 달러)

구분	일비	숙박비	식비
1일째	80	−(∵ 항공이동)	−(∵ 항공이동)
2일째	80	233	102
3일째	80 (∵ 많은 금액 기준)	164	102
4일째	70	164	85
5일째	70	−(∵ 항공이동)	85
6일째	70	−(∵ 항공이동)	−(∵ 항공이동)
합계	450	561	374

48
정답 ⑤

정책팀이 요구한 인원은 2명이나 1지망에서 정책팀을 지원한 F가 먼저 배치된 상태이므로 남은 자리는 한 자리뿐임을 알 수 있다. 그런데 D보다 점수가 높은 A와 G가 모두 2지망으로 정책팀을 지원한 상황이어서 어느 상황에서도 D가 정책팀에 배치될 수는 없음을 알 수 있다.

① A의 입사성적이 90점이라면 국제팀을 1지망으로 선택한 또 다른 직원인 G(93점)보다 점수가 낮으므로 국제팀에는 배치될 수 없다. 그러나 G와 1지망으로 정책팀을 지원한 F를 제외한 나머지 직원만을 놓고 볼 때 정책팀에 지원한 직원(A, C, D) 중 A의 성적이 가장 높으므로 A는 2지망인 정책팀에 배치된다.
② ①과 반대로 A의 입사성적이 95점이라면 G(93점)보다 점수가 높으므로 국제팀에 배치된다.
③ B의 점수가 81점에 불과하여 1지망인 국제팀에는 배치될 수 없으나 재정팀의 요구인원과 지원인원이 4명으로 모두 동일하므로 어떤 상황이든 B는 재정팀에 배치된다.
④ 재정팀의 요구인원은 4명인데 반해 1지망에 재정팀을 지원한 직원은 2명(C와 E)뿐이어서 C는 재정팀에 배치된다.

49
정답 ③

삶의 만족도가 한국보다 낮은 국가들의 장시간근로자비율은 에스토니아(3.6%), 포르투갈(9.3%), 헝가리(2.7%)이고, 이들의 산술평균은 5.2%이다. 따라서 이탈리아의 장시간근로자비율(5.4%)보다 낮으므로 옳지 않은 내용이다.

① 삶의 만족도가 가장 높은 국가는 덴마크(7.6점)이며 장시간근로자비율이 가장 낮은 국가도 덴마크(2.1%)이므로 옳은 내용이다.
② 한국의 장시간근로자비율은 28.1%로 삶의 만족도가 가장 낮은 국가인 헝가리의 장시간근로자비율 2.7%의 10배 이상이므로 옳은 내용이다.
④ 여가·개인 돌봄시간이 가장 긴 국가는 덴마크(16.1시간)이고 가장 짧은 국가는 멕시코(13.9시간)이다. 두 국가의 삶의 만족도는 덴마크 7.6점, 멕시코 7.4점이며 둘의 차이는 0.2점으로 0.3점 이하이다.
⑤ 장시간근로자비율이 미국(11.4%)보다 낮은 국가는 덴마크, 프랑스, 이탈리아, 에스토니아, 포르투갈, 헝가리이며 이들 국가의 여가·개인 돌봄시간은 모두 미국(14.3시간)보다 길다.

50
정답 ②

ㄱ. 오프라인 도박과 상관없이 온라인 도박 경험이 있기만 하면 되므로 59＋16＋8＝83명임을 알 수 있다.
ㄷ. 온라인 도박 경험이 있다고 응답한 사람 중 오프라인 도박 경험이 있다고 응답한 사람의 비중은 $\frac{8}{83} ≒ 0.096$이고, 전체 응답자 중 오프라인 도박 경험이 있다고 응답한 사람의 비중은 $\frac{16}{500} = 0.032$이다. 따라서 전자가 후자보다 크므로 옳은 내용이다.

ㄴ. 오프라인 도박에 대해 '경험은 없으나 충동을 느낀 적이 있음'으로 응답한 사람은 21＋25＋16＝62명이므로 전체 응답자 500명의 10%인 50명을 초과한다. 따라서 옳지 않은 내용이다.

제3회 정답 및 해설

ㄹ. 온라인 도박에 대해 '경험이 없고 충동을 느낀 적도 없음'으로 응답한 사람은 $\frac{273}{500} \times 100 = 54.6\%$로 50% 이상이다.

51 정답 ⑤

- (가) : '보호지역으로 지정되었음에도 실제로는 최소한의 것도 실시되지 않는 곳이 많다.'라는 부분을 통해 형식적인 보호지역 지정에 더해 실질적인 행동, 즉 보호조치가 필요하다는 내용이 들어가야 함을 알 수 있다.
- (나) : 생태계 훼손에 대한 비용 부담은 높이고 생물다양성의 보존 등에 대해서는 보상을 한다는 부분을 통해 경제적인 유인책에 대한 내용이 들어가야 함을 알 수 있다.
- (다) : 요금을 부과함으로써 생태계의 무분별한 이용을 억제한다는 부분을 통해 생태계 사용료에 대한 내용이 들어가야 함을 알 수 있다.
- (라) : 생물다양성 친화적 제품 시장이라는 표현을 통해 생물다양성 보호 제품에 대한 내용이 들어가야 함을 알 수 있다.

52 정답 ③

팀 에너지를 최대로 활용하는 효과적인 팀을 위해서는 팀원들 개인의 강점을 인식하고 활용해야 한다. A씨의 강점인 꼼꼼하고 차분한 성격과 B씨의 강점인 친화력을 인식하고 A씨에게 재고 관리 업무를, B씨에게 영업 업무를 맡긴다면 팀 에너지를 향상시킬 수 있다.

오답분석
① · ② · ⑤ 효과적인 팀을 위해서 필요하지만, K부장의 상황에 적절한 조언은 아니다.
④ 효과적인 팀의 조건으로는 문제 해결을 위해 모두가 납득할 수 있는 객관적인 결정이 필요하다.

53 정답 ②

비프음이 길게 1번, 짧게 1번 울릴 때는 메인보드의 오류이므로 메인보드를 교체하거나 A/S 점검을 해야 한다.

54 정답 ③

전자레인지를 사용하면서 불꽃이 튀는 경우와 조리 상태에 만족하지 않을 때 확인해야 할 사항에 사무실, 전자레인지의 전압을 확인해야 한다는 내용은 명시되어 있지 않다.

55 정답 ④

국제동향 핵심사항을 정리하여 사무관 이상 전 직원에게 메모 보고한다.

56 정답 ③

우리부 관련 부서는 주재국 관련 우리부에서 조치할 사항을 처리하는 역할을 한다.

57 정답 ④

임원회의에서 PT를 맡았기 때문에 회의에 늦지 않는 것 또한 B선임이 취해야 될 행동이다. 따라서 할머니를 병원에 직접 모셔다드리고 오는 것보다 먼저 119에 신고를 하고, 상사에게 현재의 상황을 보고한 다음 구급대원이 오면 회사로 오는 것이 가장 적절한 순서이다.

58 정답 ③

제시문의 내용은 어떠한 사고과정을 가지느냐가 사회적 권력에 영향을 준다는 것으로 정리할 수 있다. 그런데 이 사고과정이라는 것이 결국은 문자체계의 이해방식과 연결되는 만큼 글을 읽고 이해하는 능력이 사회적 권력에 영향을 미친다는 전제가 추가되어야 매끄러운 논리전개가 될 것이다.

오답분석
ㄱ. 제시문에서는 그림문자와 표음문자가 서로 상반된 특성을 가지고 있다고 볼 수 있으므로, 그림문자를 쓰는 사회에서 남성의 사회적 권력이 여성보다 우월하였다면 반대로 표음문자 체계가 보편화될 경우에는 여성의 사회적 권력이 남성보다 우월하다는 결론을 추론할 수 있다. 그런데 제시문의 결론은 이와 반대로 여성의 권력이 약화되는 결과를 초래한다고 하였으므로 추가될 전제로 적절하지 않다.
ㄴ. 제시문의 내용은 그림문자와 표음문자를 해석하는 방식의 차이가 성별에 따른 사고과정의 차이를 가져오고 그것이 사회적 권력에까지 영향을 준다는 것이다. 하지만 사고과정의 차이가 있다고 해서 그것이 의사소통의 난이도에 영향을 준다고 판단하는 것은 지나친 비약이다.

59 정답 ①

ㄱ. 제시된 자료에서 확인할 수 있다.
ㄴ. 2021년 4위는 링크트인, 5위는 구글플러스였던 것에 반해, 2022년에는 4위와 5위의 순서가 바뀌었으므로 옳은 내용이다.
ㄹ. 2021년에 비해 2022년 이용률이 감소한 소셜미디어는 페이스북뿐이다.

오답분석
ㄷ. 2022년 이용률이 2021년에 비해 가장 큰 폭으로 증가한 소셜미디어는 17%p 증가한 유튜브이다.
ㅁ. 2021년 이용률이 50% 이상인 소셜미디어는 페이스북뿐이며, 유튜브의 이용률은 45%에 그치고 있다.

60

주어진 조건을 토대로 가능한 상황을 정리해 보면 다음과 같다.

구분	A	B	C	D
첫 해	장미	진달래	튤립	×
둘째 해	진달래	장미	×	나팔꽃 or 백합
셋째 해(1)	장미	×	튤립, (나팔꽃 or 백합)	
셋째 해(2)	×	진달래		

따라서 3년 차에 가능한 것은 ③이다.

제4회 PSAT형 모의고사 정답 및 해설

01	02	03	04	05	06	07	08	09	10
②	④	④	③	④	①	①	④	③	⑤
11	12	13	14	15	16	17	18	19	20
③	②	⑤	③	②	③	②	①	③	①
21	22	23	24	25	26	27	28	29	30
③	④	③	②	①	③	③	④	①	④
31	32	33	34	35	36	37	38	39	40
②	②	④	③	④	③	⑤	③	③	④
41	42	43	44	45	46	47	48	49	50
④	④	④	④	②	①	③	③	③	④
51	52	53	54	55	56	57	58	59	60
⑤	②	③	⑤	④	⑤	④	②	④	①

01
정답 ②

지에밥의 녹말이 누룩곰팡이를 통해 엿당이나 포도당으로 분해되는 것이 당화과정이고, 이 엿당이나 포도당이 효모를 통해 알코올로 분해되는 과정을 발효과정이라 한다. 그리고 이 당화과정과 발효과정 중에 나오는 에너지로 인하여 열이 발생하게 되는데, 이 열로 술독 내부의 온도인 품온이 높아진다고 하였으므로 옳은 내용이다.

오답분석

① 청주는 탁주에 비해 알코올 농도가 높다고 하였으므로 옳지 않은 내용이다.

③ 아밀라아제는 녹말을 엿당이나 포도당으로 분해한다. 엿당이나 포도당을 알코올로 분해하는 것은 효모의 역할이다.

④ 청주와 막걸리가 구분되는 과정에서 효모의 양이 어떻게 작용하는지는 제시문을 통해 알 수 없다.

⑤ 술독에서 미생물에 의한 당화과정과 발효과정이 거의 동시에 일어나며, 당화과정에서 만들어진 엿당이나 포도당을 효모가 알코올로 분해하는 과정이 발효과정이다.

02
정답 ④

A, B, C팀의 인원수를 각각 a, b, c명이라고 하면

A, B팀의 인원수 합은 $a+b=80$ … ㉠

A팀의 총점은 $40a$점이고, B팀의 총점은 $60b$점이므로

$40a+60b=80\times52.5=4,200 \rightarrow 2a+3b=210$ … ㉡

㉠과 ㉡을 연립하면 $a=30$, $b=500$이고, $b+c=120$이므로

$c=70$이다. 따라서 (가)에 들어갈 값은 100이다.

C+A의 총점은 $30\times40+70\times90=7,500$점이고, $c+a=100$이다. 따라서 (나)에 들어갈 값은 $\dfrac{7,500}{100}=75.0$이다.

03
정답 ④

A, B, E구의 1인당 소비량을 각각 a, b, e라고 하자.

제시된 조건을 식으로 나타내면 다음과 같다.

• 첫 번째 조건 : $a+b=30$ … ㉠

• 두 번째 조건 : $a+12=2e$ … ㉡

• 세 번째 조건 : $e=b+6$ … ㉢

㉢을 ㉡에 대입하여 식을 정리하면,

$a+12=2(b+6) \rightarrow a-2b=0$ … ㉣

㉠-㉣을 하면 $3b=30 \rightarrow b=10$, $a=20$, $e=16$

A ~ E구의 변동계수를 구하면 다음과 같다.

• A구 : $\dfrac{5}{20}\times100=25\%$

• B구 : $\dfrac{4}{10}\times100=40\%$

• C구 : $\dfrac{6}{30}\times100=20\%$

• D구 : $\dfrac{4}{12}\times100 = 33.33\%$

• E구 : $\dfrac{8}{16}\times100=50\%$

따라서 변동계수가 3번째로 큰 구는 D구이다.

04
정답 ③

A ~ E인턴들 중에 소비자들의 불만을 접수해서 처리하는 업무를 맡기기에 가장 적절한 인턴은 C인턴이다. 잘 흥분하지 않으며, 일 처리가 신속하고 정확하다고 '책임자의 관찰 사항'에 명시되어 있으며, 직업선호 유형은 'CR'로 관습형 · 현실형에 해당한다. 따라서 현실적이며 보수적이고 변화를 좋아하지 않는 유형으로 소비자들의 불만을 들어도 감정적으로 대응하지 않을 성격이기 때문에 C인턴이 이 업무에 가장 적합하다.

05
정답 ④

먼저 가장 많은 소득을 얻을 수 있는 A와 B를 재배할 경우 총 1,800만 원을 얻을 수 있다는 것을 알 수 있다. 다른 조합을 통해 1,800만 원 이상의 소득을 얻을 수 있는지의 여부를 확인해 보면, A, B, C를 재배하는 것은 전체 재배기간이 12개월이어서 불가능하다. 왜냐하면 재배 가능 시기가 2월부터여서 실제 가능한 재배기간이 11개월이기 때문이다. 이와 같은 논리로 A, B, D를 재배하는 것도 불가능하며 A, C, D의 경우는 전체 소득이 1,650만 원이므로 A, B를 재배하는 것보다 못한 결과를 가져온다. 마지막으로 B, C, D의 경우 2 ~ 6월에 B를 재배하고, 7 ~ 9월에 C를, 10 ~ 12월에 D를 재배하는 것이 가능하며 이때의 전체 소득은 1,850만 원으로 A와 B를 재배하는 경우의 소득인 1,800만 원을 넘어선다. 따라서 최대로 얻을 수 있는 소득은 1,850만 원이 된다.

06
정답 ①

제품의 질은 우수하나 브랜드의 저가 이미지 때문에 매출이 좋지 않은 것이므로 선입견을 제외하고 제품의 우수성을 증명할 수 있는 블라인드 테스트를 통해 인정을 받는다. 그리고 그 결과를 홍보의 수단으로 사용하는 것이 적절하다.

07
정답 ①

각각의 컴퓨터에 대해 기준에 따라 점수를 부여하면 다음과 같다.

항목 컴퓨터	램 메모리 용량	하드 디스크 용량	가격	총점
A	0	50	200	250
B	100	0	100	200
C	0	100	0	100
D	100	50	0	150
E	50	0	100	150

각 항목별 점수의 합이 가장 큰 컴퓨터를 구입한다고 하였으므로 S사원은 A컴퓨터를 구입하게 된다.

08
정답 ④

회사 근처 모텔에서 숙박 후 버스 타고 공항 이동 : 40,000원(모텔요금)＋20,000원(버스요금)＋30,000원(시간요금)＝90,000원

오답분석

① 공항 근처 모텔로 버스 타고 이동 후 숙박 : 20,000원(버스요금)＋30,000원(시간요금)＋80,000원(공항 근처 모텔요금)＝130,000원
② 공항 픽업 호텔로 버스 타고 이동 후 숙박 : 10,000원(버스요금)＋10,000원(시간요금)＋100,000원(호텔요금)＝120,000원
③ 공항 픽업 호텔로 택시 타고 이동 후 숙박 : 20,000원(택시요금)＋5,000원(시간요금)＋100,000원(호텔요금)＝125,000원
⑤ 회사 근처 모텔에서 숙박 후 택시 타고 공항 이동 : 40,000원(모텔요금)＋40,000원(택시요금)＋15,000원(시간요금)＝95,000원

09
정답 ③

회사에서 김포공항까지 40분, 김포공항에서 울산공항까지 1시간, 울산공항에서 택시를 타고 공장까지 30분이 걸리므로 비행기와 택시를 이용하면 총 2시간 10분이 소요된다. 그런데 회사에서 오후 12시에 출발한다면 김포공항에서는 (정각기준)30분 간격으로 비행기를 탈 수 있으므로 오후 1시에 출발하여 울산 공장에 오후 2시 30분에 도착한다. 그러므로 이동수단을 비행기와 택시를 사용하는 것이 가장 적절하다.

오답분석

① 회사에서 서울역까지 30분, 서울역에서 울산역까지 2시간 15분, 울산역에서 택시를 타고 공장까지 15분이 걸리므로 KTX와 택시를 이용하면 총 3시간이 소요된다.
그런데 오후 12시에 회사에서 출발하면 서울역에서 오후 1시 열차를 탈 수 있으며, 공장에는 오후 3시 30분에 도착하므로 적절하지 않다.
② 회사에서 서울역까지 30분, 서울역에서 울산역까지 2시간 15분, 울산역에서 버스를 타고 공장까지 1시간 20분이 걸리므로 KTX와 버스를 이용하면 이동시간만 총 4시간 5분이 소요된다. 오후 3시까지 도착할 수 없기 때문에 적절하지 않다.
④ 회사에서 김포공항까지 40분, 김포공항에서 울산공항까지 1시간, 울산공항에서 공항 리무진 버스를 타고 공장까지 1시간 5분이 걸리므로 비행기와 공항 리무진 버스를 이용하면 총 2시간 45분이 소요된다. 그런데 회사에서 12시에 출발해 김포공항에 12시 40분에 도착하면 오후 1시에 비행기를 탈 수 있다. 울산공항에 도착하는 시간은 2시이며, 공장에는 3시 5분에 도착하므로 적절하지 않다.
⑤ 고속버스는 일주일에 세 번, 월 · 수 · 금요일에만 운행하므로 목요일에 이동해야 하는 L씨에게는 적절하지 않다.

10
정답 ⑤

세 명 모두가 한 명씩의 성명을 올바르게 기억하고 있는 것이므로
옳은 내용이다.

오답분석
① 이 경우는 혜민과 서현이 모든 사람의 성명을 올바르게 기억하
지 못한 것이 되므로 옳지 않다.
② 이 경우는 혜민과 민준이 모든 사람의 성명을 올바르게 기억하
지 못한 것이 되므로 옳지 않다.
③ 이 경우는 민준이 두 명의 성명을 올바르게 기억하고 있는 것
이 되므로 옳지 않다.
④ 이 경우는 민준이 모든 사람의 성명을 올바르게 기억하지 못한
것이 되므로 옳지 않다.

11
정답 ③

경력은 특정 직업에 한정되어 승진만을 추구하는 것이 아니라 직
무와 관련된 역할이나 활동뿐만 아니라 업무에 영향을 주고받는
환경적 요소가 포함된다. 경력이 전문적인 일이나 특정 직업에만
한정된 개념은 아니다.

12
정답 ②

경력개발 계획 시 고려해야 하는 조직 요구사항에는 경영전략의
변화, 승진적체, 직무환경의 변화, 능력주의 문화의 확대 등이 있
다. 이외에 사회 환경의 변화와 개인의 요구 등도 경력개발에 고려
사항이다. 그러나 중견사원의 이직 증가는 제시된 내용에서 언급
하지 않았다.

13
정답 ⑤

ⓒ 전기장판은 저온모드로 낮춰 사용해야 고온으로 사용할 때보
다 자기장이 50% 줄어든다. 고온으로 사용하다가 저온으로 낮
춰 사용하는 것이 전자파를 줄일 수 있다는 내용은 가이드라인
에서 확인할 수 없으므로 적절하지 않다.
ⓔ 시중에 판매하는 전자파 차단 필터는 연구 결과 아무런 효과가
없는 것으로 밝혀졌으므로 적절하지 않다.

14
정답 ③

추운 지역의 LPG는 프로판 비율이 높다.

15
정답 ②

18세기 이후 영국에서 타르를 함유한 그을음 속에서 일하는 굴뚝
청소부들이 피부암에 더 잘 걸린다는 것이 정설이라고 하였으므로
19세기에는 이와 같은 내용이 이미 보고된 상태였다고 할 수 있다.

오답분석
ㄱ. 담배 두 갑에 들어 있는 니코틴을 화학적으로 정제하여 혈류
속으로 주입한다면 치사량이 된다고는 하였지만 그것과 폐암
과의 관계에 대해서는 언급하고 있지 않다.
ㄷ. 제시문을 통해 니코틴과 타르가 암을 유발한다는 것까지는 알
수 있으나 이 둘이 동시에 작용할 경우 폐암의 발생률이 높아
지는지에 대해서는 알 수 없다.

16
정답 ③

시행기업당 참여직원 수를 구하면 다음과 같다.

- 2019년 : $\dfrac{3,197}{2,079} \fallingdotseq 1.54$
- 2020년 : $\dfrac{5,517}{2,802} \fallingdotseq 1.97$
- 2021년 : $\dfrac{10,869}{5,764} \fallingdotseq 1.89$
- 2022년 : $\dfrac{21,530}{7,686} \fallingdotseq 2.80$

따라서 시행기업당 참여직원 수가 가장 많은 해는 2022년이다.

오답분석
① 직접 계산을 하지 않고 눈으로도 판단이 가능한 선택지이다.
2020년 이후 전년보다 참여직원 수가 가장 많이 증가한 해는
2022년인 반면, 시행기업 수가 가장 많이 증가한 해는 2021년
이므로 둘은 동일하지 않다.
② 2022년 남성육아휴직제 참여직원 수는 21,530명이며, 2019
년은 3,197명이므로 2022년의 참여직원 수는 2019년의 약
6.7배이다.
④ 2022년 시행기업 수의 2020년 대비 증가율은 $\dfrac{7,686-2,802}{2,802}$
$\times 100 \fallingdotseq 174.30\%$이고, 참여직원 수의 증가율은
$\dfrac{21,530-5,517}{5,517} \times 100 \fallingdotseq 290.25\%$이므로 옳지 않은 내용이다.
⑤ 2022년 참여직원 수는 2019년 대비 18,333명 증가하였으므
로 3년간 증가인원의 평균은 6,111명으로 6,000명을 넘는다.

17
정답 ②

해당 상황은 고객이 가져온 제품을 살펴보는 것을 제외하고는 모
든 내용이 문제를 일으킬 수 있는 부분이다.

오답분석
① 고객에게 원래 그렇다고만 불성실하게 대답하였다.
③ 기존에 C사 제품을 사용해 보신 적이 있냐고 물으며, 없다고
하자 무시하는 어투로 응대하였다.
④ 고객이 원하는 것을 묻지 않았다.
⑤ 고객이 원하는 요구를 존중하지 않고, 그냥 쓰면 된다고 말하
였다.

18

정답 ①

주어진 상황에서 서비스 업무에 필요한 것은 고객의 제품에 발생한 문제의 원인에 대하여 고객이 이해할 수 있게 설명하고, 고객의 요구를 경청하는 자세이다. 서비스는 고객의 가치를 최우선으로 하는 개념이므로 '적당히 이야기해서 돌려보내시고 C사에 제품에 대해 문의해 달라'는 내용은 적절하지 않다.

19

정답 ③

③의 그래프는 각 국가의 여성과 남성의 흡연율을 단순평균한 값을 이용해 그려진 것이다. 그러나 이는 여성과 남성의 인구가 동일한 경우에만 성립하는 것이며 둘의 인구가 다르다면 각각의 가중치에 따른 가중평균값을 구해야 한다. 그런데 제시된 표만으로는 이 가중치를 알 수 없으므로 옳지 않은 그래프라는 것을 알 수 있다.

20

정답 ①

K사가 안전과 가격, 디자인 면에서 호평을 받으며 미국시장의 최강자가 될 수 있었던 요인은 OEM 방식을 활용할 수도 있었지만 내실 경영 및 자기 브랜드를 고집한 대표이사의 선택으로, 개별 도매상들을 상대로 직접 물건을 판매하고 평판 좋은 도매상들과 유대관계를 강화하는 등 단단한 유통망을 갖추었기 때문이다.

21

정답 ③

K사가 평판이 좋은 중소규모 도매상을 선정해 유대관계를 강화한 곳은 미국시장이었다.

22

정답 ④

K사는 해외 진출 시 분석을 위해 공급능력 확보를 위한 방안, 현지 시장의 경쟁상황이나 경쟁업체에 대한 차별화 전략으로 인한 제품 가격 및 품질향상, 시장점유율 등을 활용하였다.

23

정답 ③

ㄱ. I가 얻은 점수는 71점이고, 정답 문항 수가 15개이므로 이를 식으로 나타내면 $(15 \times 5) - (2 \times 2) = 71$임을 알 수 있다. 따라서 오답은 2개이고, 풀지 않은 문항은 3개이므로 옳은 내용이다.

ㄹ. J의 정답 문항 수를 a라 하고 오답 문항 수를 b라 하면 '$5a - 2b = 64$'로 나타낼 수 있는데 이를 만족하는 경우는 a가 14이고 b가 3인 경우뿐이다. 그런데 이 경우 풀지 않은 문항 수도 3개가 되므로 옳은 내용이다.

오답분석

ㄴ. 빈칸으로 남아있는 응시생별로 풀지 않은 문항 수를 계산하면 G가 2개, H가 5개, I가 3개, J가 3개임을 알 수 있으므로 A ~J가 풀지 않은 문항 수의 합은 19이다.

ㄷ. E는 정답 문항 수가 17개, 오답 문항 수가 3개이므로 E가 얻은 점수는 $(17 \times 5) - (3 \times 2) = 79$점이고 같은 논리로 D가 얻은 점수는 81점이다. 따라서 80점 이상인 응시생은 A, B, C, D 4명이므로 옳지 않은 내용이다.

24

정답 ②

먼저 A와 B의 진술은 적어도 둘이 모두 참이 될 수는 없는 상황이므로 이를 경우의 수로 나누어 판단해 보도록 하자.

ⅰ) A : 참, B : 거짓
둘 중 B만 거짓말을 하고 있는 상황이므로 C는 참이 되어야 모순이 발생하지 않는다. 따라서 이 경우는 B는 가해자로, A와 C는 가해자가 아닌 것으로 추정된다.

ⅱ) A : 거짓, B : 참
B가 참을 말하고 있다면 C는 거짓이 되어야 하는데 A와 B 중 한 명만 거짓을 말하고 있다고 가정하고 있으므로 C는 참이 되어야 하는 모순된 상황이 발생한다. 따라서 이 경우는 제외된다.

ⅲ) A : 거짓, B : 거짓
이미 A와 B가 모두 거짓을 말하고 있는 상황이므로 C 역시 거짓이 되어야 모순이 발생하지 않는다. 따라서 이 경우는 A, B, C 모두 가해자로 추정된다.

결국 모순이 발생하지 않은 두 가지 경우 ⅰ)과 ⅲ)을 통해 B는 가해자인 것이 확실하지만 나머지 A와 C는 가해자의 여부를 확정지을 수 없는 상황임을 알 수 있다.

25

정답 ①

주어진 자료를 표로 정리하면 다음과 같다.

구분	태어난 때	간격 1	들어간 때	간격 2	해동된 때	간격 3
A	2086년	19년	2105년	8년	2113년	7년
B	2075년	26년	2101년	18년 4개월	2119년 4월	1년 5개월
C	2083년 5월 17일	20년 10개월	2104년 3월 17일	16년 5개월	2120년 8월 31일	1주일

ㄱ. 위의 표에서 냉동되어 있던 기간은 간격 2에 해당하며 이에 따르면 세 사람이 냉동되어 있던 기간은 모두 다르다.

오답분석

ㄴ. 조건에서 냉동되어 있던 기간은 나이에 산입되지 않는다고 하였으므로 대화시점의 나이는 간격 1과 간격 3을 더한 것이 된다. 따라서 A는 26살임에 반해, C는 21살이 되지 않은 상태이므로 A가 C보다 나이가 많다.

ㄷ. 위의 표에 따르면 가장 먼저 냉동캡슐에 들어간 사람은 B(2101년)이다.

26
정답 ③

A사원에게 현재의 행동이 징계의 원인이 될 수 있다는 점과 새로운 직원이 채용될 수 있다는 점을 알리기보다는 그에게 맞는 새로운 업무를 맡겨서 업무 속도를 변화시키도록 유도하는 것이 효과적인 동기부여 방법으로 볼 수 있다. 처벌·두려움 등의 방법은 일에 대한 동기부여보다 상대방으로 하여금 일의 외부적인 요인에 더 주의를 기울이게 하며, 나아가 편법을 사용하는 등 업무 성과에 악조건으로 작용할 수 있다.

27
정답 ③

최윤오 사원이 자신이 작성한 보고서는 제외하고 관련 자료를 검색하려고 하므로 '!' 기호 뒤에 오는 단어는 포함하지 않는 문서를 검색하는 명령어 '!'를 활용해야 한다.

오답분석
① '성과관리'와 '최윤오'가 모두 포함된 문서를 검색한다.
②·⑤ '성과관리'와 '최윤오'가 모두 포함되거나 두 단어 중에서 하나만 포함된 문서를 검색한다.
④ '성과관리'와 '최윤오'가 가깝게 인접해 있는 문서를 검색한다.

28
정답 ④

㉠ 임금체계 * 성과급 : 임금체계와 성과급이 모두 포함된 문서를 검색한다.
㉡ 임금체계 OR 성과급 : 임금체계와 성과급이 모두 포함되거나 두 단어 중에서 하나만 포함된 문서를 검색한다.
㉣ 임금체계 ~ 성과급 : 임금체계와 성과급이 가깝게 인접해 있는 문서를 검색한다.

오답분석
㉢ 임금체계와 성과급이 모두 언급된 자료를 검색해야 하므로 한 단어가 포함되지 않는 문서를 검색하는 명령어 '!'는 적절하지 않다.

29
정답 ①

제시된 글은 주로 '한 번 문이 열리면 다시 그 문을 닫기란 매우 어렵다.', '철학의 모험은 자주 거칠고 무한한 혼돈의 바다에 표류하는 작은 뗏목에 비유된다.' 등 비유적 표현으로 논의의 대상인 '철학의 특성(모험적 성격)'을 밝히고 있다.

30
정답 ④

글쓴이는 철학의 특성인 '모험성'과 '대가'를 알리기 위해 '동굴의 비유'를 인용하였다. 즉, '동굴 안'은 기존의 세계를, '동굴 밖'은 기존의 세계를 뛰어넘은 곳(진리의 세계)을, 동굴 안과 동굴 밖까지를 지나는 과정은 '모험'을 뜻한다고 볼 수 있다. 또한 동굴의 밖에 도달하여 과거 세계의 허구성을 아는 것을 '지식 획득'으로, 무지의 장막에 휩싸인 자들에게 받는 불신과 박해를 혹독한 '대가'라고 할 수 있는 것이다.

31
정답 ②

제시된 글의 핵심은 철학의 특성이다. 즉, 철학이 가지는 모험성과 가혹한 대가를 중심으로 서술하고 있다. 따라서 철학의 특성인 '모험성'과 그에 따른 '대가 지불(절망)'을 언급하고 있는 ②가 빈칸에 들어갈 문구로 가장 적절하다.

32
정답 ②

주어진 자료를 정리하면 다음과 같다.

구분	국어	수학	영어	등급의 합	원점수 합
A	3	1	3	7	
B	3	1	2	6	267
C	2	2	2	6	266
D	4	1	2	7	
E	1	4	1	6	258

3개 과목 등급의 합이 6 이내인 자를 선발한다고 하였으므로 A와 D는 불합격하며, 이 조건을 만족하는 자가 여러 명일 경우, 3개 과목 원점수의 합산 점수가 가장 높은 자를 선발한다고 하였으므로 B가 합격한다.

33
정답 ④

근무 경력이 5년에 미달하는 E를 제외하고 나머지 3명의 직원에 대해 각각의 기준을 적용하면 다음과 같다.

구분	현행			개정안		
	B	C	D	B	C	D
외국어 성적	15	15	24	25	25	40
근무 경력	40	40	28	20	20	14
근무 성적	a	20	a	a	10	a
포상	5	10	0	10	20	0
합계	$60+a$	85	$52+a$	$55+a$	75	$54+a$

이때 근무 성적은 C만 만점이라고 하였으므로 B·D·E의 근무 성적을 a라고 할 때, a는 20(개정안 10)보다 작아야 한다. 따라서 어느 기준을 적용하더라도 총점이 가장 높은 C의 선발 가능성이 가장 높다.

34
정답 ④

영상이 희미한 경우 리모컨 메뉴창의 초점 조절 기능을 이용하여 초점을 조절하거나, 투사거리가 초점에서 너무 가깝거나 멀리 떨어져 있지는 않은지 확인해야 한다.

오답분석
① 전원이 자동으로 꺼지는 것은 제품을 20시간 지속 사용하여 전원이 자동 차단된 것으로 확인할 수 있다. 발열이 심한 경우

는 화면이 나오지 않는 증상의 원인이다.

② 메뉴가 선택되지 않을 때는 메뉴의 글자가 회색으로 나와 있지 않은지 확인해야 한다. 외부기기 연결 상태 확인은 외부기기가 선택되지 않을 때의 조치사항이다.

③ 이상한 소리가 계속해서 날 경우 사용을 중지하고 서비스센터로 문의해야 한다. 제품 배터리 충전 상태 확인은 전원이 들어오지 않거나 화면이 나오지 않을 때 취할 수 있는 조치이다.

⑤ 화면 잔상은 일정시간 정지된 영상을 지속적으로 표시하면 나타날 수 있다. 제품 및 리모컨의 배터리 충전 상태와는 무관하다.

35   정답 ③

제시문의 내용을 정리하면 다음과 같다.

ⅰ) 갑수>정희
ⅱ) 을수≤정희
ⅲ) 을수≤철희
ⅳ) 갑수≤병수
ⅴ) (철희+1=병수) or (병수+1=철희)

이를 정리하면, '을수≤정희<갑수'의 관계를 알 수 있으며 병수가 갑수보다 어리지는 않다고 하였으므로 병수는 가장 나이가 적은 사람은 아니게 된다. 그리고 철희의 나이가 병수보다 한 살 더 많은 경우를 생각해본다면, 철희의 나이가 갑수의 나이보다 더 많게 되어 철희는 갑수보다 반드시 나이가 적은 사람이 아니게 된다. 따라서 갑수보다 반드시 나이가 어린 사람은 정희와 을수임을 알 수 있다.

36   정답 ④

최종 업무수행능력 점수는 다음과 같다.

- A : 24+10+24+8=66점
- B : 32+18+21+8=79점
- C : 24+14+21+7=66점
- D : 38+18+24+9=89점
- E : 36+16+27+6=85점

따라서 D가 최고점자가 된다.

37   정답 ③

최저점자가 A와 C, 2명이므로 사내 인사시행규칙 제9조 제3항에 근거하여 재평가하면 다음과 같다.

1. A, C 모두 업무성과 점수가 60점으로 동일
2. A가 해외 프로젝트에 참여함으로써 상위득점자로 산출

따라서 마케팅 부서 내 최저점자는 C가 된다.

38   정답 ⑤

- (평균)$=\dfrac{(\text{전체 관찰값의 합})}{(\text{총 관찰값의 수})}=\dfrac{66+79+66+89+85}{5}=77$

- (분산)=(각 관찰값과 평균값과의 차이의 제곱의 평균)
$$=[(66-77)^2+(79-77)^2+(66-77)^2+(89-77)^2$$
$$+(85-77)^2]\div5=90.8$$

- (표준편차)=(분산의 양의 제곱근)$=\sqrt{90.8}$

39   정답 ③

주어진 메일 내용에서 검색기록 삭제 시, 기존에 체크되어 있는 항목 외에도 모든 항목을 체크하라고 되어 있으나, 괄호 안에 '즐겨찾기 웹 사이트 데이터 보존 부분은 체크 해제할 것'이라고 명시되어 있으므로 모든 항목을 체크하는 행동은 적절하지 못하다.

40   정답 ②

'디스크 정리' 프로그램은 불필요한 프로그램을 제거함으로써 하드디스크 용량을 확보해 주는 프로그램이다. PC에 하드가 인식하지 않는 상태에서는 윈도를 활용할 수 없으므로, 윈도의 '디스크 정리' 프로그램은 사용할 수 없다.

41   정답 ④

선배를 존중하는 태도가 매우 중요하며, 선배의 지도를 받고 그것이 자기 생각과 다르다고 하더라도 처음에는 기존 방법에 따라서 일을 처리하고, 자신이 상당한 책임을 가지고 업무를 수행할 수 있게 되었을 때 개선을 시도하는 것이 좋다. 제시문의 비서실장과 선배 비서는 엄연한 회사의 상사로 대해야 한다. 이런 직속 상사 간의 갈등관계를 사장에게 직접 보고하는 등의 행동은 적절하지 않다.

42   정답 ④

갈등을 완화하려고 노력한다.

> **완화(Smoothing)**
> 갈등해소 방법의 하나로 당사자들의 차이를 축소해석하고 유사성이나 공동이익을 강조하는 방법

43   정답 ④

제시된 사례에서 K씨는 자신의 흥미・적성 등을 제대로 파악하지 못한 채 다른 사람을 따라 목표를 세웠고, 이를 제대로 달성하지 못하였다. 이처럼 자신의 흥미・적성 등을 제대로 파악하지 못하면 많은 노력을 하여도 성과로 연결되기가 쉽지 않다.

제4회 정답 및 해설

44 정답 ④

©은 긴급하면서도 중요한 문제이므로 제일 먼저 해결해야 하는 1순위에 해당하며, ©은 중요하지만 상대적으로 긴급하지 않으므로 계획하고 준비해야 할 문제인 2순위에 해당한다. ㈀은 긴급하지만 상대적으로 중요하지 않은 업무이므로 3순위에 해당하고, 마지막으로 중요하지도 긴급하지도 않은 ②은 4순위에 해당한다.

45 정답 ②

초고령화 사회는 실버산업(기업)의 외부환경 요소로 볼 수 있으므로, 기회 요인으로 보는 것이 적절하다.

오답분석

① 제품의 우수한 품질은 기업의 내부 환경 요소로 볼 수 있으므로, 강점 요인으로 적절하다.
③ 기업의 비효율적인 업무 프로세스는 기업의 내부 환경 요소로 볼 수 있으므로, 약점 요인으로 보는 것이 적절하다.
④ 살균제 달걀 논란은 빵집(기업)을 기준으로 외부환경 요소로 볼 수 있으므로, 위협 요인으로 보는 것이 적절하다.
⑤ 근육운동 열풍은 헬스장(기업)을 기준으로 외부환경 요소로 볼 수 있으며, 따라서 기회 요인으로 적절하다.

46 정답 ①

암이 발생하는 과정은 개시 단계와 촉진 단계로 나누어지는데, A팀의 연구결과는 콩 속에 들어 있는 제니스틴이 촉진 단계에서 억제 효과가 있는 것을 보여주고 있으므로 옳은 내용이다.

오답분석

ㄴ. C팀의 실험은 콩기름에서 추출된 화합물이 원형탈모증을 완치하는 데에 도움을 준다는 것을 뒷받침하고 있는 것이지 원형탈모증이 발생하는 데 영향을 준다는 것을 보여주는 것이 아니다.
ㄷ. B팀의 실험은 흰 콩의 효과를 다룬 것이고 A와 C는 검은 콩에 특정된 것이 아닌 콩의 효능을 다룬 것이다.

47 정답 ③

선택지의 논증을 정리하면 다음과 같다.
ⅰ) ㉤ '행동주의가 옳다.' → '인간은 철학적 좀비와 동일한 존재'
ⅱ) ㉣ '철학적 좀비는 인간과 동일한 행동 성향을 보인다.' : '행동 성향으로는 인간과 철학적 좀비는 동일한 존재이다.'
ⅲ) ㉢ '마음은 자극에 따라 행동하려는 성향이다.' : 행동주의에 대한 부연설명이므로 '행동주의가 옳다.'는 의미로 대체할 수 있다.
즉, 선택지의 논증은 'A이면 B이다. B이다. 따라서 A이다.'로 단순화시킬 수 있으며 이는 후건긍정의 오류로서 논리적으로 반드시 참이 되지 않는다.

오답분석

① ㈀은 고통을 인식하는지에 대한 논의인 반면 ㉡은 외부로 드러나는 행동에 대한 논의이다. 제시문에서는 의식과 행동을 별개의 개념으로 보고 있으므로 ㈀과 ㉡은 동시에 참이 될 수 있다.
② 선택지의 논증을 정리하면 다음과 같다.
　ⅰ) ② '인간은 철학적 좀비와 동일한 존재' → '인간은 고통을 느끼지 못하는 존재'
　ⅱ) ②의 대우 '인간은 고통을 느끼는 존재' → '인간은 철학적 좀비와 동일한 존재가 아님'
　ⅲ) ㉠ '인간은 고통을 느끼는 존재'
　ⅳ) ㉢ '인간은 철학적 좀비는 동일한 존재가 아님'
　②과 ②의 대우는 논리적으로 동치이므로 ②과 ㉠이 참이라면 삼단논법에 의해 ㉢은 반드시 참이 된다.
④ 선택지의 논증을 정리하면 다음과 같다.
　ⅰ) ㉤ '행동주의가 옳다.' → '인간은 철학적 좀비와 동일한 존재'
　ⅱ) ㉤의 대우 '인간은 철학적 좀비와 동일한 존재가 아님' → '행동주의는 옳지 않다.'
　ⅲ) ㉢ '인간은 철학적 좀비와 동일한 존재가 아님'
　ⅳ) ㉮ '행동주의는 옳지 않다.'
　㉤과 ㉤의 대우는 논리적으로 동치이므로 ㉤과 ㉢이 참이라면 삼단논법에 의해 ㉮은 반드시 참이 된다.
⑤ ㉥은 행동주의에 대한 부연설명인데 ㉤이 거짓이라는 것은 행동주의가 거짓이라는 것과 같은 의미가 된다. 그런데 동시에 ㉮이 거짓이라면 행동주의가 참이라는 의미가 되어 ㉤과 ㉮이 서로 모순되는 결과가 발생한다. 따라서 둘은 동시에 거짓일 수 없다.

48 정답 ③

ⅰ) 월요일에 진료를 하는 경우 첫 번째 명제에 의해, 수요일에 진료를 하지 않는다. 그러면 네 번째 명제에 의해, 금요일에 진료를 한다. 또한 세 번째 명제의 대우에 의해, 화요일에 진료를 하지 않는다. 따라서 월요일, 금요일에 진료를 한다.
ⅱ) 월요일에 진료를 하지 않는 경우 두 번째 명제에 의해, 화요일에 진료를 한다. 그러면 세 번째 명제에 의해, 금요일에 진료를 하지 않는다. 또한 네 번째 명제의 대우에 의해, 수요일에 진료를 한다. 따라서 화요일, 수요일에 진료를 한다.

49 정답 ③

손발 저림 개선에 효능이 있는 코스는 케어코스와 종합코스가 있으며, 종합코스는 피부질환에도 효능이 있다.

오답분석

① 폼스티엔에이페리주 치료도 30% 할인이 적용된다.
② 식욕부진의 경우 웰빙코스가 적절하다.
④ 할인행사는 8월 한 달간 진행된다.
⑤ 폼스티엔에이페리주 치료는 칼로리, 아미노산, 필수지방, 오메가-3 지방산을 공급한다.

50

주어진 평균을 이용하여 빈칸을 채우면 심사위원 A의 '라'와 '차' 정책에 대한 점수는 모두 0점이고, 심사위원 B의 '마' 정책에 대한 점수는 1점, 심사위원 C의 '자' 정책에 대한 점수는 1점, 마지막으로 심사위원 D의 '라', '아' 정책에 대한 점수는 모두 0점으로 계산할 수 있다. 이에 따라 정책별 평가점수를 정리하면 다음과 같다.

가	나	다	라	마	바	사	아	자	차
2.5	3.5	2	1.5	3.5	2.5	2.5	2	3	1.5

총점이 낮은 순서대로 4개 정책을 폐기한다고 하였으므로 라(1.5), 차(1.5), 다(2), 아(2) 정책이 폐기된다.

51

항목별 조건 범위에 따라 지역별 점수를 구하면 다음과 같다.

(단위 : 점)

구분	외국인 인구	지역 지원예산	선호도
A지역	40	30	48
B지역	50	40	40
C지역	30	30	45
D지역	40	50	50
E지역	50	50	32

가중치를 적용하여 총점을 구하면 다음과 같다.
- A지역 : $40 \times 0.5 + 30 \times 0.3 + 48 \times 0.2 = 38.6$점
- B지역 : $50 \times 0.5 + 40 \times 0.3 + 40 \times 0.2 = 45$점
- C지역 : $30 \times 0.5 + 30 \times 0.3 + 45 \times 0.2 = 33$점
- D지역 : $40 \times 0.5 + 50 \times 0.3 + 50 \times 0.2 = 45$점
- E지역 : $50 \times 0.5 + 50 \times 0.3 + 32 \times 0.2 = 46.4$점

따라서 총점이 가장 높은 E지역이 가장 적합한 지역이다.

52

화상 방지 시스템을 개발한 이유가 이용자들의 화상을 염려하였다는 점을 볼 때, 기술이 필요한 이유를 설명하는 노와이(Know-why)의 사례로 적절하다.

53

A씨는 3번을 눌러 은행 잔액을 조회한 후, 6번을 눌러 거래내역을 확인하고 송금 내역을 알았다. 그리고 0번을 눌러 상담사에게 문의한 후에 1번을 눌러 보이스 피싱 피해 신고를 접수하였다.

54

5개의 부서별 3개월간 사용하는 용지 매수와 각 부서에 꼭 필요한 기능을 정리하면 다음과 같다.

(단위 : 매)

부서	컬러	흑백	필요 기능	사용 가능한 프린터
경영 지원부	120×3 $=360$	500×3 $=1,500$	스캔	B, C, D
마케팅부	100×3 $=300$	450×3 $=1,350$	스캔	B, C, D
해외 사업부	–	400×3 $=1,200$	–	A, B, C, D
총무부	50×3 $=150$	700×3 $=2,100$	팩스	B
인사부	50×3 $=150$	350×3 $=1,050$	팩스	B

총무부와 인사부는 팩스 기능을 반드시 사용해야 하므로 이 기능을 가지고 있는 B프린터를 반드시 사용해야 한다. 두 부서의 컬러 프린터 사용량은 $150+150=300$매이므로 B프린터 한 대로 모두 사용 가능하다. 그러나 흑백 프린터의 경우 $2,100+1,050=3,150$매를 사용할 수 있어야 하므로 두 부서 중 한 부서는 다른 프린터를 활용해야 한다. 이 중 총무부는 B프린터 한 대로 최대 흑백 프린트 부수인 2,000매를 감당할 수 없다. 즉, 인사부가 B프린터만 사용한다. 이 경우 B프린터로 인사부가 인쇄할 수 있는 최대 매수는 $2,000-1,050=950$매이고, 총무부가 더 인쇄해야 하는 부수는 $2,100-950=1,150$매이다.

다음으로 마케팅부와 경영지원부는 스캔기능을 반드시 사용해야 하는데, B프린터는 이미 사용할 수 없으므로 C나 D프린터 중 하나의 프린터를 선택해야 하고, 이에 따라 A프린터는 해외사업부만 사용한다. 해외사업부가 A프린터를 이용하여 1,200매를 프린트하면 더 프린트할 수 있는 양은 300매이므로 총무부와 프린터를 공유할 수 없다. 남은 B와 C프린터를 바탕으로 총무부의 남은 프린트매수인 1,150매를 함께 프린트 할 수 있는 경우는 경영지원부가 D프린터를 사용하고, 총무부(1,150매)와 마케팅부(1,350매)가 함께 C프린터를 사용하는 경우이다. 따라서 A프린터는 해외사업부, B프린터는 총무부와 인사부, C프린터는 총무부와 마케팅부, D프린터는 경영지원부가 사용한다.

55

첫 번째 지원계획을 보면 지원금을 받는 모임의 구성원은 6명 이상 9명 미만이므로 A모임과 E모임은 제외한다. 나머지 B, C, D모임의 총지원금을 구하면 다음과 같다.
- B모임 : $1,500+100 \times 6=2,100$천 원
- C모임 : $1.3(1,500+120 \times 8)=3,198$천 원
- D모임 : $2,000+100 \times 7=2,700$천 원

따라서 D모임이 두 번째로 많은 지원금을 받는다.

56
정답 ⑤

두 번째 조건과 세 번째 조건에 따라 3학년이 앉은 첫 번째 줄과 다섯 번째 줄의 바로 옆줄인 두 번째 줄과 네 번째 줄, 여섯 번째 줄에는 3학년이 앉을 수 없다. 즉, 두 번째 줄, 네 번째 줄, 여섯 번째 줄에는 1학년 또는 2학년이 앉아야 한다. 이때, 3학년이 앉은 줄의 수가 1학년과 2학년이 앉은 줄의 수와 같다는 네 번째 조건에 따라 남은 세 번째 줄은 반드시 3학년이 앉아야 한다. 따라서 ⑤는 항상 거짓이 된다.

오답분석
① 두 번째 줄에는 1학년 또는 2학년이 앉을 수 있다.
② 책상 수가 몇 개인지는 알 수 없다.
③ 학생 수가 몇 명인지는 알 수 없다.
④ 여섯 번째 줄에는 1학년 또는 2학년이 앉을 수 있다.

57
정답 ④

주어진 조건에 따라 부서별 위치를 정리하면 다음과 같다.

구분	1층	2층	3층	4층	5층	6층
경우 1	해외 사업부	인사·교육부	기획부	디자인부	서비스개선부	연구·개발부
경우 2	해외 사업부	인사·교육부	기획부	서비스개선부	디자인부	연구·개발부

따라서 3층에 위치한 기획부의 직원은 출근 시 반드시 계단을 이용해야 하므로 ④는 항상 옳다.

오답분석
① 경우 1일 때 김대리는 출근 시 엘리베이터를 타고 4층에서 내린다.
② 경우 2일 때 디자인부의 김대리는 서비스개선부의 조대리보다 엘리베이터에서 나중에 내린다.
③ 커피숍과 같은 층에 위치한 부서는 해외사업부이다.
⑤ 엘리베이터 이용에만 제한이 있을 뿐 계단 이용에는 층별 이용 제한이 없다.

58
정답 ②

A호텔 연꽃실은 2시간 이상 사용할 경우 추가비용이 발생하고, 수용 인원도 부족하다. B호텔 백합실은 1시간 초과 대여가 불가능하며, C호텔 매화실은 이동수단을 제공하지만 수용 인원이 적절하지 않다. 나머지 C호텔 튤립실과 D호텔 장미실을 비교했을 때, C호텔의 튤립실은 예산초과로 예약할 수 없으므로 이대리는 대여료와 수용 인원의 조건이 맞는 D호텔 연회장을 예약하면 된다. 따라서 이대리가 지불해야 하는 예약금은 D호텔 대여료 150만 원의 10%인 15만 원이다.

59
정답 ④

예산이 200만 원으로 증액되었을 때, 조건에 해당하는 연회장은 C호텔 튤립실과 D호텔 장미실이다. 예산 내에서 더 저렴한 연회장을 선택해야 한다는 조건이 없고, 이동수단이 제공되는 연회장을 우선적으로 고려해야 하므로 이대리는 C호텔 튤립실을 예약할 것이다.

60
정답 ①

ⓒ 의류 종류 코드에서 'OP(원피스)'를 'OT(티셔츠)'로 수정해야 하므로 ①의 생산 코드를 'OTGR – 220124 – 475ccc'로 수정해야 한다.

오답분석
㉠ 스커트는 'OH', 붉은색은 'RD', 제조일은 '211204', 창원은 '753', 수량은 'aaa'이므로 ③의 생산 코드는 'OHRD – 211204 – 753aaa'로 옳다.
㉢ 원피스는 'OP', 푸른색은 'BL', 제조일은 '220705', 창원은 '753', 수량은 'aba'이므로 ⑤의 생산 코드는 'OPBL – 220705 – 753aba'로 옳다.
㉣ 납품일(2022년 7월 23일) 전날에 생산했으므로 생산날짜는 2022년 7월 22일이다. 따라서 ②의 생산 코드는 'OJWH – 220722 – 935baa'로 옳다.
㉤ 티셔츠의 생산 코드는 ④와 같이 'OTYL – 220430 – 869aab'로 옳으며, 스커트의 생산 코드는 'OHYL – 220430 – 869aab'이다.

www.sdedu.co.kr